Sports Physical Therapy Seminar Series ⑤

スポーツにおける肘関節疾患のメカニズムとリハビリテーション

監修
早稲田大学スポーツ科学学術院教授 福林 徹
広島国際大学保健医療学部准教授 蒲田和芳

編集
横浜市スポーツ医科学センター整形診療科 鈴川仁人
北翔大学生涯スポーツ学部 吉田 真
吉備国際大学保健科学部 横山茂樹
昭和大学保健医療学部 加賀谷善教

NAP Limited

監　修：	福林　　徹	早稲田大学スポーツ科学学術院
	蒲田　和芳	広島国際大学保健医療学部理学療法学科
編　集：	鈴川　仁人	横浜市スポーツ医科学センター整形診療科
	吉田　　真	北翔大学生涯スポーツ学部スポーツ教育学科
	横山　茂樹	吉備国際大学保健科学部理学療法学科
	加賀谷善教	昭和大学保健医療学部理学療法学科
	蒲田　和芳	広島国際大学保健医療学部理学療法学科
執筆者：	永野　康治	早稲田大学スポーツ科学学術院
	和田　桃子	横浜市スポーツ医科学センター整形診療科
	河村　真史	横浜市スポーツ医科学センター整形診療科
	木村　　佑	千賀整形外科
	藤田真希子	本牧整形外科クリニック
	玉置　龍也	横浜市スポーツ医科学センター整形診療科
	清水　響子	横浜市スポーツ医科学センター整形診療科
	安井淳一郎	横浜市スポーツ医科学センター整形診療科
	小林　　匠	横浜市スポーツ医科学センター整形診療科 広島国際大学大学院医療・福祉科学研究科
	小笠原雅子	石井整形外科
	戸田　　創	札幌医科大学大学院保健医療学研究科
	菅原　一博	札幌医科大学大学院保健医療学研究科
	河合　　誠	町立長沼病院リハビリテーション科
	貞清　正史	貞松病院リハビリテーション科
	堀　　泰輔	いまむら整形外科医院
	山内　弘喜	広島国際大学大学院医療・福祉科学研究科医療工学専攻
	川崎　　渉	本牧整形外科クリニック
	佐藤　孝二	福岡和仁会病院・久留米大学大学院医学研究科
	佐藤　正裕	相模原協同病院リハビリテーション室
	飯田　博己	愛知医科大学病院リハビリテーション部
	坂田　　淳	横浜市スポーツ医科学センター整形診療科
	岡田　　亨	船橋整形外科病院理学診療部

重要な注意：すべての学問と同様，医学も絶え間なく進歩しています。研究や臨床的経験によってわれわれの知識が広がるに従い，方法などについて修正が必要となります。ここで扱われているテーマに関しても同じことがいえます。本書では，発刊された時点での知識水準に対応するよう著者や出版社は十分な注意をはらいましたが，過誤および医学上の変更の可能性を考慮し，著者，出版社，および本書の出版にかかわったすべての者が，本書の情報がすべての面で正確，あるいは完全であることを保証できませんし，本書の情報を使用したいかなる結果，過誤および遺漏の責任も負えません。読者が何か不確かさや誤りに気づかれたら出版社にご一報くださいますようお願いいたします。

「スポーツにおける肘関節疾患のメカニズムとリハビリテーション」によせて

　本シリーズもようやく第5巻を迎えることになりました．今回は「肘」に注目し企画がなされております．肘は整形外科医においてはMRIや超音波エコーによる診断技術の進歩に加え，関節鏡視下手術の導入によりその治療法が大幅に進歩した分野であり，この時期に本書が出版されることは大変up to dateかと思われます．

　本書の内容は「スポーツにおける肘関節疾患のメカニズムとリハビリテーション」というテーマに沿った海外論文の紹介ですが，最新の論文も多数引用されていること，各項目の担当者が結びに現在までに得られた知見と今後の臨床研究の方向性を示唆していることなども本書の魅力かと思われます．今回は特に競技種目として，肘関節障害が多く日常問題となっている野球とテニス競技を種目別に取り上げております．野球の投球動作やテニスのスイング動作と結びつけてその障害発生メカニズムやリハビリテーションなどについて検討されていることも新しい展開で，スポーツ現場に結びついた企画になっていると思われます．

　本書は1章から5章に分かれ，第1章で基本的な肘のバイオメカニクスを述べ，第2章で野球肘の発症メカニズムとその治療法と治療成績，第3章でテニス肘の発症メカニズムとその治療法が系統だって述べられております．一方，第4章と第5章は少々趣を異にしており，第4章ではいままであまり注目されていなかった肘関節の脱臼をテーマとして，その病態，診断，治療法と後遺症などが詳しく述べられております．これは画期的なことで，いままでスポーツによる肘の脱臼をこれほどまでに深くレビューした企画はないと思われます．一方，第5章の「肘関節疾患に対する私の治療」はやや独善的なタイトルであり，内容も科学的根拠に薄い部分もありますが，著者の意図が非常によく伝わる面白い試みではないかと思われます．

　第5巻の本書は単なる文献引用にとどまらず，第4巻に続き著者の意が出た新しい企画になったかと思います．是非ご一読いただければ幸いです．

2011年1月

早稲田大学スポーツ科学学術院　教授　福林　徹

SPTSシリーズ第5巻
発刊によせて

　SPTSはその名の通り"Sports Physical Therapy"を深く勉強することを目的とし，2004年12月から企画が開始された勉強会です．横浜市スポーツ医科学センターのスタッフが事務局を担当し，2005年3月の第1回SPTSから現在までに6回のセミナーが開催されました．これまでSPTSの運営にご協力くださいました関係各位に心より御礼申し上げます．

　本書は2009年3月に開催された第5回SPTS「肘関節疾患のメカニズムとリハビリテーション」を集約した内容となっています．文献検索は，発表準備時期である2009年1月前後であり，その後本書の原稿執筆準備が行われた2010年前半に追加検索が行われました．したがって，2010年初頭までの文献レビューが本書に記載されています．本書には，肘関節の運動学とバイオメカニクスを整理したうえで，代表的な肘関節疾患である野球肘，テニス肘，そして肘関節外傷（脱臼）についてのレビューが執筆されています．また，第5章には臨床現場からの提言として，肘関節疾患の治療経験の豊富な先生のアプローチについてまとめました．本書が，肘関節疾患の予防およびリハビリテーションについての研究を開始する方，論文執筆中の方，研究結果や臨床的なアイデアの裏づけを得たい方，そしてこれからスポーツ理学療法の専門家として歩み出そうとする学生や新人理学療法士など，多数の方々のお役に立つものと考えております．本書が幅広い目的で，多くの方々にご活用いただけることを念願いたします．

　SPTSは何のためにあるのか？　SPTSのような個人的な勉強会において，出発点を見失うことは存在意義そのものを見失うことにつながります．それを防ぐためにも，敢えて出発点にこだわりたいと思います．その質問への私なりの短い回答は「Sports Physical Therapyを実践する治療者に，専門分野のグローバルスタンダードを理解するための勉強の場を提供する」ということになるでしょうか．これを誤解がないように少し詳しく述べると次のようになります．

　日本国内にも優れた研究や臨床は多数存在しますし，SPTSはそれを否定するものではありません．しかし，"井の中の蛙"にならないためには世界の研究者や臨床家と専門分野の知識や歴史観を共有する必要があります．残念なことに"グローバルスタンダード"という言葉は，地域や国家あるいは民族の独自性を否定するものと理解される場合があります．もしも誰かが1つの価値観を世界に押し付けている場合には，その価値観や情報に対して警戒心を抱かざるを得ません．一方，世界が求めるスタンダードな知識（または価値）を世界中の仲間たちとつくり上げようとするプロセスでは，最新情報を共有することによって誰もが貢献することができます．SPTSは，日本にいながら世界から集められた知識に手を伸ばし，そこから偏りなく情報を収集し，その歴史や現状を正しく理解し，世界の同業者と同じ知識を共有することを目的としています．

世界の医科学の動向を把握するにはインターネット上での文献検索が最も有効かつ効果的です．また情報を世界に発信するためには，世界中の研究者がアクセスできる情報を基盤とした議論を展開しなければなりません．そのためには，Medlineなどの国際論文を対象とした検索エンジンを用いた文献検索を行います．MedlineがアメリカのNIHから提供される以上，そこには地理的・言語的な偏りが既に存在しますが，これが知識のバイアスとならないよう読者であるわれわれ自身に配慮が必要となります．

　では，SPTSは誰のためにあるのか？　その回答は，「Sports Physical Therapyの恩恵を受けるすべての患者様（スポーツ選手，スポーツ愛好者など）」であることは明白です．したがって，SPTSへの対象（参加者）はこれらの患者様の治療にかかわるすべての治療者ということになります．このため，SPTSは，資格や専門領域の制限を設けず，科学を基盤としてスポーツ理学療法の最新の知識を積極的に得たいという意思のある方すべてを対象としております．その際，職種の枠を超えた知識の共通化を果たすうえで，職種別の職域や技術にとらわれず，"サイエンス"を1つの共通語と位置づけたコミュニケーションが必要となります．

　最後に，"今後SPTSは何をすべきか"について考えたいと思います．当面，年1回のセミナー開催を基本とし，できる限り自発的な意思を尊重してセミナーの内容や発表者を決めていく形で続けていけたらと考えております．また，スポーツ理学療法に関するアイデアや臨床例を通じて，すぐに臨床に役立つ知識や技術を共有する場として，「クリニカルスポーツ理学療法（CSPT）」を開催しております．そして，SPTSの本質的な目標として，外傷やその後遺症に苦しむアスリートの再生が，全国的にシステマティックに進められるような情報交換のシステムづくりを進めて参りたいと考えています．今後，SPTSに関する情報はウェブサイト（http://SPTS.ortho-pt.com）にて公開いたします．本書を手にされた皆様にも積極的にご閲覧・ご参加いただけることを強く願っております．

　末尾になりますが，SPTSの参加者，発表者，座長そして本書の執筆者および編者の方々，事務局を担当してくださいました横浜市スポーツ医科学センタースタッフに深く感謝の意を表します．

2011年1月

広島国際大学保健医療学部理学療法学科　蒲田　和芳

発刊によせて

　近年のスポーツ外傷・障害の管理に対する現場からのニーズは，単なる早期復帰にとどまらず，再発予防指導はもちろん，治療期間中のパフォーマンスの維持・向上を含め，競技特性に即した幅広いアプローチが求められるようになっている．スポーツ現場における外傷・障害管理においては，アスレティックトレーナーの存在が重要視されているが，理学療法士の立場から現場やトレーナーをどうサポートすべきか，十分に検討する必要性がある．理学療法士が，現場のトレーナーとより効率的な相互補完関係を築き，発展的で創造的な活動を行っていくことが，現場の求めるスポーツ医科学サポートのあり方であると実感している．

　理学療法士が，競技スポーツの外傷・障害管理に介入する場合の強みは何か，あえてビジネス用語を使えば，理学療法士のアカウンタビリティ（成果達成責任）やコンピテンシー（高業績者の成果達成の行動特性）というべきものは何であるのかを整理する段階にきていると考えている．

　現在，スポーツ現場で活動している理学療法士の数も年々増加しており，実際活動を行う筆者自身，「理学療法士として現場で活動する方法とは何か」，「トレーナーとのすみわけや連携とは何か」，「われわれの強みとは何か」，毎度苦難と葛藤の連続といえる．確かにトレーナーという言葉は，現場の受け入れもずいぶんとよくなり，トレーナーといってしまえば理学療法士でもスムーズに受け入れられるが，あえて理学療法士としてとなると，まだまだ医療機関のリハビリテーション担当者や，単に現場でリハビリテーションが行えて便利という程度の印象をもつ現場関係者も少なくない．理学療法士の「技術や分析力を競技力向上に」と認識してもらうには，われわれの働きがけがまだ十分でないようである．

　理学療法士はトレーナーになるべきなのか，筆者自身の答えは「ノー」である．もちろんトレーナーのいない環境ではトレーナー活動が要求されるであろうし，理学療法士の資格をもったトレーナーが存在しても問題はない．しかし，あえてスポーツ現場に理学療法士として立つことを考えるのであれば，われわれの強みとする専門分野からトレーナーや現場にどんな働きがけをするべきなのかを十分に考える必要がある．そのためには，まず理学療法士の観点からスポーツを捉え，スポーツ文化の確立に理学療法士がかかわるという，哲学をもつことが重要であると考えている．

　スポーツという言葉の語源は，ラテン語のDeporatare（デポラターレ）であるとされている．Poratare（ポラターレ）は生きてゆくことに必要な動作という意味をもち，Deporatareで生活に必要な動作からの離脱という意味となる．つまり，スポーツは語源的に人生における余暇活動全般を指し，人々が生活・人生の質（Quality of Life：QOL）向上に能動的に取り組む活動と解釈できる．人々のQOL向上，特に外傷・障害に起因する問題や，機能低下の改善に理学療法士が貢献することは異論のな

いとところと考える．しかし，生涯スポーツのレベルからトップアスリートレベル，さらには障害者スポーツ（アダプテッドスポーツ）までのサポートを行う理学療法士がDeporatareを基盤とした考えをもってアプローチを吟味しなければ，安易にトップアスリートと同じアプローチを成長期の選手に施行してしまったり，正常な人が営む日常生活動作（activities of daily living：ADL）を極端に過小評価してしまったりすることになってしまう．つまりDeporatareを基盤に考える人間の活動・ADLレベルとは，一般であろうが走・投・跳があたり前に行えるレベルであると考える．よって競技スポーツでは，人間が獲得できるあたり前の機能を前提に，専門的な競技動作が付加的に獲得されることと考えられる．

われわれ理学療法士は，各スポーツ競技の身体機能特性をわれわれの得意とする動作分析や運動学的な考察を用いて十分に分析し，まず正常な身体機能を回復・獲得させ，さらに競技特性に合わせた動作の再教育を可能なかぎり効率的に行うことが大きな役割と考える．動作を分析し，機能や連鎖を考えることが理学療法士の強みであり，トレーナーや現場にしっかり提供しなければならないものではないかと考える．

冒頭に述べたアカウンタビリティやコンピテンシーは，ビジネス界の用語である．理学療法士的にこれをあてはめて解釈すれば，アカウンタビリティはわれわれがスポーツ現場にどんな成果が提示できるかを明らかにすることであり，コンピテンシーは現場で高業績を達成するために必要とされる理学療法の能力・実力だといえる．われわれ理学療法士がスポーツ現場に理学療法士として介入していくためには，スポーツ動作に対する適切かつ効率的な運動学習をアスレティックリハビリテーションに組み込み，その実績を現場関係者に明示することが重要である．

2011年1月

船橋整形外科病院理学診療部　岡田　亨

もくじ

第1章　肘関節のバイオメカニクス（編集：鈴川　仁人）

1. 肘関節の運動 ……………………………………（永野　康治 他）…… 3
2. アライメント ……………………………………（河村　真史 他）…… 10
3. 肘関節の内側支持機構 …………………………（藤田真希子 他）…… 18
4. 肘関節の外側支持機構 …………………………（安井淳一郎 他）…… 28

第2章　野球肘（編集：吉田　真）

5. 投球動作のバイオメカニクス …………………（戸田　創）……… 37
6. 野球肘の疫学・病態・診断・評価 ……………（菅原　一博）……… 47
7. 野球肘の手術療法と保存療法 …………………（河合　誠）……… 54

第3章　テニス肘（編集：横山　茂樹）

8. テニス動作のバイオメカニクス ………………（貞清　正史）……… 65
9. テニス肘の疫学・病態・診断・評価 …………（堀　泰輔）……… 74
10. テニス肘の手術療法と保存療法 ………………（山内　弘喜）……… 83

第4章　肘関節脱臼（編集：加賀谷善教）

11. 肘関節脱臼の疫学および受傷機転 ……………（川崎　渉）……… 91
12. 肘関節脱臼の病態・診断・評価 ………………（佐藤　孝二）……… 99
13. 肘関節脱臼の手術療法と保存療法 ……………（佐藤　正裕）……… 104

第5章　肘関節疾患に対する私の治療－臨床現場からの提言－（編集：蒲田　和芳）

14. 野球肘に対する私の治療 ………………………（飯田　博己）……… 115
15. テニス肘に対する私の治療 ……………………（坂田　淳）……… 128
16. 体操競技における肘関節損傷のリハビリテーション …（岡田　亨）……… 142

第1章
肘関節のバイオメカニクス

　肘関節は上腕骨，尺骨および橈骨で構成され，腕尺関節，腕橈関節，近位橈尺関節の3関節からなる複合関節である．肘関節複合体の詳細なバイオメカニクスは，肘関節の正常な機能を知るにあたり重要な知見である．また，障害に伴う異常運動やストレスを考察し，保存的治療の手段を考えるための有益な情報をもたらす．

　本章では，はじめに「肘関節の運動」として，肘の運動に作用する筋の機能と肘の関節運動や関節軸についてまとめた．筋機能としては，解剖学的特徴やモーメントアーム，筋活動などの面から最新の話題を含めて整理した．肘関節の運動については，近年確立されつつある精度の高い計測方法によって報告された肘の関節運動や屈伸軸などについてレビューした．

　「アライメント」の項では，上腕骨，尺骨，橈骨の骨形態について述べたうえで，肘関節の特徴的なアライメントであるキャリングアングルの構成要素や影響を与える因子についてまとめた．また，橈骨頭や肘頭のアライメント変化とキネマティクスの関係を検討した報告をレビューした．

　「内側支持機構」では，主に投球動作時の外反ストレスにより影響を受ける肘関節の内側支持機構について整理した．はじめに外反ストレスの主たる制動組織である内側側副靱帯の構造的・機能的特性を in vitro の研究を中心にレビューした．次いで内側側副靱帯の機能不全が他の部位（肘頭後内側）へ及ぼす影響についてまとめた．実際の投球動作時には肘関節内側には内側側副靱帯の破断強度を超える外反トルクが生じることが報告されており，肘関節周囲筋群の貢献も重要となる．したがって，本テーマの最後に肘関節内側筋群による外反制動効果についてまとめた．

　「外側支持機構」では，肘外側に生じる代表的なスポーツ障害であるテニス肘に加え，骨軟骨病変の代表として離断性骨軟骨炎，外側側副靱帯複合体の不全で生じるとされる後外側回旋不安定性にかかわるバイオメカニクスによるデータを整理した．特にテニス肘の項では，従来から病態の中心とされてきた短橈側手根伸筋について，その機能解剖学的特徴をまとめ，短橈側手根伸筋以外の回外・伸筋群とテニス肘の関係についても触れた．

　肘関節のバイオメカニクスは，屍体を用いた詳細な研究により関節制動にかかわるデータが多数報告されている．一方，関節複合体における各関節の運動について詳細な研究は十分されていないのが現状である．動作や病態に関連するバイオメカニクスの解明にはさらなる検討を要する．

第1章編集担当：鈴川　仁人

1. 肘関節の運動

はじめに

　肘関節は腕尺関節，腕橈関節，近位橈尺関節からなり，肩関節や手関節にまたがる多くの筋が肘関節の運動に関与している。肘関節疾患を考えるうえでこれらのバイオメカニクスを理解することは重要であり，近年の研究分野においてもこうした基礎研究が報告されている。本項でははじめに肘関節の運動について筋機能の面からまとめ，次に関節運動についてレビューする。ただし，成書に書かれている内容は最小限とし，最新の研究内容を中心にまとめた。なお，本文中の運動の記述は肘関節および前腕についての表記である。

A. 文献検索方法

　文献検索は内容が多岐にわたるため，系統的な検索を行うことはできなかった。肘関節運動の筋機能，関節運動についての論文を，PubMedを用いて検索し，31件の文献を対象とした。

B. 筋機能

　肘関節に関与する筋の機能についてまとめる。対象としたのは，上腕二頭筋，上腕筋，腕橈骨筋，上腕三頭筋，前腕内側筋群，前腕外側筋群である。主に解剖学的特徴，モーメントアーム，筋活動についてまとめた。

1. 上腕二頭筋

　上腕二頭筋の解剖学的特徴に関して，その付着部についてEamesら[1]が報告した。彼らの報告によると，上腕二頭筋の付着部は橈骨粗面であるが，長頭と短頭でその付着部が異なっていた。長頭の付着部は橈骨粗面の近位部で円板状であるのに対し，短頭の付着部は橈骨粗面の遠位部で扇状であった（**図1-1**）。長頭の付着部は橈骨の回旋軸から離れており，より大きな回外のモーメントアームをもつと考えられる[1]。上腕二頭筋は屈曲と回外のモーメントアームをもつ。屈曲モーメントアームについては屈曲60〜100°の間で最大になり，また回外位でよりモーメントアームが大きいと報告された[2]。Murrayら[2]は，回外モーメントアームについて，男性では中間位から回内位で最大であったのに対し，女性では回外位で最大であったと報告した。Bremerら[3]は，肘屈曲90°，回内位で回外モーメントアームが最大であったと報告した（**図1-2**）。これらの報告から回

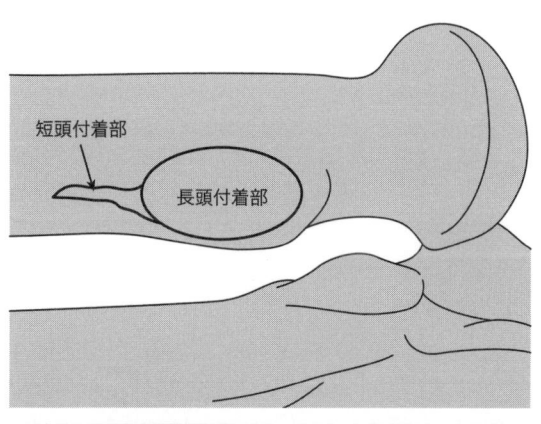

図1-1　橈骨粗面における上腕二頭筋長頭と短頭の付着部（文献1より作図）
上腕二頭筋は橈骨粗面に付着部しているが，長頭は橈骨粗面の近位部で円板状に付着しているのに対し，短頭は橈骨粗面の遠位部で扇状に付着していた。

第1章 肘関節のバイオメカニクス

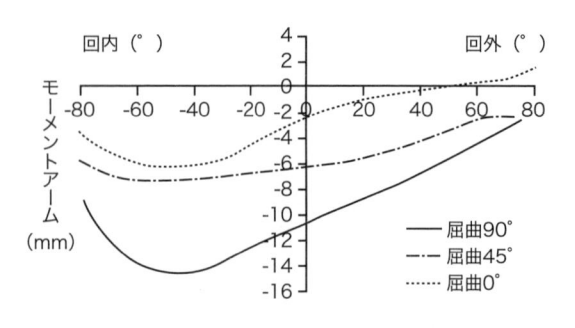

図1-2 上腕二頭筋のモーメントアーム変化（文献3より改変）
肘屈曲90°，回内位で回外モーメントアームが最大であった。

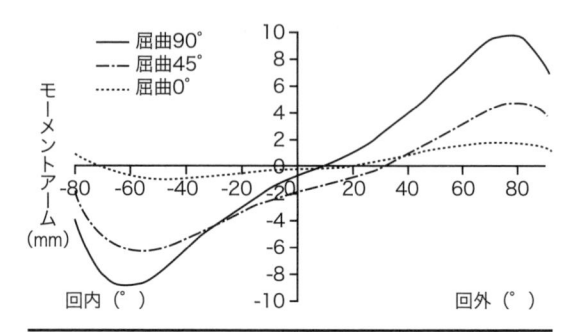

図1-4 腕橈骨筋のモーメントアーム変化（文献3より改変）
回内位では回外モーメントアーム，回外位では回内モーメントアームを有している。

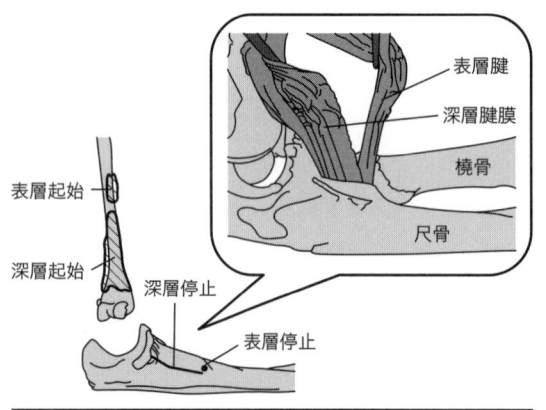

図1-3 上腕筋の表層と深層の起始，停止（文献10より改変）
深層は上腕骨の遠位部分に広く起始し，尺骨近位に広く停止するのに対し，表層は上腕骨中間部のみから起始し，停止部も深層に比較して狭く遠位の一部分に停止していた。

外モーメントアームは回内・回外肢位および屈曲角度に応じて変化すると考えられる。

上腕二頭筋の筋活動はモーメントアームに対応して，屈曲，回外運動時にみられる。特に回外位での屈曲[4]や回外を伴う屈曲[5]，回外位からの回外運動[6,7]で大きく筋活動がみられる。また，屈曲トルクは屈曲中間域（60°）で最大と報告された[8]。回外トルクは屈曲角度の増加[8]や回内角度の増加[9]によって増大したと報告されており，屈曲や回内・回外角度によって影響を受けると考えられる。

2. 上腕筋

上腕筋の解剖学的特徴については，その筋形状，付着部についてLeonelloら[10]が報告した。彼らは，上腕筋を表層と深層の2層に区分することができると報告した。深層は上腕骨の遠位部分に広く起始し，尺骨近位に広く停止するのに対し，表層は上腕骨中間部のみから起始し，停止部も深層に比較して狭く，遠位の一部分に停止していた（図1-3）。上腕筋の筋活動は屈曲運動時にみられ，回旋肢位に影響されない[4,11]。屈曲トルクについては屈曲100°付近の深屈曲位で最大となることが報告された[8]。

3. 腕橈骨筋

腕橈骨筋は屈曲，回内，回外のモーメントアームをもつ。屈曲モーメントアームは深屈曲位で増大すると報告された[2]。回内・回外モーメントアームは，回内・回外肢位によって変化し，回内位では回外モーメントアーム，回外位では回内モーメントアームを有している[2,3]（図1-4）。

腕橈骨筋の筋活動はモーメントアームに対応して，屈曲と回内または回外運動時にみられる。屈曲については，回内・回外肢位に依存しない筋活動が報告された[11,12]。Bolandら[12]は屈曲負荷に対する回内・回外肢位ごとの筋活動を計測した。その結果，回内・回外肢位によって屈曲運動

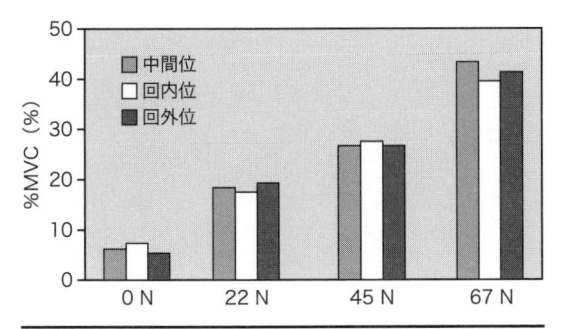

図1-5　屈曲負荷に対する肢位ごとの筋活動（文献12より改変）
屈曲運動時の筋活動は，回内・回外肢位による有意な差はみられなかった。

時の筋活動に有意な差はみられなかった（**図1-5**）。屈曲トルクについては，屈曲中間域（60～90°）での増加が報告された[8]。回内・回外については，回外運動に比較して回内運動で大きな筋活動がみられた[11,12]。Caldwellら[11]は回内位，回外位，中間位における回内運動，回外運動時の筋活動を比較し，いずれの肢位においても回内運動時の筋活動が大きいと報告した。回内・回外トルクに関して，回内，屈曲位では回外トルクを発揮し，回外，伸展位では回内トルクを発揮したと報告された[8]。

4．上腕三頭筋

上腕三頭筋の解剖学的特徴について，Madsenら[13]がその付着部について報告した。彼らによると，上腕三頭筋の付着部は肘頭であるが，長頭・外側頭と内側頭でその付着部に相違がみられた。長頭・外側頭は表層腱として付着しているのに対し，内側頭は長頭・外側頭よりも深層遠位部に付着していた。

上腕三頭筋は伸展モーメントアームをもつ[2,14,15]。これはこれまでの報告と一致した見解であり，最大伸展位にて最大モーメントアームをもつ[2,15]。回内・回外モーメントアームについての報告はない。上腕三頭筋の筋活動は伸展および回内時にみられる。Basmajianら[4]は主に内側頭が伸展に作

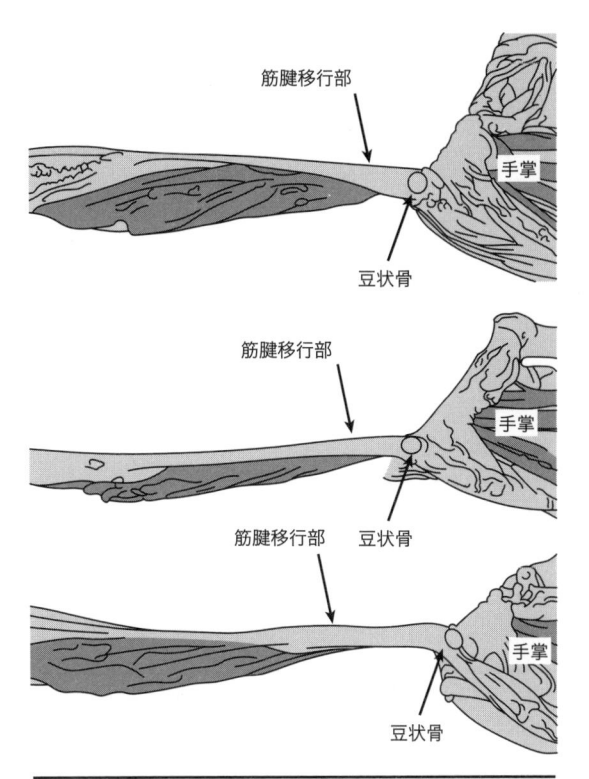

図1-6　尺側手根屈筋の筋腱移行部の個体差（文献16より作図）
上から，停止部まで筋腹があるタイプ，停止部近位まで筋腹があるタイプ，停止部近位約20 mmまで筋腹があるタイプ。

用すると報告したが，こうした筋の部位間の活動特性に注目した報告はその後みられない。また，筋活動によって発揮されるトルクについて，主に伸展トルクを発揮し，伸展運動に伴い減少すると報告した[8]。

5．前腕内側筋群

前腕内側筋群のなかで解剖学的特徴が報告されているのは尺側手根屈筋である。尺側手根屈筋は腱の尺側に筋腹が存在し，その筋腱移行部の位置に個体差があり，停止部まで筋腹があるタイプ，停止部近位まで筋腹があるタイプ，停止部近位約20 mmまで筋腹があるタイプに分類された[16]（**図1-6**）。

前腕内側筋群はほとんどが回内モーメントアームをもつ[3,9]。特に円回内筋[3,9]，橈側手根屈筋[3]

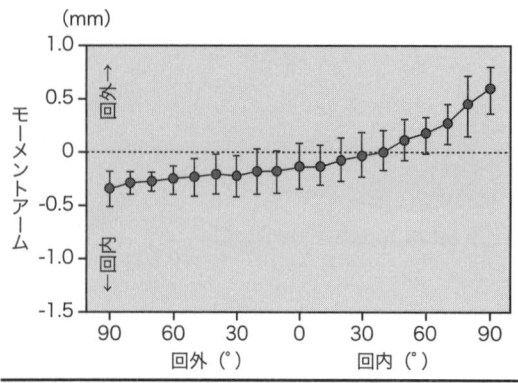

第1章 肘関節のバイオメカニクス

図1-7 尺側手根屈筋の回内・回外モーメントアーム（文献9より改変）
尺側手根屈筋は最大回内位では回外モーメントアームをもつ。

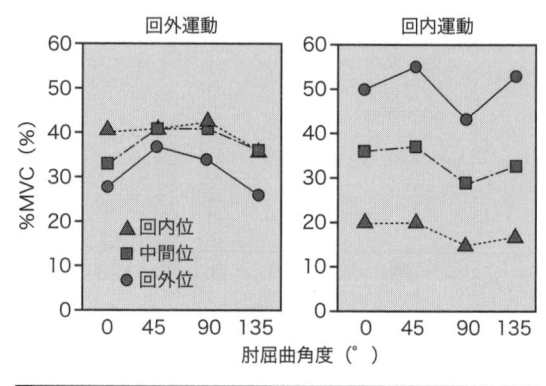

図1-8 回内・回外運動時の短橈側手根伸筋の筋活動（文献7より改変）
回内位では回外運動時に活動が大きく，回外位では回内運動時に活動が大きい。

は回内・回外全可動域で回内モーメントアームをもつと報告された。円回内筋は，回内・回外全可動域において回内運動時に強く活動した[6,7]。一方，尺側手根屈筋は最大回内位では回外モーメントアームをもつと報告されており[9]（図1-7），上記の2筋とは異なる機能をもつと考えられる。

6．前腕外側筋群

前腕外側筋群のなかで解剖学的特徴が報告されているのは長・短橈側手根伸筋であり，長橈側手根伸筋と短橈側手根伸筋の起始部の特徴が報告された[17]。この報告によると，長橈側手根伸筋の起始は外側上顆稜上であるのに対し，短橈側手根伸筋の起始は外側上顆遠位前面であり，総指伸筋に覆われる形で腱が付着していた。また，長橈側手根伸筋の付着部長は24±3 mmであったのに対し，短橈側手根伸筋の付着部長は13±2 mmであった。

前腕外側筋群のなかでモーメントアームが報告されているのは長橈側手根伸筋と尺側手根伸筋である。長橈側手根伸筋は最大回内位および回外・伸展位において回外モーメントアームを有するが，回内・屈曲位90°では回内モーメントアームを有すると報告された[3]。尺側手根伸筋は最大回内位を除いて回内モーメントアームを有すると報告された[9]。

筋活動については短橈側手根伸筋の回内・回外運動時の筋活動が報告された[7]。短橈側手根伸筋は回外位では回外運動より回内運動時に大きく筋活動し，逆に回内位では回内運動より回外運動時に大きく筋活動していた（図1-8）。上記のモーメントアームの報告と合わせて，前腕外側筋群は肢位によって回内・回外作用が異なることが考えられる。

C．関節運動

肘関節には腕尺関節，腕橈関節，近位橈尺関節が含まれ，これらの関節により肘関節の屈曲・伸展と前腕の回内・回外という2つの運動が起こる。屈曲・伸展運動については腕尺関節における運動軸について，回内・回外運動についてはその可動域と運動時の尺骨，橈骨の運動についてまとめる。

1．屈曲・伸展

屈曲・伸展時の運動軸（以下，屈伸軸）について，これまで多くの報告がなされてきた。解剖学

1. 肘関節の運動

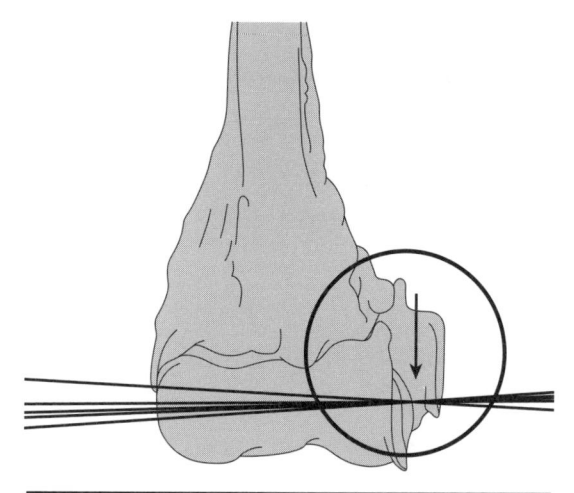

図1-9 前額面からみた肘関節屈伸軸（文献24より作図）
屈伸軸は屈曲運動全域を通じて上腕骨滑車の上を通過する。

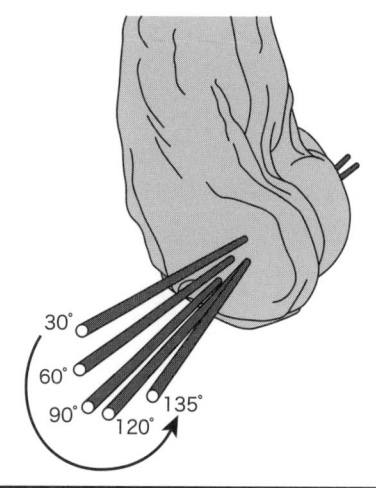

図1-10 矢状面からみた肘関節屈伸軸（文献24より作図）
屈曲に伴い屈伸軸は反時計まわりに変位する。

的に屈伸軸は，上腕骨滑車と小頭を結ぶ線上である[18〜22]。近年，屈曲・伸展させる際の屈伸軸の変化が報告された[23,24]。Gotoら[24]はMRIを用いてin vivoにおける屈伸軸の変化を観察し，運動学的屈伸軸は屈曲角度ごとに変化するが，おおよそ上記の解剖学的屈伸軸に一致し，上腕骨滑車上を必ず通過すると報告した（図1-9）。また，屈伸軸は上腕骨に対して平均11.02°外反，11.95°外旋していた[24]。矢状面での屈伸軸変化をみると，屈曲に伴い屈伸軸は反時計まわりに偏位していた[24]（図1-10）。以上のような屈伸軸の変化から，屈曲・伸展運動は単純な蝶番運動ではなくひずみのある蝶番運動であるといえる。

2. 回内・回外

回内・回外運動については，その可動域について多く報告されてきている。近年はCTやMRIを用いて回旋角度が計測されている（表1-1）[25〜27]。これらの報告にはその角度に差がみられるが，これは測定方法の違いやin vivo，in vitroの違いが関係していると考えられる。回内・回外を尺骨まわりの橈骨の運動として捉えると，回内は約60〜

表1-1 回内・回外各可動域に関する報告

報告者	手法	回内	回外
Weilerら[25]	in vivo (CT)	63	70
Mansonら[26]	in vitro (CT)	61	77
Nakamuraら[27]	in vivo (MRI)	79.3（橈骨66.1）（尺骨3）	83.6（橈骨75.0）（尺骨3）

65°，回外が約70〜75°の可動域がある。ただし，この回内・回外角度は屈曲角度の影響を受けることが報告された[28]。Shaabanら[28]は独自の回内・回外可動域計測機器を用いて体表から肘屈曲角度ごとの回内・回外可動域を計測し，伸展位では回内角度が大きく，屈曲位では回外角度が大きいと報告した（図1-11）。

回内・回外運動時の骨運動を尺骨，橈骨ごとにみると，尺骨の上腕骨に対する運動[29]と，橈骨の尺骨に対する運動[27,30,31]が報告された。前腕回外は近位橈尺関節で起こると考えられているが，Kastenら[29]は前腕回内・回外に伴う尺骨の回内・回外および内反・外反運動に注目し，前腕回内位からの回外に伴い中間位までは尺骨の回内

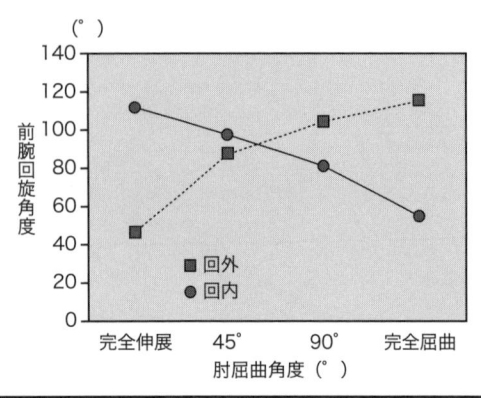

図1-11 肘屈曲角度ごとの回内・回外角度（文献28より改変）
伸展位では回内角度が大きく，屈曲位では回外角度が大きい。

が減少するものの，中間位以降の回外位においては尺骨運動に有意な変化はみられないと報告した（**図1-12A**）。また，前腕回内位からの回外に伴い，尺骨の内反が増加していた（**図1-12B**）。一方，回内・回外運動に伴う尺骨に対する橈骨の運動は，回外位から回内位への運動に伴い，橈骨が前方（掌側）に約2 mm偏位し[30, 31]，かつ回旋方向と逆方向（回外方向）に約4°回旋する[27, 30]ことが報告された。このように回内・回外運動に伴い，尺骨と橈骨は一様な運動ではなく関節内運動を含む運動をする。

D. まとめ

1. すでに真実として承認されていること
- 上腕二頭筋は屈曲・回外作用をもつ。
- 腕橈骨筋は肢位に依存した回内・回外作用をもつ。
- 腕橈骨筋は肢位に依存しない屈曲作用をもつ。
- 運動時屈伸軸は解剖学的屈伸軸に一致する。

2. 議論の余地はあるが，今後の重要な研究テーマとなること
- 尺側手根屈筋の形状に個体差がみられる。
- 長・短橈側手根伸筋は肢位に依存した回内・回外作用をもつ。
- 回内時に橈骨が掌側偏位・回外し，回外時に尺骨が回外しない。

E. 今後の課題

- 上腕二頭筋の長頭・短頭，上腕三頭筋の内側頭・外側頭・長頭，長・短橈側手根伸筋などの機能分化について針筋電などを用いた詳細な検討。
- 屈伸軸の相違が筋活動変化などの肘機能に及ぼす影響の検討。

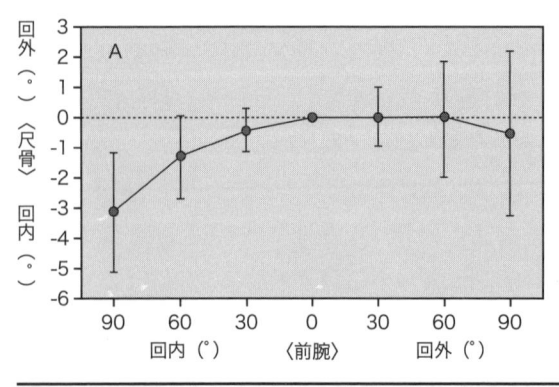

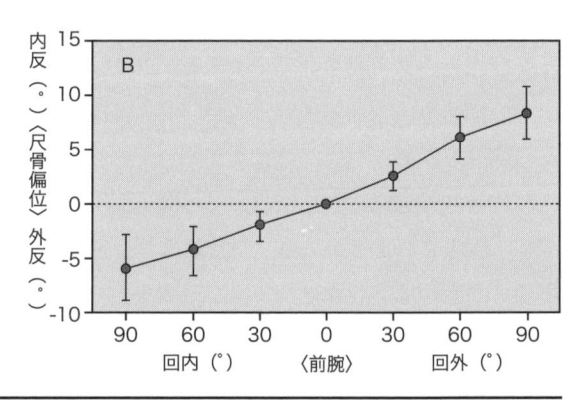

図1-12 前腕回内・回外に伴う尺骨の運動（文献29より改変）
A：尺骨回内・回外。90°回内〜90°回外時の尺骨回旋平均値。B：尺骨内反・外反。90°回内〜90°回外時の尺骨内反・外反運動平均値。

- 機能的な運動における筋活動パターンと各筋の役割。
- 回内・回外，屈曲伸展時の腕尺関節，腕橈関節，近位橈尺関節の詳細な運動の検討。

文献

1. Eames MH, Bain GI, Fogg QA, van Riet RP. Distal biceps tendon anatomy: a cadaveric study. *J Bone Joint Surg Am*. 2007; 89: 1044-9.
2. Murray WM, Delp SL, Buchanan TS. Variation of muscle moment arms with elbow and forearm position. *J Biomech*. 1995; 28: 513-25.
3. Bremer AK, Sennwald GR, Favre P, Jacob HA. Moment arms of forearm rotators. *Clin Biomech (Bristol, Avon)*. 2006; 21: 683-91.
4. Basmajian JV, Latif A. Integrated actions and functions of the chief flexors of the elbow: a detailed electromyographic analysis. *J Bone Joint Surg Am*. 1957; 39: 1106-18.
5. Naito A, Yajima M, Chishima M, Sun YJ. A motion of forearm supination with maintenance of elbow flexion produced by electrical stimulation to two elbow flexors in humans. *J Electromyogr Kinesiol*. 2002; 12: 259-65.
6. Gordon KD, Pardo RD, Johnson JA, King GJ, Miller TA. Electromyographic activity and strength during maximum isometric pronation and supination efforts in healthy adults. *J Orthop Res*. 2004; 22: 208-13.
7. O'Sullivan LW, Gallwey TJ. Upper-limb surface electromyography at maximum supination and pronation torques: the effect of elbow and forearm angle. *J Electromyogr Kinesiol*. 2002; 12: 275-85.
8. Zhang L, Butler J, Nishida T, Nuber G, Huang H, Rymer WZ. In vivo determination of the direction of rotation and moment-angle relationship of individual elbow muscles. *J Biomech Eng*. 1998; 120: 625-33.
9. Haugstvedt JR, Berger RA, Berglund LJ. A mechanical study of the moment-forces of the supinators and pronators of the forearm. *Acta Orthop Scand*. 2001; 72: 629-34.
10. Leonello DT, Galley IJ, Bain GI, Carter CD. Brachialis muscle anatomy. A study in cadavers. *J Bone Joint Surg Am*. 2007; 89: 1293-7.
11. Caldwell GE, Van Leemputte M. Elbow torques and EMG patterns of flexor muscles during different isometric tasks. *Electromyogr Clin Neurophysiol*. 1991; 31: 433-45.
12. Boland MR, Spigelman T, Uhl TL. The function of brachioradialis. *J Hand Surg [Am]*. 2008; 33: 1853-9.
13. Madsen M, Marx RG, Millett PJ, Rodeo SA, Sperling JW, Warren RF. Surgical anatomy of the triceps brachii tendon: anatomical study and clinical correlation. *Am J Sports Med*. 2006; 34: 1839-43.
14. Amis AA, Dowson D, Wright V. Muscle strengths and musculoskeletal geometry of the upper limb. *Eng Med*. 1979; 8: 41-8.
15. An KN, Hui FC, Morrey BF, Linscheid RL, Chao EY. Muscles across the elbow joint: a biomechanical analysis. *J Biomech*. 1981; 14: 659-69.
16. Grechenig W, Clement H, Egner S, Tesch NP, Weiglein A, Peicha G. Musculo-tendinous junction of the flexor carpi ulnaris muscle. An anatomical study. *Surg Radiol Anat*. 2000; 22: 255-60.
17. Cohen MS, Romeo AA, Hennigan SP, Gordon M. Lateral epicondylitis: anatomic relationships of the extensor tendon origins and implications for arthroscopic treatment. *J Shoulder Elbow Surg*. 2008; 17: 954-60.
18. Bottlang M, O'Rourke MR, Madey SM, Steyers CM, Marsh JL, Brown TD. Radiographic determinants of the elbow rotation axis: experimental identification and quantitative validation. *J Orthop Res*. 2000; 18: 821-8.
19. Deland JT, Garg A, Walker PS. Biomechanical basis for elbow hinge-distractor design. *Clin Orthop Relat Res*. 1987; (215): 303-12.
20. London JT. Kinematics of the elbow. *J Bone Joint Surg Am*. 1981; 63: 529-35.
21. Morrey BF, Chao EY. Passive motion of the elbow joint. *J Bone Joint Surg Am*. 1976; 58: 501-8.
22. Youm Y, Dryer RF, Thambyrajah K, Flatt AE, Sprague BL. Biomechanical analyses of forearm pronation-supination and elbow flexion-extension. *J Biomech*. 1979; 12: 245-55.
23. Ericson A, Arndt A, Stark A, Wretenberg P, Lundberg A. Variation in the position and orientation of the elbow flexion axis. *J Bone Joint Surg Br*. 2003; 85: 538-44.
24. Goto A, Moritomo H, Murase T, Oka K, Sugamoto K, Arimura T. In vivo elbow biomechanical analysis during flexion: three-dimensional motion analysis using magnetic resonance imaging. *J Shoulder Elbow Surg*. 2004; 13: 441-7.
25. Weiler PJ, Bogoch ER. Kinematics of the distal radioulnar joint in rheumatoid arthritis: an *in vivo* study using centrode analysis. *J Hand Surg [Am]*. 1995; 20: 937-43.
26. Manson TT, Pfaeffle HJ, Herdon JH, Tomaino MM, Fischer KJ. Forearm rotation alters interosseous ligament strain distribution. *J Hand Surg [Am]*. 2000; 25: 1058-63.
27. Nakamura T, Yabe Y, Horiuchi Y, Yamazaki N. In vivo motion analysis of forearm rotation utilizing magnetic resonance imaging. *Clin Biomech (Bristol, Avon)*. 1999; 14: 315-20.
28. Shaaban H, Pereira C, Williams R, Lees VC. The effect of elbow position on the range of supination and pronation of the forearm. *J Hand Surg Eur Vol*. 2008; 33: 3-8.
29. Kasten P, Krefft M, Hesselbach J, Weinberg AM. Kinematics of the ulna during pronation and supination in a cadaver study: implications for elbow arthroplasty. *Clin Biomech (Bristol, Avon)*. 2004; 19: 31-5.
30. Nakamura T, Yabe Y, Horiuchi Y, Seki T, Yamazaki N. Normal kinematics of the interosseous membrane during forearm pronation-supination: a three-dimensional MRI study. *Hand Surg*. 2000; 5: 1-10.
31. Baeyens JP, Van Glabbeek F, Goossens M, Gielen J, Van Roy P, Clarys JP. In vivo 3D arthrokinematics of the proximal and distal radioulnar joints during active pronation and supination. *Clin Biomech (Bristol, Avon)*. 2006; 21 Suppl 1: S9-12.

（永野　康治，和田　桃子）

2. アライメント

はじめに

肘関節のアライメントには，上腕骨，尺骨，橈骨のそれぞれの骨形態が関与する．本項ではこれらの骨形態について述べ，続いて肘関節のアライメントとして知られているキャリングアングルを中心に整理した．さらにアライメントの変化がキネマティクスに及ぼす影響についてまとめた．

A. 文献検索方法

文献検索にはPubMedを使用した．キーワードと該当件数は「anatomy AND kinematics AND elbow」371件，「elbow AND alignment OR carrying angle」228件であった．該当する文献の要旨から，肘関節のアライメントに寄与する組織や機能について言及した文献とアライメントの変化が肘関節のキネマティクスに及ぼす影響について取り上げた文献を採用し，最終的に28件をレビューした．

B. 骨形態

肘関節は腕尺関節，腕橈関節，近位橈尺関節により構成される関節である．ここではそれらを形成する上腕骨遠位部，尺骨近位部，橈骨近位部のそれぞれの形態について，特にアライメントに影響を与える因子について述べる．

1. 上腕骨

上腕骨遠位部には内側に上腕骨滑車が，外側に上腕骨小頭が位置する．滑車溝と小頭中心を通る線は，肘関節の屈伸運動の運動軸となり解剖学的屈伸軸と呼ばれる[1〜4]（**図2-1**）．前額面上，屈伸軸と上腕骨長軸との角度は約87°であり[5]，内外上顆線との角度は約2.5°である[6]．これらの角度は，上腕骨遠位部が軽度外反位であることを示している．矢状面上の屈伸軸は，外側からみると小頭中心に存在する．上腕骨長軸の内外上顆線を通る水平線とのなす角度は約45〜50°である[6]．また，上腕骨長軸からの距離は男性で7.6 mm，女性で5.6 mmである[5]．矢状面上，上腕骨遠位部は前下方に突出した形状となっている．

2. 尺骨および橈骨

尺骨近位部は，前額面上約7〜9°外反位にある[7,8]．矢状面上では約5.5°後傾しており[7]，関節面は前上方に開いた形を呈する（**図2-2**）．橈骨近位端は円形で中央が凹んだ形をしている[9]．

C. アライメント

1. キャリングアングルの定義

キャリングアングルとは，肘関節完全伸展位および前腕回外位における上腕と前腕とのなす角度のことを指し，体表から，またはX線像上で角度計を用いて計測する．計測のランドマークに関しては，これまでに複数提唱された．体表からの計測では，上腕軸に対する前腕軸のなす角度と定義されることが多い[10]．X線像からの計測に関しては，上腕部および前腕部の軸の定義が一定では

2. アライメント

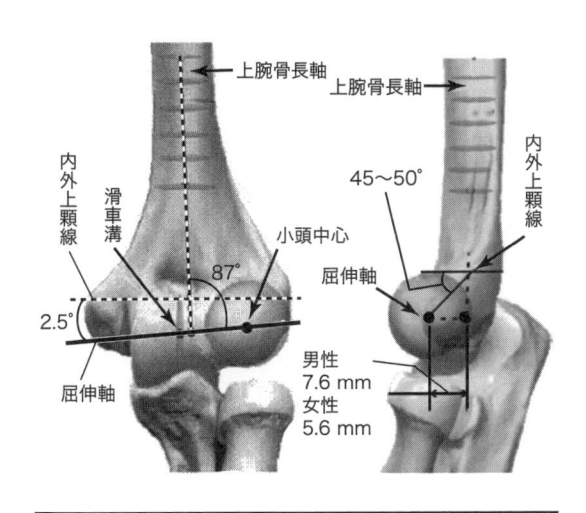

図2-1 上腕骨の骨形態（文献5, 6より作図）

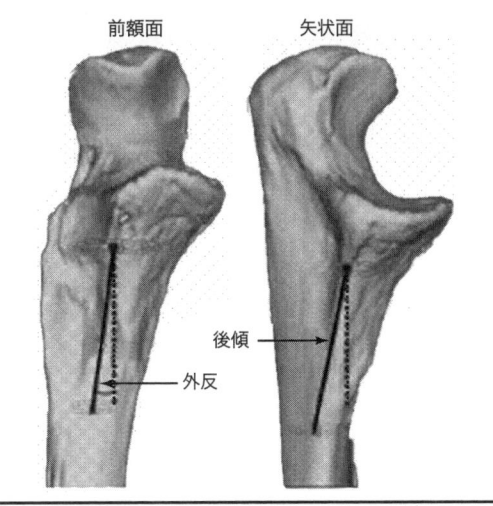

図2-2 尺骨の骨形態（文献7, 8より作図）

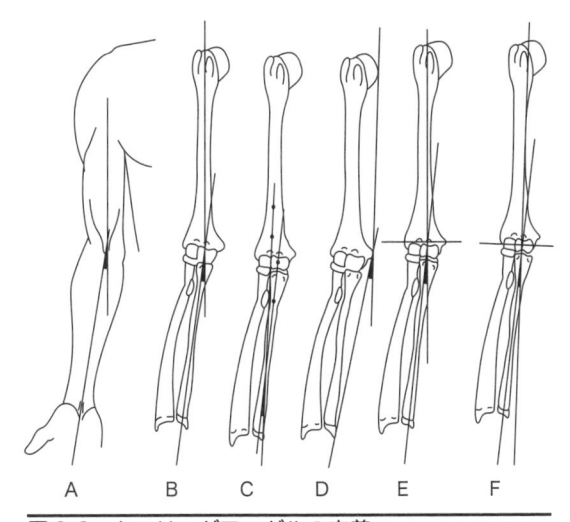

図2-3 キャリングアングルの定義
A：前腕軸と上腕軸（体表）[10]，B：上腕骨軸と尺骨軸（X線）[6]，C：上腕骨遠位にとった2点の中点を通る軸と尺骨近位にとった2点の中点を通る軸（X線）[11]，D：上腕骨内側の接線と尺骨内側の接線（X線）[10]，E：両上顆を結んだ線の垂線と尺骨軸（X線）[6]，F：肘関節屈伸軸の垂線と尺骨軸（X線）[3]。

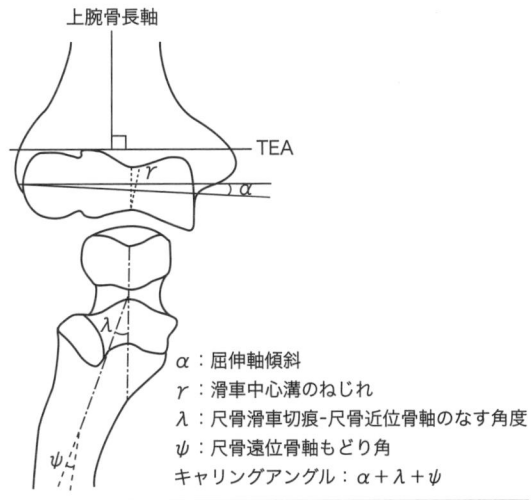

図2-4 骨形態からみたキャリングアングルの構成要素（文献6より改変）

なく，上腕骨軸と尺骨軸[6]，上腕骨内側の接線と尺骨内側の接線[10]，上腕骨内外側上顆を結んだ線の中点を通る垂線と尺骨軸[6]などいくつかの定義がみられる（**図2-3**）。これらの定義の違いが研究によってキャリングアングルのデータが異なる一因となっている可能性があり，研究間の比較を困難にしている。

2. 骨形態からみたキャリングアングルの構成要素

Shibaら[6]は上腕骨および尺骨の骨形態を調査し，上腕骨遠位および尺骨近位の形状より肘関節外反を構成する要素を報告した（**図2-4**）。上腕骨遠位の構成要素として，上腕骨長軸と直交する線（TEA）と屈伸軸の傾斜（α）と上腕骨滑車中

第1章 肘関節のバイオメカニクス

表2-1 各構成因子における外反角（文献6より改変）

	α	λ	ψ	キャリングアングル
検体1	2.5°	21°	-6°	17.5°
検体2	2.5°	14°	-7°	9.5°
検体3	2.5°	7°	-7°	2.5°
検体4	2.5°	17°	-12°	7.5°

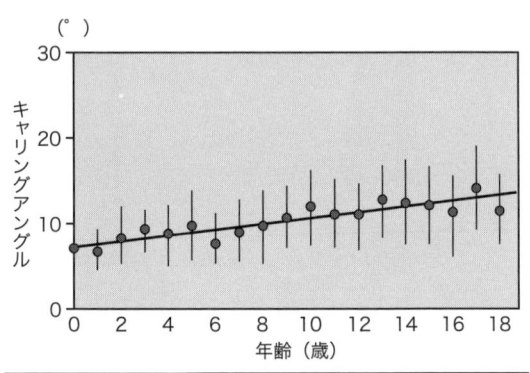

図2-5 暦年齢によるキャリングアングルの変化（文献12より改変）

心溝のねじれ（γ）を，尺骨近位の構成要素として尺骨滑車切痕と尺骨近位骨軸のなす角度（λ）と尺骨遠位骨軸のもどり角（ψ）をあげている。4つの因子のなかで，上腕骨滑車中心溝のねじれ（γ）は関節面の前方に存在するため肘関節伸展位における寄与は少ないとし，α，λ，ψの角度の和をキャリングアングルとした（表2-1）。しかし，彼らの研究は検体数が4体と少なく，また骨形態の性差に関する検討が行われていなかった。

Brownhillら[5, 7]は上腕骨および尺骨の骨形態の性差を調査し，上腕骨の解剖学的屈伸軸の角度および尺骨の外反角度に性差がなく，骨形態ではなく関節の形状など尺骨および上腕骨の相乗的な影響によって性差が生じていると考察した。キャリングアングルの性差については後述する。

3. キャリングアングルに影響を及ぼす因子

1）年　齢

Goldenら[12]は生後4ヵ月から18歳までの300名600肘のキャリングアングルを年齢ごとに体表から計測し，年齢とともにキャリングアングルが増大することを示した（図2-5）。また，Bealsら[11]はX線を用いてキャリングアングルを測定し，年齢とともにキャリングアングルは増大することを明らかにした。Balasubramanianら[13]は，5歳から15歳までの300名のキャリングアングルを体表から計測し，その増大率を分析した。それによると，キャリングアングルの増大率は男性で0.42°/年，女性で0.60°/年であった。一方，成人以降ではキャリングアングルは減少傾向，または一定であることが示された[13, 14]。

2）性　別

体表からの計測では，男性に比べ女性のキャリングアングルが大きいことが示された[12〜14]。肘伸展可動域が女性のほうが男性に比べ大きいため，より肘外反位になるのではないかと考察された。一方，X線による計測では性差はみられなかった[11]。つまり，キャリングアングルの性差については現時点ではコンセンサスは得られておらず，この要因としては測定方法の違いがあげられる。

3）利き手・非利き手

利き手，非利き手によるキャリングアングルの違いについては，利き手のほうが大きいとする研究[14, 15]と，両者に差はない[16]という研究があり，コンセンサスは得られていない。これも性差同様測定方法の違いによると考えられる。

4）投球側・非投球側

投球側と非投球側のキャリングアングルに関し

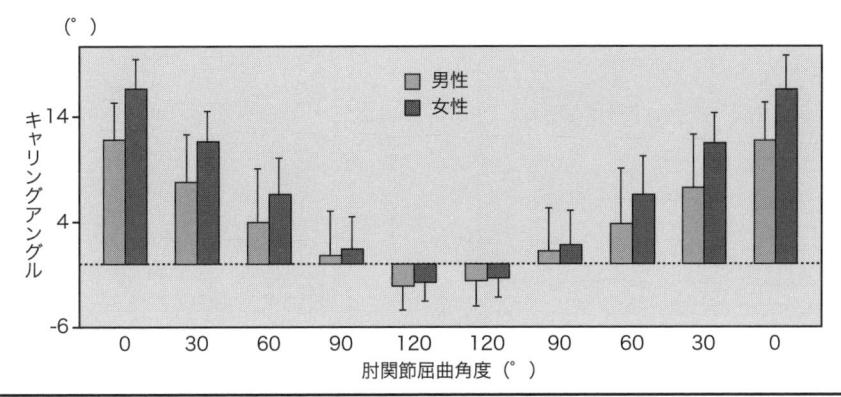

図2-6 肘関節屈伸時のキャリングアングルの変化（文献16より改変）
肘関節屈曲に伴い，キャリングアングルは減少する。

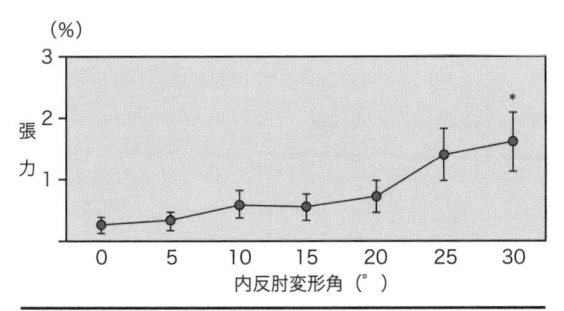

図2-7 肘関節内反肘変形角度増大に伴う外側側副靱帯の張力変化（文献22より改変）
* $p < 0.05$．内反肘変形30°では正常肘に対し外側側副靱帯の張力は有意に増大する。

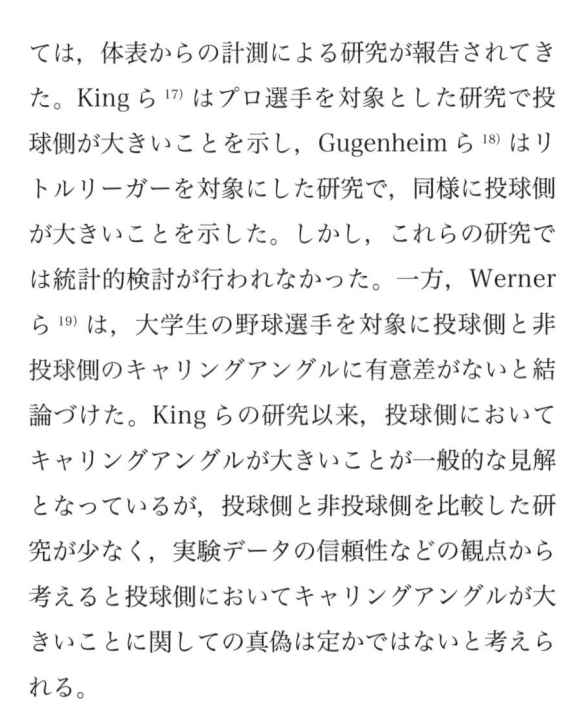

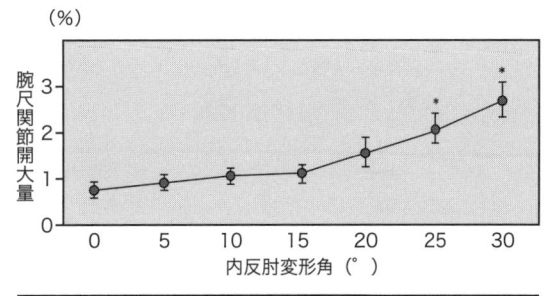

図2-8 肘関節内反肘変形角増大に伴う腕尺関節開大量の変化（文献22より改変）
* $p < 0.05$．内反肘変形25°，30°では正常肘に対し腕尺関節開大量は有意に増大する。

ては，体表からの計測による研究が報告されてきた。Kingら[17]はプロ選手を対象とした研究で投球側が大きいことを示し，Gugenheimら[18]はリトルリーガーを対象にした研究で，同様に投球側が大きいことを示した。しかし，これらの研究では統計的検討が行われなかった。一方，Wernerら[19]は，大学生の野球選手を対象に投球側と非投球側のキャリングアングルに有意差がないと結論づけた。Kingらの研究以来，投球側においてキャリングアングルが大きいことが一般的な見解となっているが，投球側と非投球側を比較した研究が少なく，実験データの信頼性などの観点から考えると投球側においてキャリングアングルが大きいことに関しての真偽は定かではないと考えられる。

5) 肘関節角度

肘関節屈曲・伸展時のキャリングアングルの変化に関しては，屍体および生体において研究がされてきた。屍体肘を用い，完全伸展位と完全屈曲位におけるキャリングアングルを計測した研究では，屈曲に伴いキャリングアングルが減少し，完全屈曲位では内反位にあることが示された[2, 20]。また，Van Royら[16]は，生体におけるキャリングアングルの動的変化を三次元解析し，肘関節屈曲に伴いキャリングアングルは減少し，屈曲120°において軽度内反位を示した（**図2-6**）。以上より，屍体，生体を問わず，キャリングアングルは肘関節屈曲に伴い減少すると考えられる。

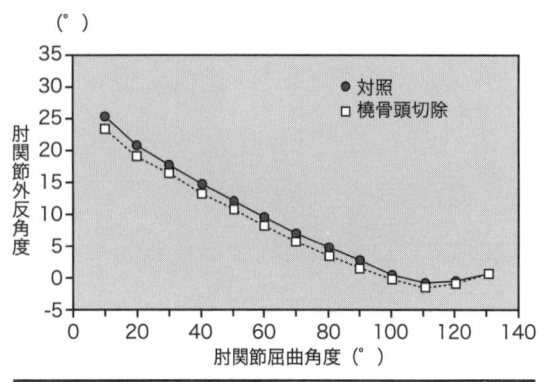

図2-9 橈骨頭切除に伴う外反角度の変化（文献23より改変）

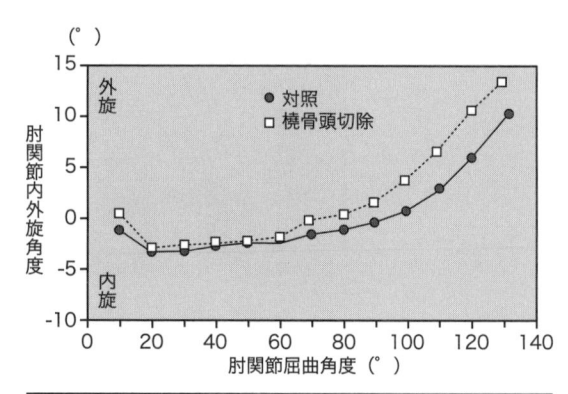

図2-10 橈骨頭切除に伴う肘関節外旋角度の変化（文献23より改変）

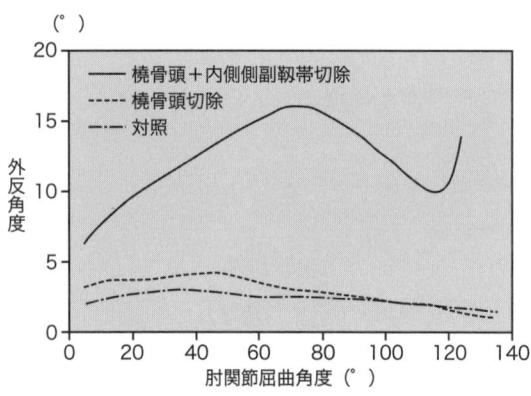

図2-11 橈骨頭および内側側副靱帯切除に伴う肘関節外反角度の変化（文献24より改変）

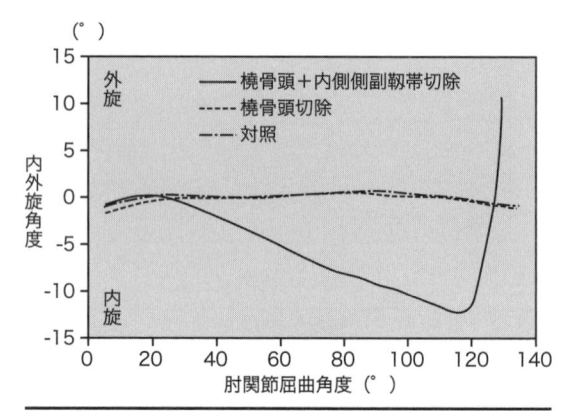

図2-12 橈骨頭および内側側副靱帯切除に伴う肘関節内旋角度の変化（文献24より改変）

D. アライメント変化が肘関節のキネマティクスに及ぼす影響

1. 肘関節内反変形と肘関節後外側回旋不安定症

肘関節内反が肘関節のキネマティクスに及ぼす影響に関して，O'driscollら[21]は内反変形により伸張ストレスを受ける外側側副靱帯が弱化し，肘関節後外側回旋不安定症が生じると述べた。Beuerleinら[22]は，屍体肘を骨切り変形させた内反肘モデルを用い，内反変形が肘関節後外側回旋不安定症に及ぼす影響を調査した。内反肘モデルに回外方向への負荷を与えた結果，内反変形角度の増大に伴い外側側副靱帯の張力および腕尺関節の開大が増加することを示し（図2-7，図2-8），肘関節内反変形に付随して肘関節後外側回旋不安定症が生じると考察した。

2. 橈骨頭の切除と肘関節のキネマティクス

橈骨骨折後の橈骨頭切除を背景に，橈骨頭の肘関節のキネマティクスへの寄与に関する研究が行われてきた。

橈骨頭の切除による肘関節屈曲・伸展時のキネマティクスの変化に関して，正常肘と比較した研究によると，橈骨頭を切除することにより内反方向および外旋方向への偏位が増大すると報告された（図2-9，図2-10）[23]。橈骨頭の切除が肘関節内反・外反方向や内旋・外旋方向へのキネマティ

2. アライメント

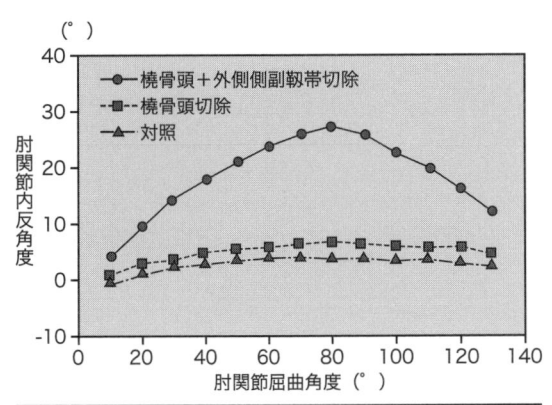

図2-13 橈骨頭および外側側副靱帯切除に伴う肘関節内反角度の変化（文献25より改変）

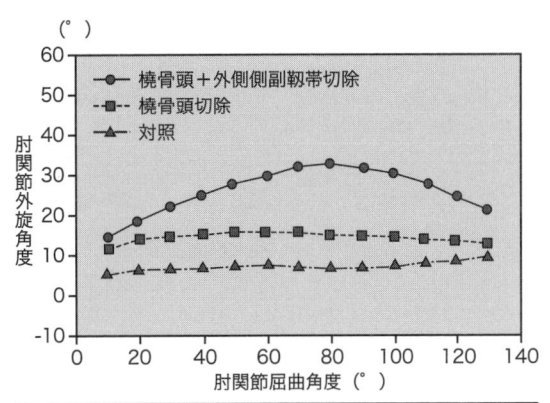

図2-14 橈骨頭および外側側副靱帯切除に伴う肘関節外旋角度の変化（文献25より改変）

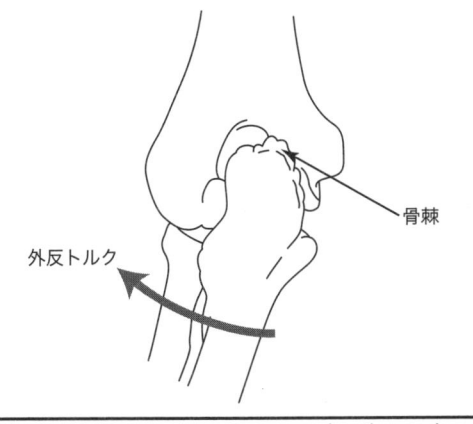

図2-15 valgus extension overload syndrome（文献26より引用）
投球時外反ストレスにより肘頭窩内側・肘頭がインピンジされ，骨棘・関節内遊離体が形成される。

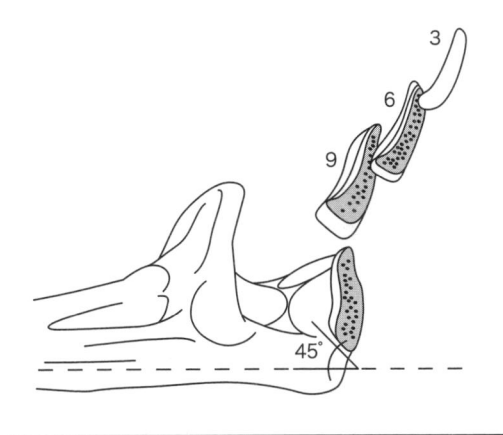

図2-16 肘頭切除3, 6, 9 mm（文献27より引用）
肘頭後内側部骨棘に対する外科的治療。

クスに与える影響に関して，内側側副靱帯や外側側副靱帯の機能を含めた複合的な研究が行われてきた。Morreyら[24]は橈骨頭の外反への安定性の寄与に関して，内側側副靱帯が正常であれば橈骨頭を切除しても外反方向への不安定性が増加しないこと，また内側側副靱帯切離下においては外反不安定性および内旋不安定性が増加することを示し（**図2-11**，**図2-12**），内側側副靱帯は外反方向へのprimary stabilizer，橈骨頭はsecondary stabilizerであると考察した。内反方向に関しては，Jensenら[25]は，橈骨頭のみの切除において内反不安定性および外旋不安定性が増加し，外側側副靱帯を切離することにより不安定性が著明に増加することを示し（**図2-13**，**図2-14**），橈骨頭が内反に対するprimary stabilizerであると考察した。

3. 肘頭後内側部切除と肘関節のキネマティクス

投球動作中の肘関節には強大な外反トルクが生じ，上腕骨肘頭窩内側部と肘頭後内側部がインピンジメントすることで骨棘や関節内遊離体を形成し，これが原因となって疼痛を生じることがある。これは"valgus extension overload syndrome"（**図2-15**）[26]と呼ばれ，外科的治療の対象となる。主な治療法は開放術またはデブリドマンである

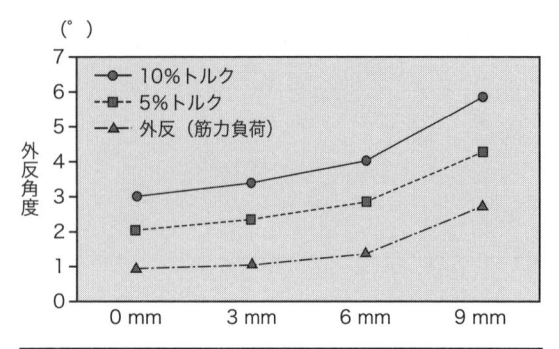

図2-17 肘頭切除，外反トルク負荷時の肘外反角度（文献28より改変）

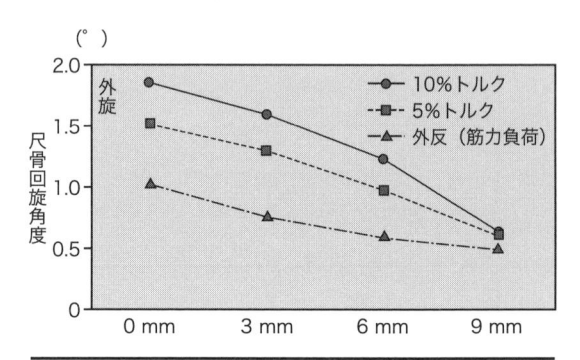

図2-18 肘頭切除，外反トルク負荷時の尺骨回旋角度（文献28より改変）

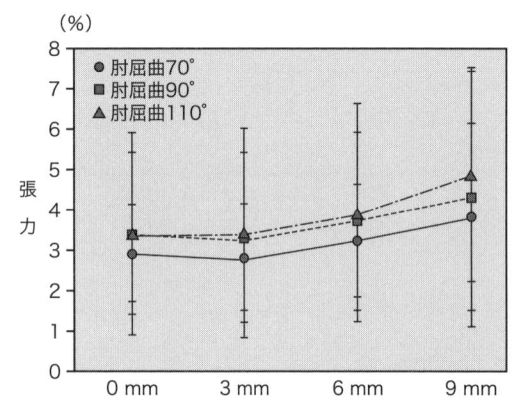

図2-19 肘頭切除における内側側副靱帯張力の変化（文献27より改変）

が，この場合切除する骨棘の量については，肘関節の運動学的変化や制動性を損なわないような切除量の検討が必要となる（**図2-16**）。Kamineniら[27,28]は肘頭後内側部の切除量と外反トルクを変化させたときの肘関節外反角度と尺骨回旋角度の変化，また切除量を変化させたときの内側側副靱帯張力の変化について報告した。肘関節外反角度に関しては，切除量の増加に伴い増大し，外反トルクを増加させたときにも同様の変化を示した（**図2-17**）。尺骨回旋角度に関しては，切除量の増加に伴い外旋が減少し，外反トルクの増加に伴い外旋する傾向にあった（**図2-18**）。内側側副靱帯の張力は，切除量の増加に伴い肘屈曲角度にかかわらず増加した（**図2-19**）。

E. まとめ

本項では肘関節のアライメントについて，それを構成する因子や影響を与える因子，アライメントを変化させたときのキネマティクスの変化について記載した。アライメントについては測定方法が統一されていないためその数値を一概に比較することはできない。また，多くの研究で用いられているのは二次元の測定方法であり，回旋などの影響が考慮されていないことなどが問題となる。今後は測定方法を統一したうえでアライメントを検討することが望まれる。本項の内容としては以下のようにまとめられる。

1. すでに真実として承認されていること

- キャリングアングルは年齢とともに増加する。
- キャリングアングルは肘関節の屈曲に伴い減少する。

2. 議論の余地はあるが，今後の重要な研究テーマとなること

- 体表からの計測では回旋の影響が捉えられないため，三次元解析による詳細かつ正確な測定法の確立。
- アライメントに影響を与える各因子についての詳細な検討や定量化。
- スポーツ動作とキャリングアングルとの関連性

の検討。

3. 真実と思われていたが，実は疑わしいこと
- 女性は男性と比較しキャリングアングルが大きい。
- 利き手は非利き手と比較しキャリングアングルが大きい。
- 投球側は非投球側と比較しキャリングアングルが大きい。

文献

1. Bottlang M, O'Rourke MR, Madey SM, Steyers CM, Marsh JL, Brown TD. Radiographic determinants of the elbow rotation axis: experimental identification and quantitative validation. *J Orthop Res.* 2000; 18: 821-8.
2. Deland JT, Garg A, Walker PS. Biomechanical basis for elbow hinge-distractor design. *Clin Orthop Relat Res.* 1987; (215): 303-12.
3. London JT. Kinematics of the elbow. *J Bone Joint Surg Am.* 1981; 63: 529-35.
4. Morrey BF, Chao EY. Passive motion of the elbow joint. *J Bone Joint Surg Am.* 1976; 58: 501-8.
5. Brownhill JR, King GJ, Johnson JA. Morphologic analysis of the distal humerus with special interest in elbow implant sizing and alignment. *J Shoulder Elbow Surg.* 2007; 16 (3 Suppl): S126-32.
6. Shiba R, Sorbie C, Siu DW, Bryant JT, Cooke TD, Wevers HW. Geometry of the humeroulnar joint. *J Orthop Res.* 1988; 6: 897-906.
7. Brownhill JR, Mozzon JB, Ferreira LM, Johnson JA, King GJ. Morphologic analysis of the proximal ulna with special interest in elbow implant sizing and alignment. *J Shoulder Elbow Surg.* 2009; 18: 27-32.
8. Windisch G, Clement H, Grechenig W, Tesch NP, Pichler W. The anatomy of the proximal ulna. *J Shoulder Elbow Surg.* 2007; 16: 661-6.
9. King GJ, Zarzour ZD, Patterson SD, Johnson JA. An anthropometric study of the radial head: implications in the design of a prosthesis. *J Arthroplasty.* 2001; 16: 112-6.
10. Steel FL, Tomlinson JD. The carrying angle in man. *J Anat.* 1958; 92: 315-7.
11. Beals RK. The normal carrying angle of the elbow. A radiographic study of 422 patients. *Clin Orthop Relat Res.* 1976; (119): 194-6.
12. Golden DW, Jhee JT, Gilpin SP, Sawyer JR. Elbow range of motion and clinical carrying angle in a healthy pediatric population. *J Pediatr Orthop B.* 2007; 16: 144-9.
13. Balasubramanian P, Madhuri V, Muliyil J. Carrying angle in children: a normative study. *J Pediatr Orthop B.* 2006; 15: 37-40.
14. Paraskevas G, Papadopoulos A, Papaziogas B, Spanidou S, Argiriadou H, Gigis J. Study of the carrying angle of the human elbow joint in full extension: a morphometric analysis. *Surg Radiol Anat.* 2004; 26: 19-23.
15. Tukenmez M, Demirel H, Percin S, Tezeren G. Measurement of the carrying angle of the elbow in 2,000 children at ages six and fourteen years. *Acta Orthop Traumatol Turc.* 2004; 38: 274-6.
16. Van Roy P, Baeyens JP, Fauvart D, Lanssiers R, Clarijs JP. Arthro-kinematics of the elbow: study of the carrying angle. *Ergonomics.* 2005; 48: 1645-56.
17. King J, Brelsford HJ, Tullos HS. Analysis of the pitching arm of the professional baseball pitcher. *Clin Orthop Relat Res.* 1969; 67: 116-23.
18. Gugenheim JJ Jr, Stanley RF, Woods GW, Tullos HS. Little league survey: the Houston study. *Am J Sports Med.* 1976; 4: 189-200.
19. Werner SL, Guido JA Jr, Stewart GW, McNeice RP, Van Dyke T, Jones DG. Relationships between throwing mechanics and shoulder distraction in collegiate baseball pitchers. *J Shoulder Elbow Surg.* 2007; 16: 37-42.
20. Chao EY, Morrey BF. Three-dimensional rotation of the elbow. *J Biomech.* 1978; 11: 57-73.
21. O'Driscoll SW, Spinner RJ, McKee MD, Kibler WB, Hastings H 2nd, Morrey BF, Kato H, Takayama S, Imatani J, Toh S, Graham HK. Tardy posterolateral rotatory instability of the elbow due to cubitus varus. *J Bone Joint Surg Am.* 2001; 83: 1358-69.
22. Beuerlein MJ, Reid JT, Schemitsch EH, McKee MD. Effect of distal humeral varus deformity on strain in the lateral ulnar collateral ligament and ulnohumeral joint stability. *J Bone Joint Surg Am.* 2004; 86: 2235-42.
23. Jensen SL, Olsen BS, Sojbjerg JO. Elbow joint kinematics after excision of the radial head. *J Shoulder Elbow Surg.* 1999; 8: 238-41.
24. Morrey BF, Tanaka S, An KN. Valgus stability of the elbow. A definition of primary and secondary constraints. *Clin Orthop Relat Res.* 1991; (265): 187-95.
25. Jensen SL, Olsen BS, Tyrdal S, Søjbjerg JO, Sneppen O. Elbow joint laxity after experimental radial head excision and lateral collateral ligament rupture: efficacy of prosthetic replacement and ligament repair. *J Shoulder Elbow Surg.* 2005; 14: 78-84.
26. Wilson FD, Andrews JR, Blackburn TA, McCluskey G. Valgus extension overload in the pitching elbow. *Am J Sports Med.* 1983; 11: 83-8.
27. Kamineni S, El Attrache NS, O'Driscoll SW, Ahmad CS, Hirohara H, Neale PG, An KN, Morrey BF. Medial collateral ligament strain with partial posteromedial olecranon resection. A biomechanical study. *J Bone Joint Surg Am.* 2004; 86: 2424-30.
28. Kamineni S, Hirahara H, Pomianowski S, Neale PG, O'Driscoll SW, El Attrache N, An KN, Morrey BF. Partial posteromedial olecranon resection: a kinematic study. *J Bone Joint Surg Am.* 2003; 85: 1005-11.

〔河村　真史，木村　佑〕

3. 肘関節の内側支持機構

はじめに

肘の腕尺関節は蝶番関節をなし，矢状面上での屈曲・伸展が主たる運動である．加えて腕橈関節と橈尺関節間での関節運動により，前腕の回旋運動が可能となる．上肢を用いるスポーツ動作においては，運動が先んじる体幹とそれに遅れて運動する手との間で肩関節や肘関節にはストレスが生じやすい．肘関節では特に外反方向に加わるストレスが生じ，内側への伸張ストレスや外側への圧迫ストレスとなると考えられている[1]．

代表的なスポーツ障害として投球障害肘があげられ，上腕骨内側上顆の剥離や肘内側側副靱帯（medial collateral ligament：MCL）の損傷，その他軟部組織の損傷などが生じる．これは，投球などの上肢を用いるスポーツ動作によって肘に繰り返し外反ストレスが加わった障害と考えられている．

本項では，頻繁に損傷が起こる肘関節の内側機構について，大きく静的支持機構と動的支持機構の2つに分けて述べる．静的支持機構については，主に靱帯による関節の制動について，また靱帯の強度や靱帯による関節運動の制動についてまとめた．動的支持機構については，靱帯のみでは制動できない関節への外反方向への負荷や運動に対する筋の作用についての研究をまとめた．

A. 文献検索方法

文献検索にはPubMedを用いた．キーワードと該当件数は「ulnar collateral ligament」579件，「AND valgus」95件，「AND instability」97件，「elbow AND valgus AND instability」148件であった．このうち安定性に関与する組織の機能や解剖についての文献のみを抽出した．肘関節の安定性については内外反への角度の合計の大きさで評価する研究もあるが，本項では純粋な外反角度についてのみ測定し，安定性として評価された文献を採用した．

B. 内側側副靱帯の外反制動機能

1. 内側側副靱帯の解剖

内側側副靱帯はその走行から前斜走線維（anterior oblique ligament：AOL），後斜走線維（posterior oblique ligament：POL），横走線維の3種に分類される（図3-1）[2,3]．前斜走線維・後斜走線維の長さはそれぞれ21.1〜27.1 mm，16.5〜24.2 mm，幅はそれぞれ4.7〜13.3 mm，5.3〜8.8 mm，断面積はそれぞれ12.9 mm^2，8.9 mm^{2}であった（表3-1）[2〜5]．文献ごとに数値のばらつきがみられるのは，靱帯を測定する位置が異なるためであると考えられる．

前斜走線維の起始は上腕骨内側上顆下面に，後斜走線維の起始は前斜走線維よりやや後方に位置し，いずれも尺骨滑車切痕に停止する．Morreyら[4]の解剖学的研究によると，前斜走線維・後斜走線維とも肘関節屈伸軸の後方に起始が存在した（図3-2）．このため肘関節の屈曲に伴い起始停止間距離は拡大し，特に後斜走線維では屈曲角が深くなるにつれ拡大した（図3-3）．Wavreilleら[6]

3. 肘関節の内側支持機構

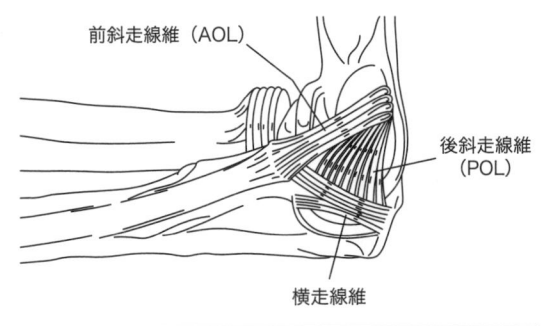

図3-1 内側側副靱帯の走行（文献2より作図）
内側側副靱帯は前斜走線維（AOL），後斜走線維（POL），横走線維の3種に分類される。

表3-1 前斜走線維，後斜走線維の長さ，幅，断面積（文献2〜5より作成）

	前斜走線維	後斜走線維
長さ (mm)	27.1 ± 4.3 (n = 10)[4] 21.4 ± 5.7 (n = 20)[2] 21.1 ± 2.8 (n = 7)[5]	24.2 ± 4.3 (n = 10)[4] 16.5 ± 1.5 (n = 6)[5]
幅 (mm)	4.7 ± 1.2 (n = 10)[4] 7.2 ± 1.7 (n = 6)[3] 13.3 ± 2.6 (n = 20)[2] 7.6 (n = 7)[5]	5.3 ± 1.1 (n = 10)[4] 8.8 (n = 6)[5]
断面積 (mm²)	12.9 ± 3.1 (n = 7)[5]	8.9 ± 3.4 (n = 6)[5]

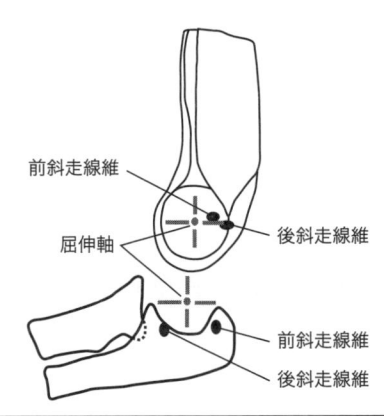

図3-2 肘関節の屈伸軸と靱帯の付着部（文献4より引用）
前斜走線維・後斜走線維とも肘関節屈伸軸の後方に起始が存在する。

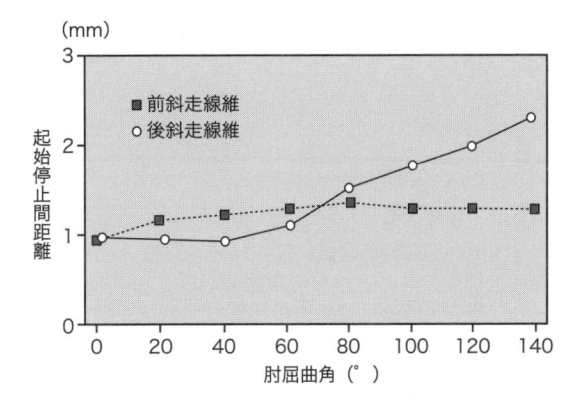

図3-3 前斜走線維と後斜走線維の起始停止間距離（文献4より引用）
肘関節の屈曲に伴い起始停止間距離が拡大し，特に後斜走線維では屈曲角が深くなるにつれて拡大した。

は前斜走線維・後斜走線維の線維束をそれぞれ深さ（深層・浅層）と位置（前方・後方）で分類し，屈曲・伸展運動に伴う起始停止間距離の変化を測定した。その結果，前斜走線維の前方と浅層の線維は屈曲につれて縮小し，後方と深層の線維は屈曲につれて拡大する傾向にあった（**図3-4**）。一方，後斜走線維では線維束の種類に関係なく屈曲に伴って一様に拡大する傾向がみられた。

2. 内側側副靱帯の材料特性

Reganら[5]は前斜走線維・後斜走線維を抽出し，伸張負荷をかけ歪み〔ストレイン（%）〕を測定した（**図3-5**）。前斜走線維・後斜走線維とも負荷〔力（N）〕が増大するにつれ歪みも増大した。前斜走線維は100 N負荷時に約11%，200 N負荷時に約18%の歪みがみられ，後斜走線維は100 N負荷時に約18%，200 N負荷時に約30%の歪みがみられた。このことから前斜走線維のほうが後斜走線維より弾性が大きいことがわかる。このような実験では靱帯に直接負荷が加わるため，靱帯そのものの材料特性について正確な情報が得られる。

体外から肘に加わる負荷はトルクという形で推測可能であるが，このトルクに抗する力は肘関節のいくつかの内側支持機構によって担われる。したがって，内側側副靱帯に加わる負荷を知るため

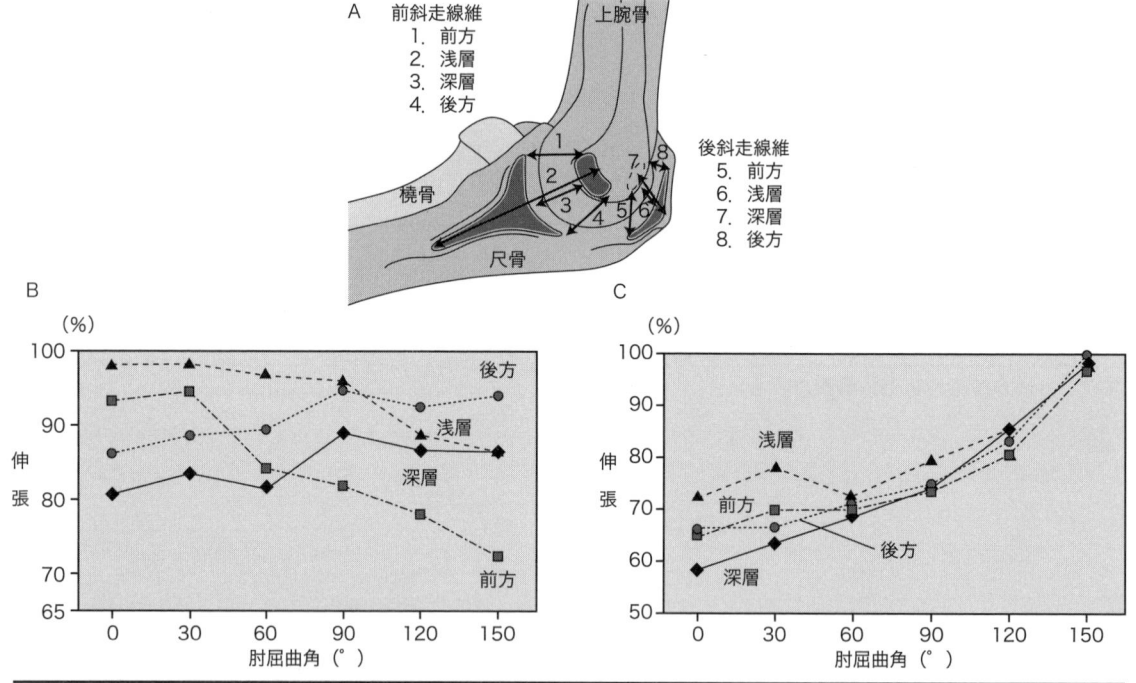

第1章 肘関節のバイオメカニクス

図3-4 関節角度変化による内側側副靱帯の起始停止間距離の変化（文献6より引用）
A：内側側副靱帯の分類，B：前斜走線維の起始停止間距離の変化，C：後斜走線維の起始停止間距離の変化。
前斜走線維の前方と浅層の線維は屈曲につれて短縮し，後方と深層の線維は屈曲につれて拡大する傾向にある。
一方，後斜走線維は線維束の種類に関係なく屈曲に伴って一様に拡大する傾向がみられた。

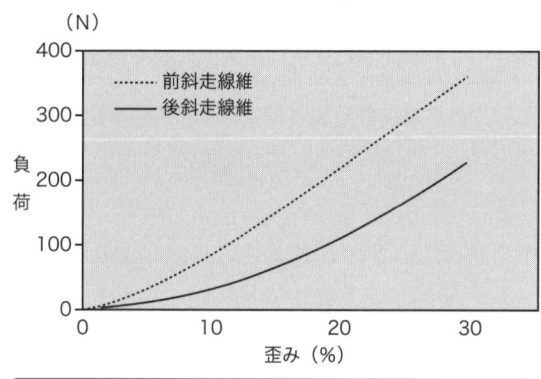

図3-5 伸張ストレスを負荷した際の靱帯の歪み（文献5より引用）
前斜走線維・後斜走線維とも負荷が増大するにつれ歪みが増大したが，前斜走線維のほうが後斜走線維より弾性が大きい。

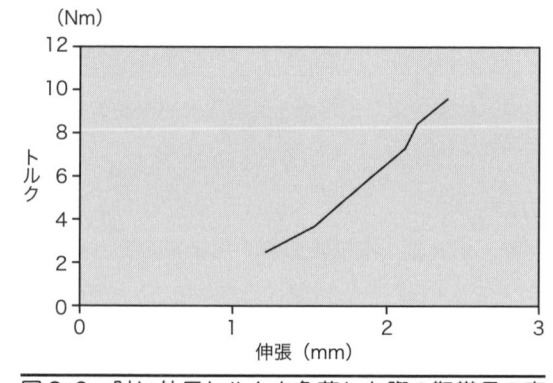

図3-6 肘に外反トルクを負荷した際の靱帯長の変化（文献7より引用）
靱帯が1 mm伸張するのに約2 Nm，2 mm伸張するのに約6 Nmの負荷が必要である。

には，他の組織も残存する状態であるほうが実際の運動に近い情報が得られる。さらに肘自体に負荷を加えれば，実際の外的負荷に対する内側側副靱帯の変化を推測できる。Armstrongら[7]は屍体肘関節に外反ストレスを負荷し，内側側副靱帯の長さ変化を計測した（**図3-6**）。その結果，靱帯が1 mm伸張するのに約2 Nm，2 mm伸張するのに約6 Nm必要であった。

内側側副靱帯の破断強度については諸家が報告してきた。Reganら[5]は6体の屍体肘の前斜走

3. 肘関節の内側支持機構

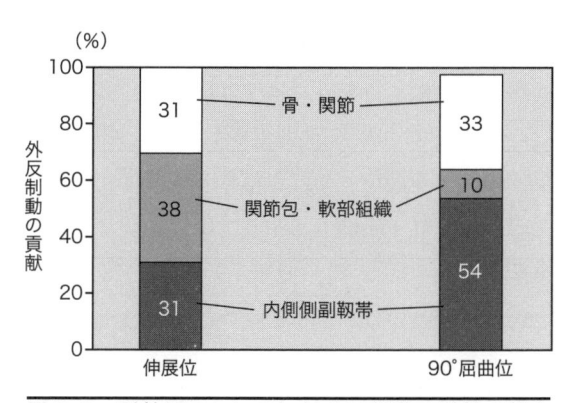

図3-7 肘外反ストレスに対する制動の貢献の割合（文献11より作図）
外反制動に対する貢献度は，肘伸展位で内側側副靱帯，骨組織，関節包・軟部組織とも同程度であった．

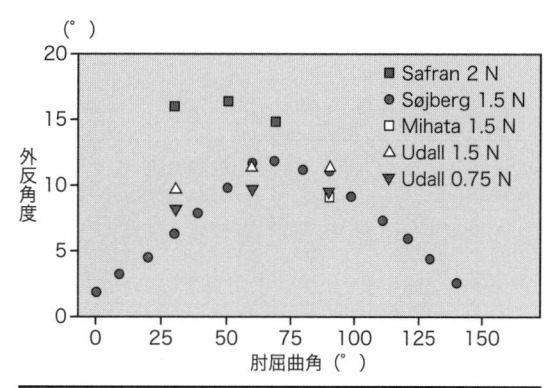

図3-8 肘屈曲角の変化による肘外反角度の変化（文献3，12～14より作図）
前斜走線維を切除した際に，肘伸展位よりも屈曲位のほうが肘外反角度が増大し，前斜走線維の制動の割合も屈曲位で増大した．

線維・後斜走線維を抽出し，伸張負荷に対する破断強度を計測した．破断強度は前斜走線維が260.9±71.3 N，後斜走線維が158.9±40.1 Nであった．Ahmadら[8]は屍体肘を屈曲70°に設定して外反トルクを負荷した結果，34.29±6.9 Nm負荷時に内側側副靱帯が破断したと報告した．Prud'hommeら[9]，Armstrongら[7]は肘屈曲90°で同様に屍体肘に外反トルクを負荷し，5 mmの伸張を破断と定義して実験を行った．その結果，15～23 Nm負荷した際に内側側副靱帯の5 mmの伸張がみられた．

線維束によって弾性が異なるため破断強度は若干異なるものの，いずれも靱帯に約25％の歪みが生じると破断すると考えられる（**図3-5**）．これは前段の解剖から考えると5～6 mm程度に相当する．これらの実験はあくまでも数回程度の繰り返しでの破断であり，急性外傷に近い．実際に投球障害など繰り返しの負荷によって組織損傷が生じる場合では，より少ない負荷の繰り返しで物質的に疲労し，脆弱化により損傷が生じるなど異なる経過をたどる可能性がある．しかし，およそ15～20 Nm以上の負荷で内側側副靱帯には相当の負荷が加わることは推察される．そのため，これらの負荷を生じないような動作に改善することで負荷を軽減したり，負荷を他の支持機構で補うことが重要と考えられる．

3. 内側側副靱帯の外反制動機能

外反制動には前斜走線維，橈骨頭，関節包，軟部組織が関与する．Hotchkissら[10]は13体の屍体肘について，肘内側の組織を切除する前後の肘外反角度を比較することにより，どの組織が外反制動に貢献しているかを検討した．その結果，外反ストレスに対して前斜走線維が最も制動に貢献し，次いで橈骨頭が貢献することが示された．一方で，後斜走線維による外反制動は小さかった．またMorreyら[11]は4体の屍体肘に対して内側側副靱帯，骨組織，関節包，軟部組織を切除する前後の外反負荷時の肘外反角度を比較し，増加の大きさの変化から各組織の外反制動の貢献を算出した．その結果，肘伸展位で内側側副靱帯，骨組織，関節包・軟部組織が同程度貢献すると報告した（**図3-7**）．これらの外反制動の作用は肘の屈曲角度によって変化する可能性が示された．ただし，この研究は対象数が十分ではなく，統計的有意差が得られていないことに注意が必要である．Hotchkissら[10]，Morreyら[11]の実験において，前斜走線維を切除した際に，肘伸展位よりも屈曲

第1章 肘関節のバイオメカニクス

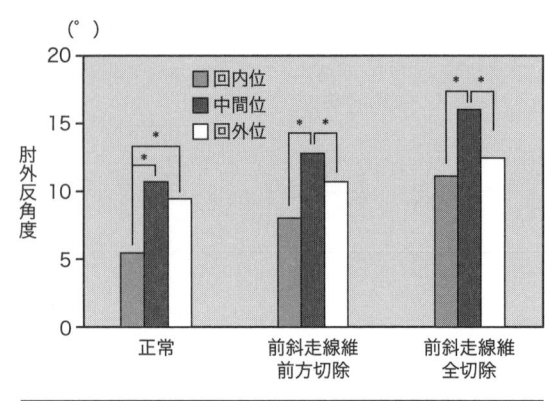

図3-9 前腕回旋肢位による肘外反角度の変化（肘屈曲30°）（文献3より作図）
前腕回旋中間位において外反角度が有意に増大し、前腕回内位において外反角度は最小となった。

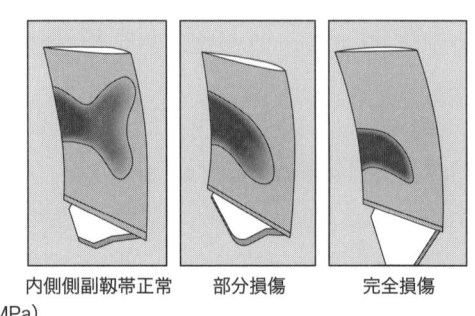

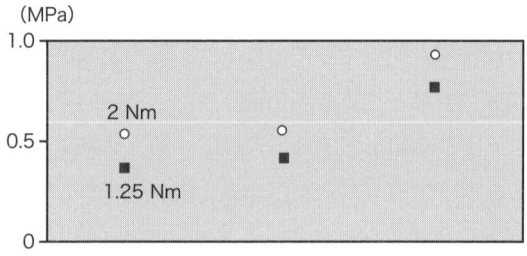

図3-10 肘外反負荷時の接触面積と接触圧（文献15より作図）
内側側副靱帯の部分損傷、完全損傷により接触面積が狭小し、接触圧が高まる。

位のほうが肘外反角度が増大し、前斜走線維の制動の割合も屈曲位で増大することがわかった。他の実験においても同様の結果であった（**図3-8**）[3,12〜14]。Søjbjergら[13]は肘屈曲0〜140°まで10°単位で、1.5 Nmを負荷して測定した。肘屈曲60〜70°において外反角度は最大となり、肘屈曲70°における肘外反角は11.8°となった。

また、肘屈曲0〜20°と120〜140°までは前斜走線維切除によって外反角度は増大せず、肘屈曲20〜120°において前斜走線維が外反制動に貢献することがわかった。これらの結果から、前斜走線維は最終伸展域、屈曲域ではあまり大きな外反制動作用は示さず、60〜70°前後の屈曲域で制動効果が高いことが示唆された。

屈曲角度だけでなく、前腕の回旋についても外反制動機能が変化する可能性が示された。Safranら[3]は12体の屍体肘の前腕を回旋中間位・回外位・回内位の3種に分けて2 Nm外反トルクを負荷し、肘外反角度の測定を行った。肘屈曲角は30°、70°、90°に設定した。その結果、前腕回旋中間位において有意に外反角度が増大し、前腕回内位において外反角度は最小となった（**図3-9**）。この研究から、肘は前腕回旋中間位において最も外反ストレスを受けやすい可能性が示唆されたが、回旋角度と外反制動機能の関連については先行研究が少ないため、今後のさらなる検討が必要である。

4. 内側側副靱帯機能不全による他の組織への影響

Ahmadら[15]は上腕骨滑車後内側と肘頭の間にフィルムを挿入し、肘外反負荷時の接触面積および圧を測定した。条件は肘屈曲30°と90°、外反負荷を1.25 Nmと2 Nmに設定し、内側側副靱帯が正常な状態と部分損傷、完全損傷の3条件にて測定した。その結果、内側側副靱帯の部分損傷、完全損傷により接触面積は狭小し、接触圧が高まることが示された（**図3-10**）。このことから、外反負荷により本来静的支持の中心である内側側副靱帯が損傷されることで、後内側の圧迫ストレスの増大が生じることが示唆された（**図3-11**）。

C. 肘関節内側筋群の外反制動機能

1. 肘関節内側筋群の重要性

投球時には肘関節に大きな外反トルクが生じる。Fleisigら[16]は投球動作を三次元的に分析することで，肩関節最大外旋位前後のフェイズ（相）であるアームコッキング相において肘関節には約 64±12 Nm の外反トルクが加わると報告した（**図3-12**）。これは先述したように内側側副靱帯自体の破断強度である約 35 Nm を大きく超える。このような大きな負荷を靱帯などの静的支持機構のみで制動することは難しく，筋の活動によって制動することが重要となる。

以下では，肘の内側より起始し，肘の内側支持機構として作用するとされている筋についてまとめた。これまで行われた研究は主に解剖学的見地（走行，断面積，モーメントアーム）とバイオメカニクスの見地（筋活動シミュレーション）に分けられる。筋の主たる作用はいうまでもなく収縮により力を発揮することである。解剖学的見地からは力に関する作用を主にその作用方向（走行）や筋力発揮のポテンシャル（断面積とモーメントアーム）によって評価した。一方でバイオメカニクス的見地では，断面積やモーメントアームから実際の筋活動を模して肘関節に対する制動効果を評価した。ここでは，これらを順に紹介していく。

2. 解剖学的見地（筋の走行）

肘関節の内側上顆からは円回内筋，橈側手根屈筋，浅指屈筋，尺側手根屈筋が起始する。矢状面からみて円回内筋と橈側手根屈筋は内側側副靱帯の前方を走行し，浅指屈筋は内側側副靱帯のやや前方，尺側手根屈筋は内側側副靱帯の直上を走行する（**図3-13**）[17]。このことからDavidsonら[17]は尺側手根屈筋・浅指屈筋の筋活動により内側側副靱帯の作用を補う可能性を示唆した。

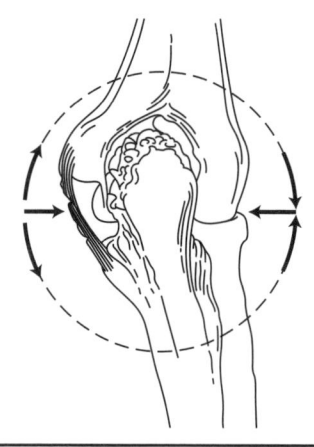

図3-11 内側側副靱帯機能不全による他の組織への影響（文献1より引用）
内側側副靱帯機能不全により外反が増大し，上腕骨滑車後内側への圧迫ストレスが増大する。

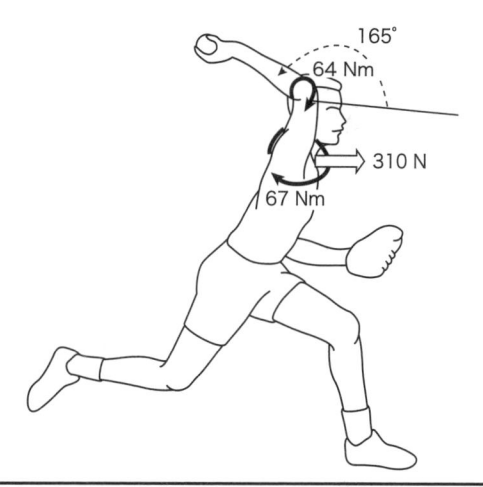

図3-12 投球時に関節に加わるトルク（文献16より引用）
投球時には肘関節に大きな外反トルクが生じる。アームコッキング相では肘関節に約 64±12 Nm の外反トルクが加わる。

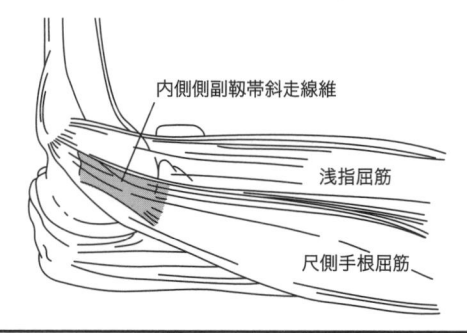

図3-13 内側側副靱帯の走行と浅指屈筋，尺側手根屈筋の走行（文献17より引用）
浅指屈筋は内側側副靱帯のやや前方，尺側手根屈筋は内側側副靱帯の直上を走行している。

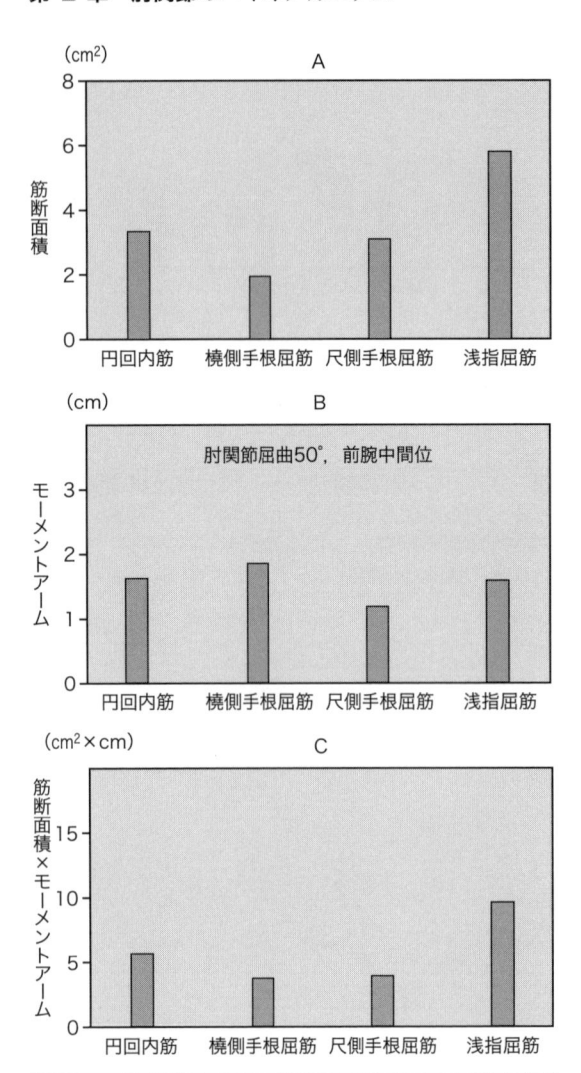

図3-14 肘関節内側筋群の解剖データ（A，Bは文献18より作図，Cは文献18のデータをもとに作図）
A：肘内側に付着する筋の筋断面積，B：肘内側に付着する筋のモーメントアーム，C：筋断面積×モーメントアーム。

3. 解剖学的見地（断面積とモーメントアーム）

Anら[18]は肘の筋群の断面積，モーメントアームを計測した。筋の断面積では，円回内筋は約3.4 cm²，橈側手根屈筋は約2.0 cm²，尺側手根屈筋は約3.2 cm²，浅指屈筋は約5.9 cm²であった（図3-14A）。これらの筋はそれぞれ1～2 cmの内反モーメントアームを有した（図3-14B）。トルクは筋力とモーメントアームの積より計算されるが，一般的に筋力は断面積に比例するため，筋断面積とモーメントアームの積によって筋が発揮可能な内反トルクを推測できる。この考え方をもとに計算を行うと，円回内筋は約5.7（cm²×cm），橈側手根屈筋は約3.8（cm²×cm），尺側手根屈筋は約4.0（cm²×cm），浅指屈筋は約9.6（cm²×cm）であり，浅指屈筋が最も大きな内反モーメントを生む可能性が示唆される（図3-14C）。また，Anら[18]は前腕回旋肢位を変化させモーメントアームを比較した。モーメントアームは，前腕回外位・回内位と比較して前腕回旋中間位において小さくなる傾向がみられたが，統計的な有意差はみられず前腕回旋肢位による影響があるとはいえなかった。

4. バイオメカニクス的見地（筋活動シミュレーション）

筋による肘関節の外反制動機能は近年注目されてきた。Hsuら[19]は生体の各筋へ電気刺激を与え，結果的に生じた肘関節の運動を3方向に分解した。発揮した力の大きさを規格化するために，運動方向に対して長さが1となる単位ベクトルを設定し，それを各方向に対する運動の作用に分割して，各方向のベクトルの長さを割合として表わした（図3-15）。すなわち全方向のベクトルの2乗和の平方根は運動方向のベクトルを示し1となる。対象は橈側手根屈筋，尺側手根屈筋，円回内筋の3筋であった。すべての筋に内反方向へのベクトルがみられた。橈側手根屈筋と円回内筋は屈曲・回内方向へのベクトルの割合が大きく，尺側手根屈筋は内反方向へのベクトルの割合が大きかった。これは生体でシミュレーションが行われた唯一の研究であるが，電気刺激により他の筋の活動を誘発してしまう可能性や不随意での筋活動による運動の阻害の可能性を否定できない。

Parkら[20]は図3-16に示した装置を用いた屍体実験で，外反トルク負荷に対する外反角度を測定した。筋活動をシミュレーションし，その有無

3. 肘関節の内側支持機構

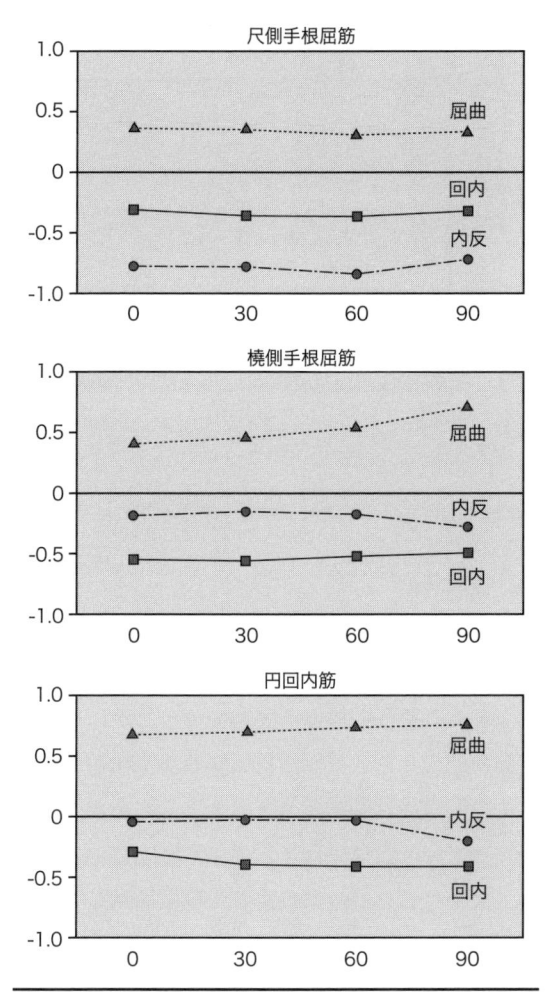

図3-15 肘関節の運動方向の割合（文献19より引用）
すべての筋に内反方向への運動がみられ，橈側手根屈筋と円回内筋は屈曲・回内方向への運動の割合が大きく，尺側手根屈筋は内反方向への運動の割合が大きかった。

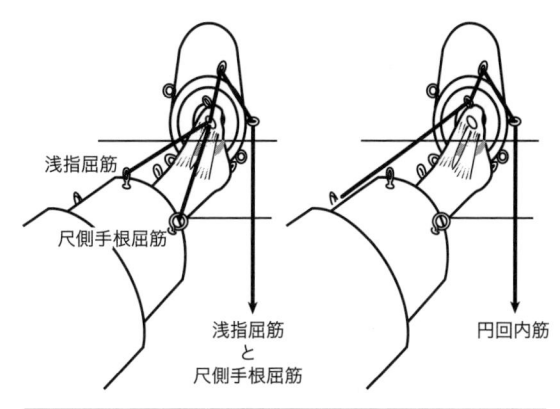

図3-16 Parkの実験（文献20より作図）
尺側手根屈筋，浅指屈筋，円回内筋それぞれの筋活動をシミュレーションした負荷をかけ，外反トルクに対する肘外反角度の変化を測定した。

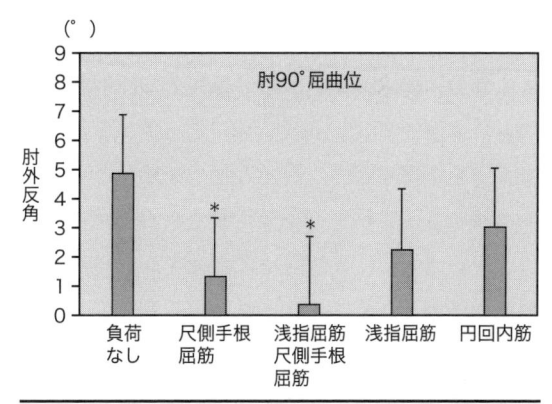

図3-17 筋活動シミュレーション時の肘外反角度の変化（文献20より作図）
尺側手根屈筋と浅指屈筋を合わせた筋活動時に外反角度が有意に減少した。また尺側手根屈筋単独の筋活動によっても有意に外反角度が減少した。

で外反角度を比較した結果，尺側手根屈筋と浅指屈筋を合わせた筋活動時に外反角度が有意に減少した（図3-17）。また尺側手根屈筋単独の筋活動によっても有意に外反角度が減少した。このことから尺側手根屈筋の筋活動によって外反は制動されることが示された。浅指屈筋単独の筋活動では有意差はなかったが外反角度は減少する傾向がみられた。前述の通り，解剖学的に筋断面積の大きい浅指屈筋は，尺側手根屈筋や円回内筋より大きな内反モーメントを生むことができると考えられ

る。しかし，本実験における浅指屈筋の筋活動は尺側手根屈筋，円回内筋と同様の15 Nに設定したことから，浅指屈筋の筋活動による制動作用を過小評価した可能性がある。浅指屈筋の筋活動を増したシミュレーションを行えばさらに外反角度が減少する可能性が考えられる。

Udallら[14]は尺側手根屈筋，浅指屈筋，円回内筋にかける張力を各筋の筋断面積をもとに設定し，同様の実験を行った。各筋への張力はAnら[18]の報告をもとに，それぞれ尺側手根屈筋で

第1章 肘関節のバイオメカニクス

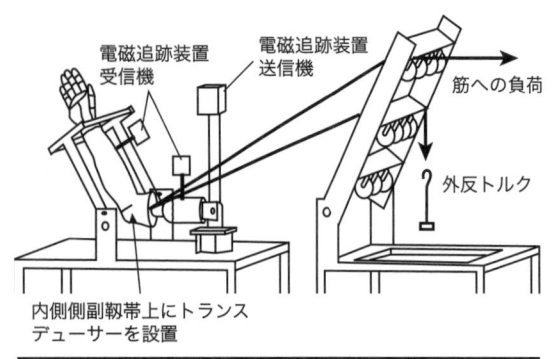

図3-18 Linの実験（文献21より作図）
内側側副靱帯にトランスデューサーを設置し歪みを計測した。肘の運動は電磁追跡装置にて計測した。

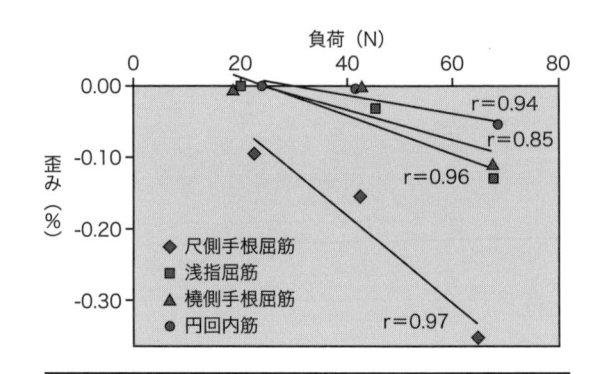

図3-19 筋活動シミュレーション時の内側側副靱帯の歪みの変化（文献21より引用）
尺側手根屈筋の筋活動時に著明な歪みの減少がみられた。

7.6 N，浅指屈筋で14.4 N，円回内筋で8.0 Nとした。また，内側側副靱帯を正常，ストレッチによる部分損傷，完全断裂の3条件とし，肘関節については屈曲30°，60°，90°とした。3筋同時に張力をかけると，3筋とも張力をかけない条件と比較して，すべての条件で有意に外反角度は減少した。さらに，3筋同時に張力をかけた状態と各筋の活動をなくした状態の肘外反角度を比較することで，各筋の機能を評価した。浅指屈筋はすべての条件で有意に肘外反角度を減少させた。一方で，尺側手根屈筋，円回内筋はおよそ半分の条件で有意差がみられず，浅指屈筋でみられた外反角度の減少よりもわずかに小さかった。このことから尺側手根屈筋，円回内筋はほぼ同等の外反制動機能を有し，浅指屈筋が最も強い外反制動機能を有することが示唆された。

Linら[21]は外反負荷時の尺側手根屈筋，浅指屈筋，橈側手根屈筋，円回内筋の筋活動をシミュレーションした実験を行い，ストレインゲージを用いて肘45°と90°屈曲位における内側側副靱帯の歪みを計測した（図3-18）。その結果，円回内筋を除く尺側手根屈筋，浅指屈筋，橈側手根屈筋の活動時に45°と90°のいずれにおいても内側側副靱帯の歪みが減少した。特に尺側手根屈筋の筋活動時に著明に歪みの減少がみら れた（図3-19）。

5. 肘関節内側筋群の外反制動機能

それぞれ条件の異なる実験ではあるが，以上の実験の結果から，尺側手根屈筋と浅指屈筋のいずれかの筋の外反制動機能を示唆する結果が得られた。一方で，投球動作に代表される上肢動作において実際にこれらの筋群がどの程度活動しているか不明な点も多い。さらに，どの程度の筋力が発揮されることで実際の制動要素として機能するかという点も明らかになれば，臨床的により有意義な指標となる可能性がある。

また，実際に肘に病態を有する者で，肘内側筋群の機能の差があるのかといった点や，機能差によって症状の重症度や予後が異なるかといった点も興味深い。現状では肘関節内側筋群の生体内での評価方法は存在しておらず，機能と病態の関連については未着手の分野である。これらについてはさらなる研究が待たれる。

D. まとめ

1. すでに真実として承認されていること
● 肘関節の外反運動は前斜走線維によって制動される。

- 尺側手根屈筋，浅指屈筋の筋活動により外反運動は制動される。

2. 議論の余地はあるが，今後の重要な研究テーマとなること

- 外反制動は肘の肢位（屈曲，回旋）の影響を受けること。
- 尺側手根屈筋，浅指屈筋の筋活動が肘関節の症状に影響を与えること。

文 献

1. Ahmad CS, ElAttrache NS. Valgus extension overload syndrome and stress injury of the olecranon. *Clin Sports Med*. 2004; 23: 665-76.
2. Gurbuz H, Kutoglu T, Mesut R. Anatomical dimensions of anterior bundle of ulnar collateral ligament and its role in elbow stability. *Folia Med (Plovdiv)*. 2005; 47: 47-52.
3. Safran MR, McGarry MH, Shin S, Han S, Lee TQ. Effects of elbow flexion and forearm rotation on valgus laxity of the elbow. *J Bone Joint Surg Am*. 2005; 87: 2065-74.
4. Morrey BF, An KN. Functional anatomy of the ligaments of the elbow. *Clin Orthop Relat Res*. 1985; (201): 84-90.
5. Regan WD, Korinek SL, Morrey BF, An KN. Biomechanical study of ligaments around the elbow joint. *Clin Orthop Relat Res*. 1991; (271): 170-9.
6. Wavreille G, Seraphin J, Chantelot C, Marchandise X, Fontaine C. Ligament fibre recruitment of the elbow joint during gravity-loaded passive motion: an experimental study. *Clin Biomech (Bristol, Avon)*. 2008; 23: 193-202.
7. Armstrong AD, Dunning CE, Ferreira LM, Faber KJ, Johnson JA, King GJ. A biomechanical comparison of four reconstruction techniques for the medial collateral ligament-deficient elbow. *J Shoulder Elbow Surg*. 2005; 14: 207-15.
8. Ahmad CS, Lee TQ, ElAttrache NS. Biomechanical evaluation of a new ulnar collateral ligament reconstruction technique with interference screw fixation. *Am J Sports Med*. 2003; 31: 332-7.
9. Prud'homme J, Budoff JE, Nguyen L, Hipp JA. Biomechanical analysis of medial collateral ligament reconstruction grafts of the elbow. *Am J Sports Med*. 2008; 36: 728-32.
10. Hotchkiss RN, Weiland AJ. Valgus stability of the elbow. *J Orthop Res*. 1987; 5: 372-7.
11. Morrey BF, An KN. Articular and ligamentous contributions to the stability of the elbow joint. *Am J Sports Med*. 1983; 11: 315-9.
12. Mihata T, Safran MR, McGarry MH, Abe M, Lee TQ. Elbow valgus laxity may result in an overestimation of apparent shoulder external rotation during physical examination. *Am J Sports Med*. 2008; 36: 978-82.
13. Søjbjerg JO, Ovesen J, Nielsen S. Experimental elbow instability after transection of the medial collateral ligament. *Clin Orthop Relat Res*. 1987; (218): 186-90.
14. Udall JH, Fitzpatrick MJ, McGarry MH, Leba TB, Lee TQ. Effects of flexor-pronator muscle loading on valgus stability of the elbow with an intact, stretched, and resected medial ulnar collateral ligament. *J Shoulder Elbow Surg*. 2009; 18: 773-8.
15. Ahmad CS, Park MC, Elattrache NS. Elbow medial ulnar collateral ligament insufficiency alters posteromedial olecranon contact. *Am J Sports Med*. 2004; 32: 1607-12.
16. Fleisig GS, Andrews JR, Dillman CJ, Escamilla RF. Kinetics of baseball pitching with implications about injury mechanisms. *Am J Sports Med*. 1995; 23: 233-9.
17. Davidson PA, Pink M, Perry J, Jobe FW. Functional anatomy of the flexor pronator muscle group in relation to the medial collateral ligament of the elbow. *Am J Sports Med*. 1995; 23: 245-50.
18. An KN, Hui FC, Morrey BF, Linscheid RL, Chao EY. Muscles across the elbow joint: a biomechanical analysis. *J Biomech*. 1981; 14: 659-69.
19. Hsu JE, Peng Q, Schafer DA, Koh JL, Nuber GW, Zhang LQ. *In vivo* three-dimensional mechanical actions of individual. *J Appl Biomech*. 2008; 24: 325-32.
20. Park MC, Ahmad CS. Dynamic contributions of the flexor-pronator mass to elbow valgus stability. *J Bone Joint Surg Am*. 2004; 86: 2268-74.
21. Lin F, Kohli N, Perlmutter S, Lim D, Nuber GW, Makhsous M. Muscle contribution to elbow joint valgus stability. *J Shoulder Elbow Surg*. 2007; 16: 795-802.

（藤田真希子，玉置　龍也，清水　響子）

4. 肘関節の外側支持機構

はじめに

肘関節外側支持機構を構成する組織は，骨組織である上腕骨小頭と橈骨頭，その周囲にある線維性組織である関節包，外側側副靱帯や輪状靱帯などの靱帯，さらにその外周を取り巻く筋組織である．肘関節外側ではこれらの組織がその可動性と安定性に寄与している．ここでは肘関節外側支持機構を骨・靱帯・筋に分類し，その解剖・機能・力学的特性を中心に整理し，外側支持機構の病態である離断性骨軟骨炎・後外側回旋不安定性・上腕骨外側上顆炎に関連する内容を概説する．

A. 文献検索方法

文献検索にはPubMedを使用した．キーワードと該当件数は「elbow AND lateral AND biomechanics」に加えて「AND bone」で52件，「AND ligament」で61件，「AND muscle」で62件，「AND osteochondritis dissecans」で8件，「AND posterolateral rotatory instability」で9件，「AND lateral epicondylitis」で29件であった．このなかから，要旨で肘関節外側支持機構に関与する組織の解剖や機能について言及した文献，離断性骨軟骨炎・後外側回旋不安定性・上腕骨外側上顆炎について取り上げた文献を採用し，これらの引用文献を加え，最終的に25件をレビューした．

B. 骨－腕橈関節のストレスとその病態（離断性骨軟骨炎）－

肘関節を構成する骨は上腕骨と橈骨と尺骨であり，上腕骨小頭と橈骨頭が腕橈関節を構成する．腕橈関節面の橈骨頭は肘関節の外反ストレスの制動に関与する[1,2]．一般的に投球のコッキング期から加速期の肘関節の急速な伸展により，腕橈関節には外反ストレスと圧迫剪断力が加わり，これが投球動作の繰り返しによる離断性骨軟骨炎の発生要因と考えられている．

Diabら[3]は，腕橈関節の接触圧を肘関節伸展位で，前腕の肢位を変化させて軸圧を加えて測定しており，前腕中間位や回内位より回外位で接触圧が減少する傾向にあることを報告した（**図4-1**）．また，Morreyら[4]は肘関節の屈曲角度と上腕二頭筋の張力を変化させて橈骨頭に伝わる圧を測定し，肘関節が伸展すると圧が増加し（**図4-2**），すべての角度において前腕回外位よりも回内位で圧が高くなることを報告した．これらの報告から，

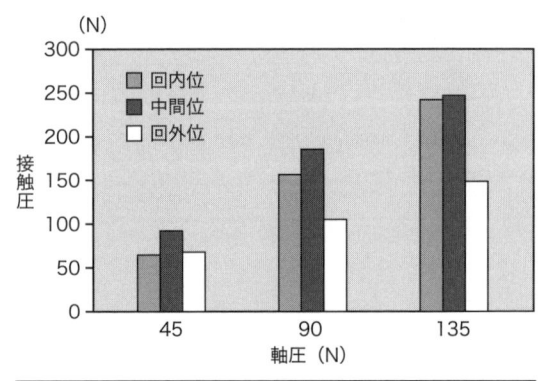

図4-1 前腕の肢位と腕橈関節の接触圧（文献3より作図）
肘伸展位で腕橈関節の接触圧は，前腕中間位と回内位より回外位で減少する傾向にある．

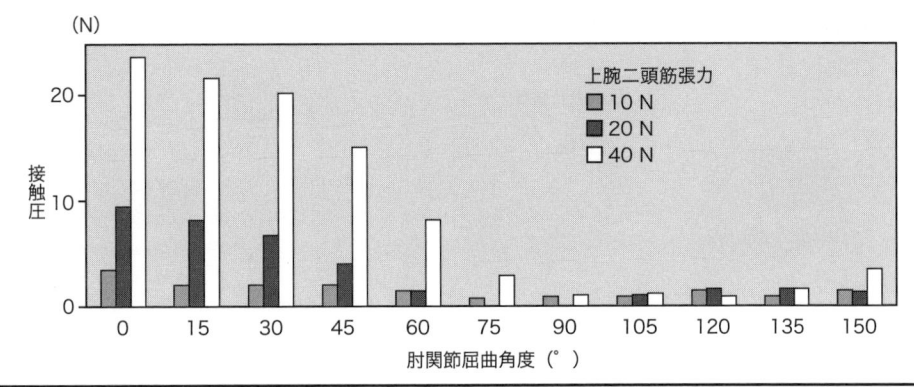

図4-2 肘関節の屈曲角度と腕橈関節の接触圧（文献4より引用）
肘関節が伸展すると橈骨頭に加わる圧が増加する。

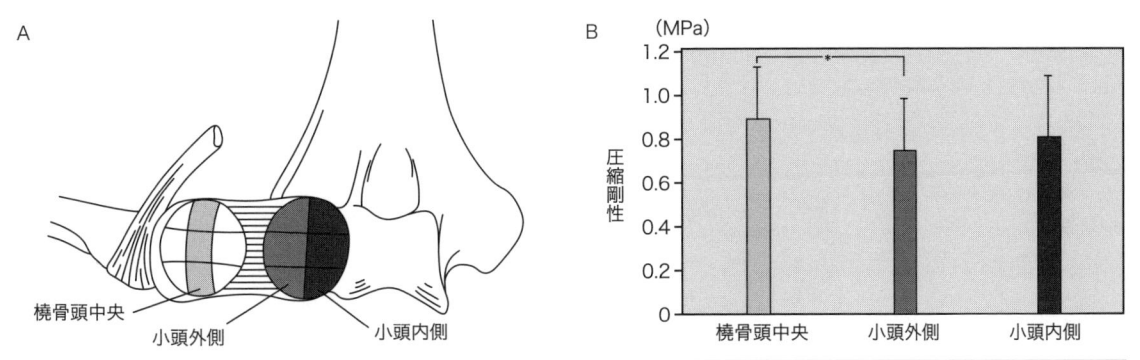

図4-3 軟骨剛性測定部位（A）と軟骨の圧縮剛性（B）（文献5より作図）
橈骨頭中央と比較して小頭外側は有意に剛性が低い。

肘関節が伸展し前腕が回内運動をする加速期において過度な前腕回内運動が起きると腕橈関節の圧が高まり，離断性骨軟骨炎発生の一要因となることが推察される。しかし，投球時のように肘関節に外反ストレスを加えて腕橈関節の接触圧や接触領域を測定した研究はないため，投球時に腕橈関節にかかるストレスに関しては不明である。

Schenckら[5]は腕橈関節面の軟骨に圧を加えて剛性を測定し（図4-3A），橈骨頭中央と比較して上腕骨小頭内側では有意差がないものの，小頭外側は有意に剛性が低いことを示した（図4-3B）。この橈骨頭中央と上腕骨小頭外側の軟骨剛性の差が，離断性骨軟骨炎が上腕骨小頭側に発生する要因になるのではないかと考察したが，これを裏づける研究結果は報告されていない。

C. 靱帯―外側側副靱帯複合体の機能とその病態（後外側回旋不安定性）―

外側側副靱帯複合体（lateral collateral ligament complex：LCLC）は全体としては外側上顆から扇状，Y字形に広がる線維の集合である[6, 7]。外側側副靱帯複合体は外側上顆から輪状靱帯へ向かう前方線維（radial collateral ligament：RCL）と，外側上顆と尺骨外側回外筋稜を結ぶ後方線維（lateral ulnar collateral ligament：LUCL），S字切痕の前後端に付着し，橈骨頭を覆う橈骨輪状靱帯（annular ligament：AL），輪状靱帯から尺骨回外筋稜へ付着する副靱帯（accessory lateral collateral ligament：ALCL）の4本で構成される（図4-4）[6]。外側側副靱帯複合体は個人差が大

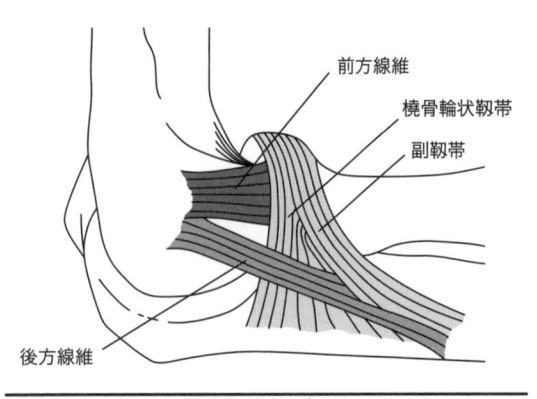

図4-4 外側側副靱帯複合体（lateral collateral ligament complex：LCLC）（文献6より作図）
LCLCは前方線維（radial collateral ligament：RCL）と，後方線維（lateral ulnar collateral ligament：LUCL），橈骨輪状靱帯（annular ligament：AL），副靱帯（accessory lateral collateral ligament：ALCL）の4本で構成される。

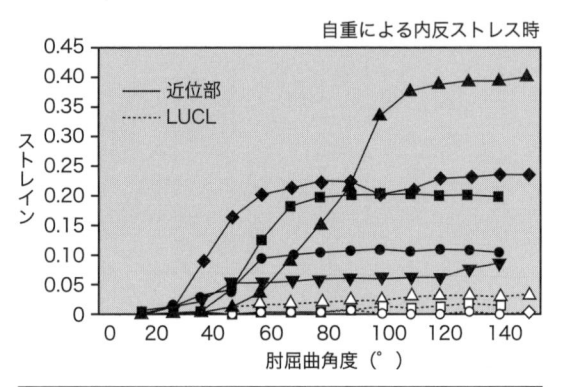

図4-5 肘関節屈曲角度の変化とLCL近位部，LUCLのストレインの比較（文献10より引用）
LCL近位部のほうがLUCLよりストレインが大きい（最大値平均0.21 vs 0.01）。屈曲30〜40°で起こり，50〜60°で最大となる。図中の▲●△○などの記号はそれぞれの被験者を表わす。

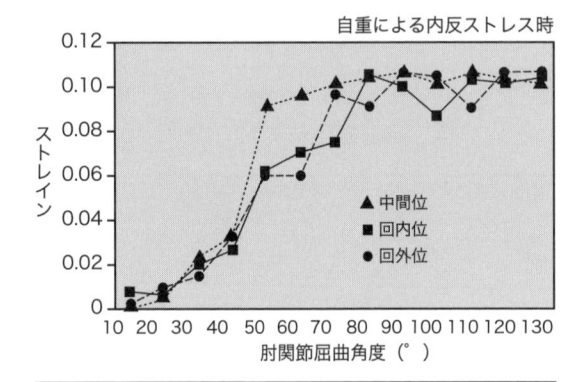

図4-6 肘関節屈曲角度と前腕の肢位の変化とLCL近位部のストレイン（文献10より引用）
LCL近位部の最大ストレインは前腕の肢位による影響はなかった。

きく，LUCLやALCLが存在しない場合もある[8]。また，RCLとLUCLを合わせて外側側副靱帯（lateral collateral ligament：LCL）とし，LCL近位部でRCLとLUCLを区別することはできないと報告された[9]。

肘関節の屈曲運動に伴ってLCL近位部とLUCLのストレインを比較した実験[10]では，LCL近位部のストレインは屈曲30〜40°で起こり，50〜60°で最大になる（図4-5）。また，ストレインの最大値の平均を比較するとLCL近位部のほうがLUCLより大きい結果となった（図4-5）。前腕の肢位を変化させてLCL近位部のストレインの最大値をみると，肢位による変化はみられなかった（図4-6）[10, 11]。

内反および外旋方向にストレスを加えて肘関節の運動を記録し，LCL近位部を切断する前後で尺骨内反角度と尺骨外旋角度の増加量を検討した報告[12]では，尺骨内反角度が14.1°，尺骨外旋角度が14.7°増加した（図4-7，図4-8）。またほかの同様の研究では，尺骨内反角度の最大値は11.8〜15.4°，尺骨外旋角度の最大値は20.6〜23.4°であった[13, 14]。

O'Driscollら[15]はLCLが損傷したときに出現するとされる後外側回旋不安定性のprimary stabilizerはLUCLであると報告した。Dunningら[11]はLCLのどの線維を切断すると不安定性が増加するのかを，屍体肘を用いて肘外反，外旋，軸圧ストレスを加えて検討した。結果はLUCLのみの切断では尺骨外旋角度の増加に有意差は認められず，LUCLとRCL両方を切断したときに尺骨外旋角度が有意に増加したため（図4-9），LUCL

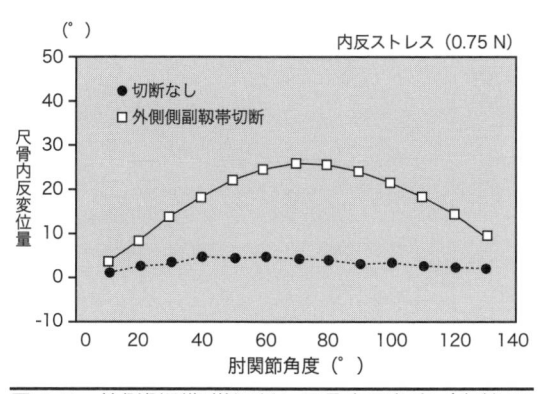

4. 肘関節の外側支持機構

図 4-7　外側側副靱帯切断と尺骨内反角度（文献 12 より作図）
尺骨内反角度の最大値は 14.1° 増加した。

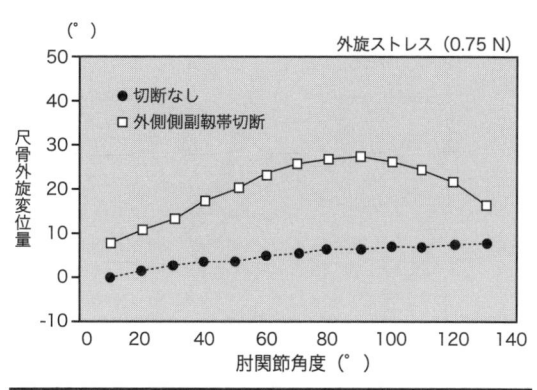

図 4-8　外側側副靱帯切断と尺骨外旋角度（文献 12 より作図）
尺骨外旋角度の最大値は 14.7° 増加した。

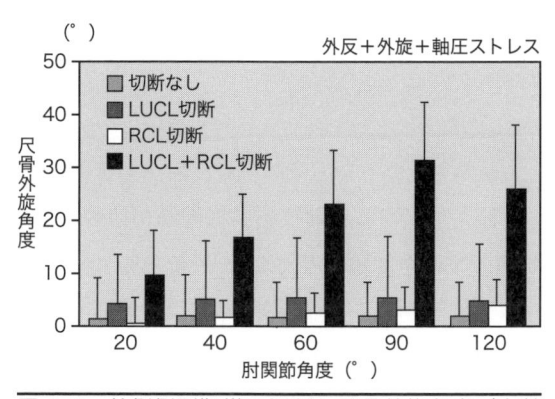

図 4-9　外側側副靱帯の切断と尺骨外旋角度（文献 11 より引用）
LUCL 切断のみでは尺骨外旋角度の有意な増加はなく LUCL と RCL 両方切断時に尺骨外旋角度が有意に増加した。

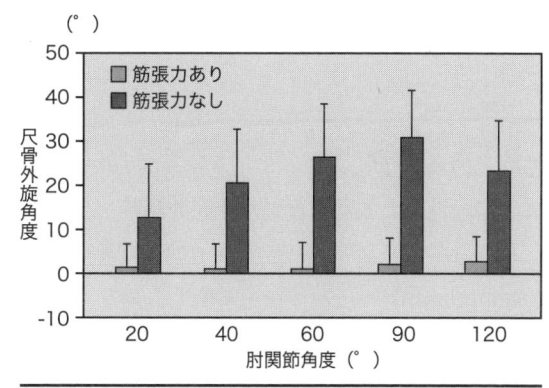

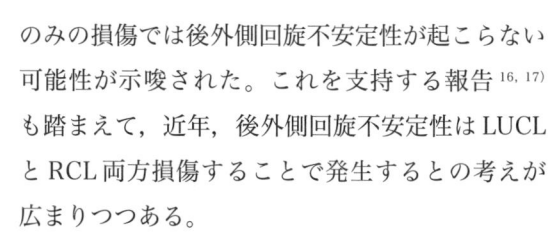

図 4-10　筋張力の有無と尺骨外旋角度（文献 18 より引用）
LCL 切断時筋張力ありでの屈曲は筋張力なしでの屈曲より外旋角度が有意に減少した。

のみの損傷では後外側回旋不安定性が起こらない可能性が示唆された。これを支持する報告[16, 17]も踏まえて，近年，後外側回旋不安定性は LUCL と RCL 両方損傷することで発生するとの考えが広まりつつある。

　LCL 切断後に伸筋共同腱を切断すると不安定性が増強したという報告[16, 17]があり，伸筋群が後外側回旋不安定性に対する二次的な支持組織であることが考えられる。屍体を用いた LCL 切断肘で筋の張力なしで肘関節屈曲を行うと，尺骨外旋角度が大きかった[18]。一方，上腕の筋や円回内筋の活動をシミュレーションした状態で肘関節屈曲を行うと，尺骨外旋角度が有意に減少した[18]（**図 4-10**）。これらのことから，伸筋腱や上腕の筋群は LCL 損傷肘における静的，動的安定性に貢献する可能性がある。

D. 筋 － 肘外側筋群の機能と病態（上腕骨外側上顆炎）－

　肘外側に付着する筋は，長橈側手根伸筋，短橈側手根伸筋，総指伸筋，尺側手根伸筋，肘筋，回

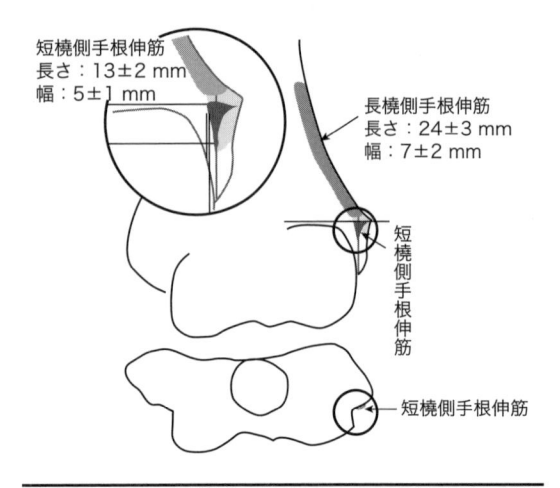

図4-11 長・短橈側手根伸筋の上腕骨付着部と付着部の長さ（文献20，21より作図）
短橈側手根伸筋は長橈側手根伸筋より上腕骨付着面積が小さい。

図4-12 肘関節運動に伴う短橈側手根伸筋付着部の伸張性（文献20より作図）
肘伸展に伴い伸張され，前腕回外位のほうが伸張される。

外筋で構成され3層構造をしている。1990年代後半から外側上顆に付着する伸筋共同腱と，それに付着する筋の詳細な解剖が報告された。Greenbaumら[19]は屍体肘を解剖し，伸筋共同腱とそれに付着する筋を同定した。40体中30体で，短橈側手根伸筋と総指伸筋が共同腱を形成し，長橈側手根伸筋と尺側手根伸筋は単独で付着していた。残り10体では長橈側手根伸筋，短橈側手根伸筋，総指伸筋が共同で付着していた。長橈側手根伸筋と短橈側手根伸筋の解剖学的検討も行われてきた[20,21]。短橈側手根伸筋の付着部が長さ13 mm，幅5 mmであるのに対して，長橈側手根伸筋は長さ24 mm，幅7 mmであり，短橈側手根伸筋は長橈側手根伸筋に比べて付着面積が小さいことが報告された（図4-11）。Bunataら[20]は，短橈側手根伸筋が上腕骨外側上顆の内側に付着するため，肘の運動に伴って外側上顆と接触し，摩耗しやすいのではないかと考察した。

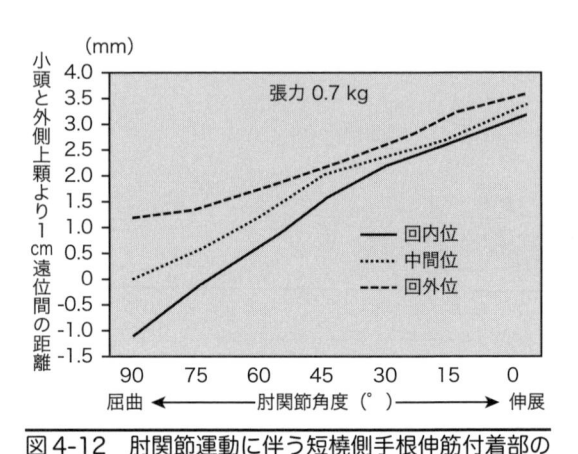

肘関節屈曲角度や前腕の肢位と短橈側手根伸筋の関係について，Bunataら[20]は短橈側手根伸筋の付着部にアンカーを付け替えて張力を加え，上腕骨小頭とアンカー（外側上顆より1 cm遠位）との距離を計測した。その結果，肘関節を屈曲位から伸展位にすると短橈側手根伸筋が伸張され，前腕回外位のほうが中間位，回内位よりも伸張された（図4-12）。この実験中に短橈側手根伸筋が肘伸展に伴って上腕骨外側上顆の前面から外側にスライドしながら伸張されることや，肘関節伸展に伴って長橈側手根伸筋が伸張して短橈側手根伸筋の付着部に覆いかぶさることが確認されており，これによって短橈側手根伸筋に上腕骨小頭への圧迫力・摩擦力が加わり，外側上顆炎の病態と関連している可能性があると考察した。Takasakiら[22]はストレインゲージを短橈側手根伸筋の筋腹に埋め込んでストレインの増加率を測定した。肘45°屈曲位よりも伸展位のほうが短橈側手根伸筋は伸張され，前腕中間位よりも回内位のほうが伸張された（図4-13）。以上2つの報告をまとめると，測定方法や計測位置の違いはあるが，短橈側手根伸筋は肘伸展位で伸張され，前腕回外時に近位部が伸張され，筋腹は逆に回内時に伸張された。このため前腕回内・回外いずれにおいてもこの筋は伸張されると推測される。

短橈側手根伸筋以外に総指伸筋や回外筋が外側

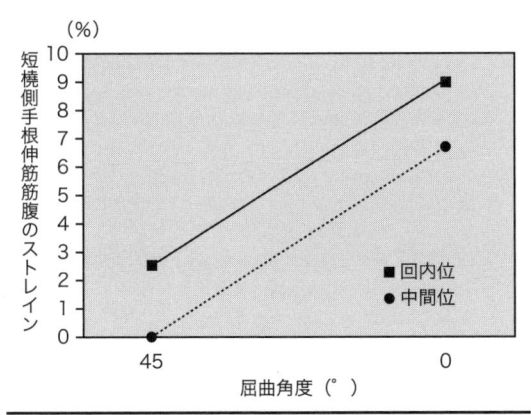

図4-13 肘関節伸展運動に伴う短橈側手根伸筋筋腹の伸張性(文献22より作図)
肘伸展に伴い伸張され,前腕中間位より回内位のほうが伸張される。

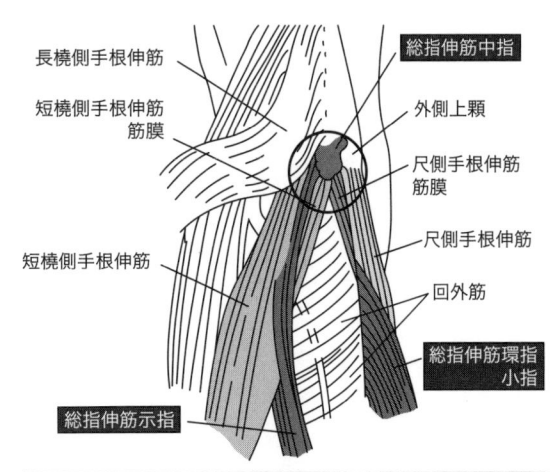

図4-14 総指伸筋付着部の解剖(文献23より作図)
総指伸筋は4つの線維束より分かれており,示指および中指線維は独立して走行し,中指線維のみ外側上顆に付着,ほかの3線維は遠位の筋や筋膜に付着する。白抜き文字は虚血が起こりやすいと考察されている部分。

上顆炎に関与するという報告もある。外側上顆炎の診断として中指伸展テストが行われ,解剖学上中指伸展に最も作用するのは総指伸筋である。これを背景に,Fairbankら[23]は総指伸筋を詳細に解剖した。総指伸筋には4つの線維があり,そのうち中指へ伸びる線維のみ外側上顆に付着し,ほかの3線維は遠位の筋や筋膜に付着していた(**図4-14**)。また,中指線維は短橈側手根伸筋・総指伸筋とそれぞれの筋膜で形成されるコンパートメント内に存在するため虚血が起こりやすいのではないかと考察した。Greenbaum[19]は解剖学的な検証より,短橈側手根伸筋と総指伸筋は分離することができなかったと報告した。Erakら[24]は回外筋表層線維が外側上顆に付着するという報告[25]を背景に,外側上顆炎にどの程度関与するかを調査した。各筋の遠位に1kgの重錘を取り付け,そのときの伸筋共同腱のストレインを測定した結果,回外筋は短橈側手根伸筋,総指伸筋に次ぐストレインの増加が認められた。これらの研究者は総指伸筋および回外筋も外側上顆炎と関連する可能性があると考察した。

E. まとめ

本項では肘関節外側支持機構の骨,靱帯,筋について,離断性骨軟骨炎,後外側回旋不安定性,上腕骨外側上顆炎などの病態に関与する内容を中心に述べた。骨に関しては報告数が少なく,コンセンサスが得られていないのが現状である。靱帯と筋に関しては報告数が近年増えつつあり,より病態に直結するような研究が期待される。本項の内容に関しては以下のようにまとめられる。

1. すでに真実として承認されていること
- 後外側回旋不安定性は複数の組織の損傷によって出現する。
- 短橈側手根伸筋は肘関節伸展位で伸張される。

2. 議論の余地はあるが,今後の重要な研究テーマとなること
- 肘関節および前腕運動時(特に外反ストレス時)の腕橈関節の接触面や接触圧の変化。
- 後外側回旋不安定性に対する各組織の貢献度の検討。

- 肘関節および前腕運動時の短橈側手根伸筋，その他の肘伸展筋群の詳細な運動の解明。

3. 真実と思われていたが，実は疑わしいこと

- LUCLの単独損傷で後外側回旋不安定性が出現すること。

文献

1. Morrey BF, Tanaka S, An KN. Valgus stability of the elbow. A definition of primary and secondary constraints. *Clin Orthop Relat Res*. 1991; (265): 187-95.
2. Beingessner DM, Dunning CE, Gordon KD, Johnson JA, King GJ. The effect of radial head excision and arthroplasty on elbow kinematics and stability. *J Bone Joint Surg Am*. 2004; 86: 1730-9.
3. Diab M, Poston JM, Huber P, Tencer AF. The biomechanical effect of radial shortening on the radiocapitellar articulation. *J Bone Joint Surg Br*. 2005; 87: 879-83.
4. Morrey BF, An KN, Stormont TJ. Force transmission through the radial head. *J Bone Joint Surg Am*. 1988; 70: 250-6.
5. Schenck RC Jr, Athanasiou KA, Constantinides G, Gomez E. A biomechanical analysis of articular cartilage of the human elbow and a potential relationship to osteochondritis dissecans. *Clin Orthop Relat Res*. 1994; (299): 305-12.
6. Safran MR, Baillargeon D. Soft-tissue stabilizers of the elbow. *J Shoulder Elbow Surg*. 2005; 14 (1 Suppl S): 179S-85S.
7. Seki A, Olsen BS, Jensen SL, Eygendaal D, Søjbjerg JO. Functional anatomy of the lateral collateral ligament complex of the elbow: configuration of Y and its role. *J Shoulder Elbow Surg*. 2002; 11: 53-9.
8. Beckett KS, McConnell P, Lagopoulos M, Newman RJ. Variations in the normal anatomy of the collateral ligaments of the human elbow joint. *J Anat*. 2000; 197 Pt 3: 507-11.
9. Olsen BS, Vaesel MT, Søjbjerg JO, Helmig P, Sneppen O. Lateral collateral ligament of the elbow joint: anatomy and kinematics. *J Shoulder Elbow Surg*. 1996; 5 (2 Pt 1): 103-12.
10. Takigawa N, Ryu J, Kish VL, Kinoshita M, Abe M. Functional anatomy of the lateral collateral ligament complex of the elbow: morphology and strain. *J Hand Surg*. 2005; 30: 143-7.
11. Dunning CE, Zarzour ZD, Patterson SD, Johnson JA, King GJ. Ligamentous stabilizers against posterolateral rotatory instability of the elbow. *J Bone Joint Surg Am*. 2001; 83: 1823-8.
12. Jensen SL, Olsen BS, Tyrdal S, Søjbjerg JO, Sneppen O. Elbow joint laxity after experimental radial head excision and lateral collateral ligament rupture: efficacy of prosthetic replacement and ligament repair. *J Shoulder Elbow Surg*. 2005; 14: 78-84.
13. Olsen BS, Søjbjerg JO, Dalstra M, Sneppen O. Kinematics of the lateral ligamentous constraints of the elbow joint. *J Shoulder Elbow Surg*. 1996; 5: 333-41.
14. Olsen BS, Søjbjerg JO, Nielsen KK, Vaesel MT, Dalstra M, Sneppen O. Posterolateral elbow joint instability: the basic kinematics. *J Shoulder Elbow Surg*. 1998; 7: 19-29.
15. O'Driscoll SW, Bell DF, Morrey BF. Posterolateral rotatory instability of the elbow. *J Bone Joint Surg Am*. 1991; 73: 440-6.
16. McAdams TR, Masters GW, Srivastava S. The effect of arthroscopic sectioning of the lateral ligament complex of the elbow on posterolateral rotatory stability. *J Shoulder Elbow Surg*. 2005; 14: 298-301.
17. Cohen MS, Hastings H 2nd. Rotatory instability of the elbow. The anatomy and role of the lateral stabilizers. *J Bone Joint Surg Am*. 1997; 79: 225-33.
18. Dunning CE, Zarzour ZD, Patterson SD, Johnson JA, King GJ. Muscle forces and pronation stabilize the lateral ligament deficient elbow. *Clin Orthop Relat Res*. 2001; (388): 118-24.
19. Greenbaum B, Itamura J, Vangsness CT, Tibone J, Atkinson R. Extensor carpi radialis brevis. An anatomical analysis of its origin. *J Bone Joint Surg Br*. 1999; 81: 926-9.
20. Bunata RE, Brown DS, Capelo R. Anatomic factors related to the cause of tennis elbow. *J Bone Joint Surg Am*. 2007; 89: 1955-63.
21. Cohen MS, Romeo AA, Hennigan SP, Gordon M. Lateral epicondylitis: anatomic relationships of the extensor tendon origins and implications for arthroscopic treatment. *J Shoulder Elbow Surg*. 2008; 17: 954-60.
22. Takasaki H, Aoki M, Muraki T, Uchiyama E, Murakami G, Yamashita T. Muscle strain on the radial wrist extensors during motion-simulating stretching exercises for lateral epicondylitis: a cadaveric study. *J Shoulder Elbow Surg*. 2007; 16: 854-8.
23. Fairbank SM, Corlett RJ. The role of the extensor digitorum communis muscle in lateral epicondylitis. *J Hand Surg*. 2002; 27: 405-9.
24. Erak S, Day R, Wang A. The role of supinator in the pathogenesis of chronic lateral elbow pain: a biomechanical study. *J Hand Surg*. 2004; 29: 461-4.
25. Briggs CA, Elliott BG. Lateral epicondylitis. A review of structures associated with tennis elbow. *Anat Clin*. 1985; 7: 149-53.

（安井淳一郎，小林　匠，小笠原雅子）

第2章
野球肘

　野球で発生するスポーツ外傷・障害を部位別にみると，半数近くが上肢であり，肘は肩に次いで多く病変が発生する部位である．投球動作の繰り返しにより発生する障害を投球障害と呼び，そのうち肘関節周囲に発生するものを投球障害肘あるいは野球肘と呼ぶ．野球肘は，単独で存在することもあるが，競技歴が長くなるほど複数の病態を有するケースを多く経験する．

　本章では，最初に野球肘の発生メカニズムを理解するために「投球動作のバイオメカニクス」について肘関節に焦点を当てて文献的に考察を行った．次に，複数の病態を有することもある野球肘を的確に評価するために，「疫学・病態・診断・評価」の項を設けた．最後に，リハビリテーションの効果と限界を把握するうえで「手術療法と保存療法」に関する文献考察を行った．

　投球動作は，下肢，体幹，上肢の順で各関節に発生した運動エネルギーを効率的に伝達し，最終的にはこの運動エネルギーをボールに伝えるパフォーマンスである．投球動作のバイオメカニクスに関する情報は，1990年前後に行われた研究成果が引用されることが多い．野球肘の発生メカニズムをより深く理解するために，過去の研究成果を踏まえて，現在では近接する関節の運動との関連性について議論されている．

　野球肘は反復した投球動作により肘関節周囲に発生する病態の総称であるが，診断・評価の結果を内側型，外側型，後方型に区分して病態を説明することが一般的である．また，病態が発生する組織は，骨端線が閉鎖する時期を境に，骨あるいは軟部組織や軟骨組織に分かれることを念頭に置く必要がある．さらに，評価診断のツールとして，現在では超音波診断装置が積極的に利用され，その診断精度や妥当性に関する研究がここ数年増えてきている．

　野球肘の診断がなされた後，まずは保存療法が選択されることが一般的であるが，治療手段として適切か否かの選択基準および保存療法としての限界を十分に理解しておかなければならない．本章の最後の「手術療法と保存療法」では，野球肘のうち代表的な疾患である尺側側副靱帯損傷，尺骨神経障害，内側上顆炎，離断性骨軟骨炎，内側上顆剥離骨折，肘頭インピンジメントを取り上げ，保存療法と手術療法に分け，治療法と治療成績について文献考察を行った．

　以上のように，野球肘に関する研究報告をバイオメカニクス，評価診断，治療の3つに分けて文献的に考察を行い，各項の最後では，現在までに明らかになっている知見と，今後さらに明らかにすべき課題を提示した．

第2章編集担当：吉田　真

5. 投球動作のバイオメカニクス

はじめに

　スポーツ障害の多くは，その動作に関連して発生することから，発生メカニズムの理解のためには動作のバイオメカニクス分析が必要である。野球肘は，投球動作を繰り返すことにより発生する投球障害であり，投球動作のバイオメカニクスについて理解を深める必要がある。投球動作のバイオメカニクスに関する研究は，三次元動作解析を用いて各関節の運動や関節に加わる力学的ストレスを明らかにする目的で行われてきたが，近年，単独の関節運動をみるだけでなく，投球動作を全身運動として捉え各関節の関連性を明らかにする研究が進められている。本項では，これまでの研究で得られた投球動作における肘関節のバイオメカニクスに関するデータを提示し，投球動作を全身運動として捉えた近年の研究を紹介する。

A. 文献検索方法

　文献検索にはPubMedを使用し，「throwing elbow」と「thrower's elbow」をキーワードに検索したところ2000年以降の文献で135件がヒットした。これをもとに投球動作のバイオメカニクスに関連する文献を適宜収集し，最終的には17件の論文をレビューした。

B. 投球動作における肘のバイオメカニクス

　投球動作の詳細を把握するため，投球時の一連の動作を相分けして分析する。相分けの方法は研究者により異なるが，投球時の上肢および下肢の位置を基準に3～6相に分類するものが一般的である。本項では，近年の研究で最も使用されている投球動作を6相に分ける手法を用いる。すなわち，①ワインドアップ期：動作開始から前方の下肢の膝最大挙上まで，②ストライド期：膝最大挙上から前方の下肢の足底接地まで，③コッキング期：足底接地から投球側の肩関節最大外旋位まで，④加速期：肩関節最大外旋位からボールリリースまで，⑤減速期：ボールリリースから投球側の肩関節最大内旋位まで，⑥フォロースルー期：肩関節最大内旋位から動作が終了するまでの6相である（**図5-1**）。

　近年の研究では，投球動作の動作解析に三次元動作解析装置が用いられている。体表のランドマークを複数のビデオカメラで撮影した映像をもとに，運動学的データとして関節角度や角速度，動力学的データとして関節トルクや関節間力などを算出する。以下に，具体的な投球動作における肘関節のバイオメカニクスデータを報告する。

1. 投球動作中の肘関節の運動学的データ

　投球動作中の肘関節の運動学的データとして算出されている主な項目は，肘の屈曲-伸展角度，前腕の回内-回外角度およびそれらの角速度である。屈曲角度に関しては，投球動作を解析しているほとんどの研究で算出されており，その角度定義も統一されている（**図5-2**）。Wernerら[1]は，7名の大学生とマイナーリーグ選手を対象に，投

第2章 野球肘

図5-1 投球動作の相分類（文献1より引用）
A, B：ワインドアップ期，B～F：ストライド期，F～H：コッキング期，H～I：加速期，I～J：減速期，J～K：フォロースルー期。

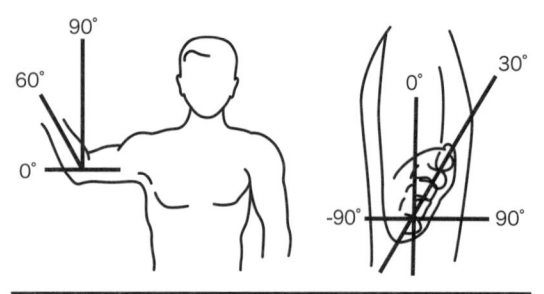

図5-2 肘関節角度の定義（文献2, 3より作図）
屈曲：上腕軸と前腕軸のなす角，回内：上腕軸と手関節横軸（尺骨，橈骨茎状突起を結んだ線）のなす角。

球動作を解析した．その結果，肘関節伸展運動が加速期の直前（85°屈曲位）からはじまり，ボールリリース（20°屈曲位）に向けて2,300°/秒で急激に伸展することを報告した（**図5-3**）．近年の研究もほぼ同様の値を示し，肘関節の屈曲-伸展角度および角速度に関しては肩関節最大外旋位の直前の約90°屈曲位から伸展を開始し，ボールリリースに約20°屈曲位となり約2,000°/秒の速度で伸展すると結論づけられる．

前腕の回内-回外角度に関して，Barrentineら[2]は8名の大学生を対象に投球動作を解析し，前腕

5. 投球動作のバイオメカニクス

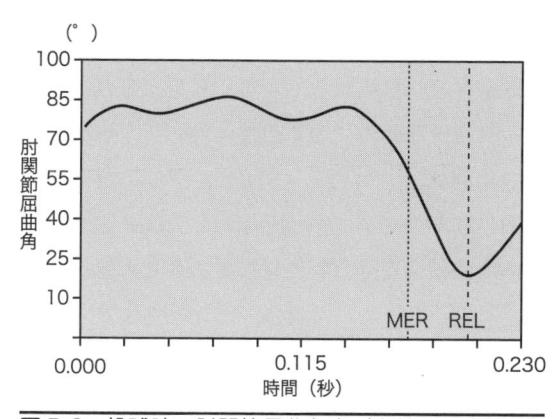

図5-3　投球時の肘関節屈曲角度（文献1より引用）
MER：肩関節最大外旋位，REL：ボールリリース。
肘関節伸展運動が加速期の直前（85°屈曲位）からはじまり，ボールリリース（20°屈曲位）に向けて2,300°/秒で急激に伸展する。

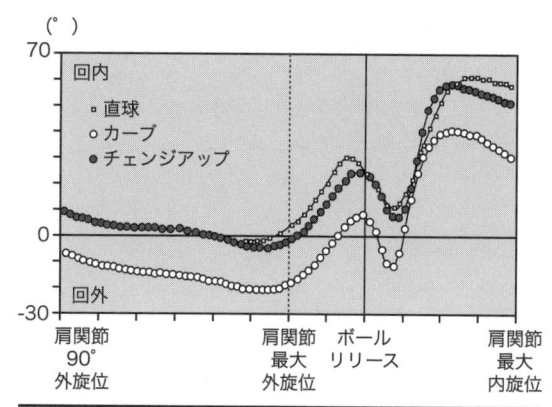

図5-4　投球動作時の前腕回内-回外角度の二峰性（文献2より引用）
コッキング期からボールリリースに向けて回内運動を続け，リリースの直前で一度回外運動が起こり，その後また回内運動が起こるという二峰性の運動がみられる。

はコッキング期からボールリリースに向けて回内運動を続け，ボールリリースの直前で一度回外運動が起こり，その後また回内運動が起こるという二峰性の運動を示すと報告した（図5-4）。一方，Nissenら[4]は，24名の少年（8〜13歳）を対象に解析を行い，前腕はコッキング期から動作が終了するまで回内運動を続けると報告した（図5-5）。2つの研究結果は異なるが，その原因は2つの研究間の方法の違いにある。1つ目は回内-回外運動を規定する方法が違う点である。Barrentineらは手関節の背側に固定した橈尺方向を示す棒を運動の規定に使用し，Nissenらは橈骨/尺骨の両茎状突起に添付したマーカーを運動の規定に使用した。2つ目は対象とした母集団の年代に違いがあることがあげられる。現状では動作パターンが異なった原因が運動の規定方法の違いによるものか，対象の年代の違いによるものかは明らかとはならない。そのため，同一の規定方法で年代の違いによる回内-回外角度の動作パターンの違いを検討した研究が求められる。

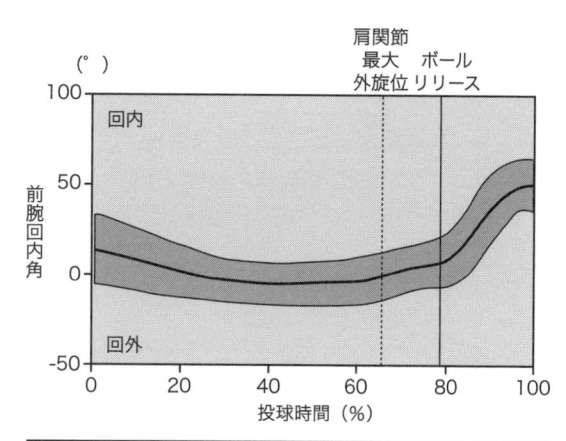

図5-5　投球動作時の前腕回内-回外角度（文献4より引用）
足底接地を0％，肩関節最大内旋位を100％として変化をプロットした。前腕はコッキング期から動作が終了するまで回内運動を続ける。

2. 投球動作中の肘関節の動力学的データ

投球動作によって発生する肘関節の動力学データとしては関節トルクが算出されている。算出された数値は肘関節に生じる力学的ストレスを意味し，障害の発生メカニズムを解明するうえで貴重な情報となる（図5-6）。投球動作で発生する肘の関節トルクには屈曲，内反，回内トルクの3つ

第2章 野球肘

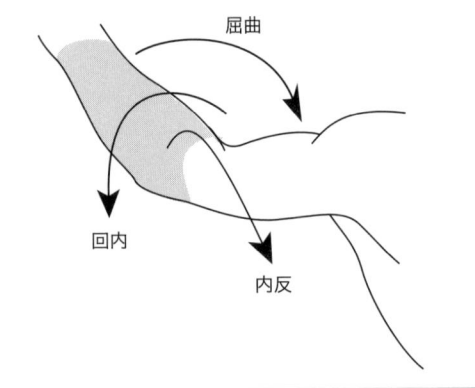

図5-6 肘関節の関節トルクの定義（文献3より引用）
関節トルクとは「外力に対して身体内部の靱帯などが抵抗するトルク」と定義され，屈曲トルクは投球動作により前腕に加わる"肘を伸展方向に回転する外力"，内反トルクは"肘を外反方向に回転する外力"，回内トルクは"肘を回外方向に回転する外力"に対してそれぞれ抵抗するトルクを表わす。

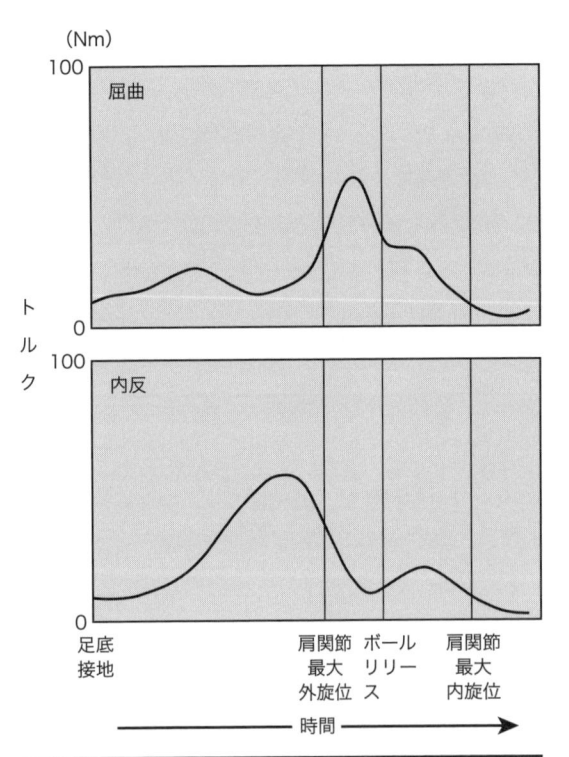

図5-7 投球動作時の肘関節の関節トルク（文献5より引用）
屈曲トルクは加速期の終わり，ボールリリースの直前に最大となり，内反トルクはコッキング期の終わり，肩関節最大外旋位の直前に最大となる。

がある。関節トルクとは「外力に対して身体内部の靱帯などが抵抗するトルク」と定義され，屈曲トルクは投球動作により前腕に加わる"肘を伸展方向に回転する外力"，内反トルクは"肘を外反方向に回転する外力"，回内トルクは"肘を回外方向に回転する外力"に対してそれぞれ抵抗するトルク表わしたものである。

Fleisigら[5]は，屈曲トルクは加速期の終わり，ボールリリースの直前に最大となり（61±11 Nm），内反トルクはコッキング期の終わり，肩関節最大外旋位の直前に最大となる（64±12 Nm）と報告した（**図5-7**）。この屈曲トルクと内反トルクに関しては，近年の研究でも同様の数値が算出されており，最大外旋位の直前に約60 Nmの内反トルク，ボールリリースの直前に約50 Nmの屈曲トルクが発生することが明らかにされた。Fleisigら[6]は，21名の大学生を対象に，投球動作における回内トルクを算出した結果，加速期に5±4 Nmであった。しかし，回内トルクに関しては同年代を対象にして算出した報告がほかになく，現状では比較検討ができない。

3．現状の投球動作解析の限界

現在の投球動作のバイオメカニクス研究には，技術的な限界がある。前腕は橈骨と尺骨から構成され，肘関節も腕尺関節，腕橈関節，近位橈尺関節の3つの関節から構成されている。しかし，現在の動作解析は前腕を1つの剛体として扱う単純なモデルで算出されているため，得られるデータは骨単位での動作解析ができておらず，骨や靱帯などの組織に加わるストレスデータが算出できない。組織ごとのストレスデータは野球肘のさまざまな病態の発生を考察するには欠かせない。そのため，現在の技術で得られるデータから考察を行う際は，単純なモデルで算出されたデータであることに注意する必要がある。

C. 全身運動として捉えた投球動作のバイオメカニクス

1. 全身運動としての投球動作の分析方法

Hongら[7]は，投球動作時の全身の関節で生じる運動を時系列に並べ，最大角速度の最大値は股関節回旋，体幹回旋，肩関節水平内転の順であったと報告した（**図5-8**）。すなわち，投球動作は下肢，体幹，上肢の各関節が適切なタイミングで連動することにより成立している。このような研究結果から，野球肘の評価の際には，肘関節だけではなく，投球動作を下肢-体幹-上肢と続く全身運動と捉える必要がある[7,8]。具体的には，肩や肘さらには全身の関節のバイオメカニクスデータを算出するだけでなく，総合的なパフォーマンスの指標としての球速を測定したり，「動作が起こるタイミング」を時系列で数値化することなどがある。動作が起こるタイミングを数値化する方法は研究間で統一されていない。代表的な方法としては，動作時間を正規化して個人間での比較を可能にする方法[9,10]や，ボールリリースを原点とした時間軸を作成し個人間で比較するものがある[11]。さらに，動作時間の正規化方法も研究により異なる。まず，最大膝挙上から肩最大内旋までの時間を100％とする方法[9,12]があり，その他に足底接地からボールリリースまでの時間を100％とする方法[13,14]などもある。このため，得られた結果を研究間で比較することが困難になっている。全身運動としての投球動作を理解し臨床に応用するために研究方法の統一が望まれる。

2. 全身運動としての投球動作に影響を及ぼす要因

1) 年齢による投球動作の違い

Fleisigら[13]は，年代，競技レベルによる投球動作の違いを調べる目的に，10代少年23名，高校生33名，大学生115名，プロ選手60名を対象に投球動作を比較した。運動学的データにおいては足底接地時の肘関節屈曲角度にのみ有意差があり，他の関節には差が認められなかった（**表5-1**）。動力学的データでは年齢，競技レベルが上がるにつれ球速が上がり，それに伴い肩や肘に発生する関節トルクも増加した（**表5-2**）。動作が起こるタイミングに関するデータにおいて有意差が認められた変数はなく，全身運動として捉えた投球動作には年齢による違いはなかった（**表5-3**）。Dunら[14]は，67名のプロ投手のうち27歳以上を年長群（12名），20.4歳未満を若年群（10名）と分類し2群間の投球動作を比較した。年齢以外の特徴としては，年長群にメジャーリーグの選手が多く，若年群はマイナーリーグの選手であることから競技レベルの違いが認められた。球速に差は認められなかったが，運動学的データの6項目で有意差が認められた（**表5-4**）。Ishidaら[11]は，44名の少年を6～9歳（18名）と10～12歳（26名）の2群に分け投球動作を比較した。その結果，運動学的データ4項目，動作が起こるタイミング3項目で有意差を認めた

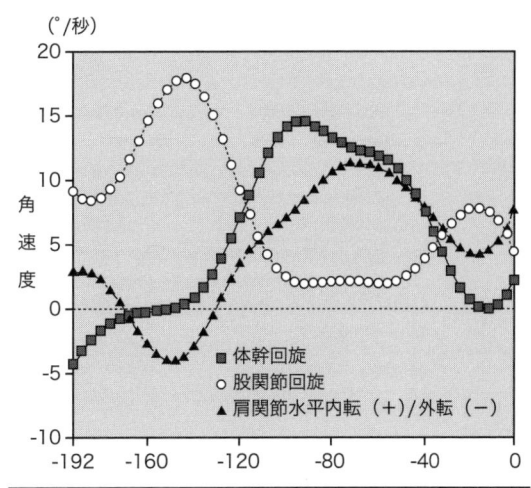

図5-8 投球動作時の全身関節の角速度の変化（文献7より引用）
横軸はボールリリースを0 msとして時間軸を作成。最大角速度の最大値は股関節回旋，体幹回旋，肩関節水平内転の順であった。

第2章 野球肘

表5-1 年代，競技レベル別の運動学的データの比較（文献13より引用）

相	項目	少年（23例）	高校生（33例）	大学生（115例）	プロ（60例）	有意差
足底接地	ストライド長（%身長）	85 ± 8	85 ± 9	85 ± 6	86 ± 5	
	肩外旋角（°）	67 ± 28	64 ± 25	55 ± 29	58 ± 26	
	肘屈曲角（°）	74 ± 17	82 ± 17	85 ± 18	87 ± 15	* (b, c)
	前足膝屈曲角（°）	43 ± 12	50 ± 9	48 ± 12	46 ± 8	
コッキング早期	最大骨盤回旋角速度（°/秒）	650 ± 110	640 ± 90	670 ± 90	620 ± 80	** (f)
	最大体幹回旋角速度（°/秒）	1,180 ± 110	1,130 ± 110	1,190 ± 100	1,200 ± 80	** (a, d, e)
	最大肘屈曲角（°）	95 ± 12	100 ± 14	99 ± 15	98 ± 15	
	最大肩水平内転角（°）	21 ± 8	20 ± 9	20 ± 8	17 ± 9	
	最大肩外旋角（°）	177 ± 12	174 ± 11	173 ± 10	175 ± 11	
加速期	最大肘伸展速度（°/秒）	2,230 ± 300	2,180 ± 340	2,380 ± 300	2,320 ± 300	** (b, d, e)
	最大肩内旋速度（°/秒）	6,900 ± 1,050	6,820 ± 1,380	7,430 ± 1,270	7,240 ± 1,090	* (d)
ボールリリース	肘屈曲角（°）	24 ± 7	23 ± 7	23 ± 6	23 ± 5	
	肩水平内転角（°）	11 ± 9	10 ± 8	9 ± 9	9 ± 10	
	体幹前方傾斜角（°）	32 ± 9	31 ± 9	33 ± 10	33 ± 9	
	前足膝屈曲角（°）	36 ± 11	43 ± 13	39 ± 13	38 ± 13	
	ボール速度（m/秒）	28 ± 1	33 ± 2	35 ± 2	37 ± 2	** (a, b, c, d, e, f)

* $p < 0.01$，** $p < 0.05$。a：少年 vs 高校生，b：少年 vs 大学生，c：少年 vs プロ，d：高校生 vs 大学生，e：高校生 vs プロ，f：大学生 vs プロ。

表5-2 年代，競技レベル別の動力学的データの比較（文献13より引用）

相	項目	少年（23例）	高校生（33例）	大学生（115例）	プロ（60例）	有意差
コッキング期	肘内反トルク（Nm）	28 ± 7	48 ± 13	55 ± 12	64 ± 15	** (a, b, c, d, e, f)
	肩内旋トルク（Nm）	30 ± 7	51 ± 13	58 ± 12	68 ± 15	** (a, b, c, d, e, f)
	肩前方力（N）	210 ± 60	290 ± 70	350 ± 70	390 ± 90	** (a, b, c, d, e, f)
加速期	肘屈曲トルク（Nm）	28 ± 7	45 ± 9	52 ± 11	58 ± 13	** (a, b, c, d, e, f)
減速期	肘近位力（N）	400 ± 100	630 ± 140	770 ± 120	910 ± 140	** (a, b, c, d, e, f)
	肩近位力（N）	480 ± 100	750 ± 170	910 ± 130	1,070 ± 190	** (a, b, c, d, e, f)
	肩後方力（N）	160 ± 70	280 ± 100	350 ± 160	390 ± 240	** (a, b, c, d, e)
	肩水平伸展トルク（Nm）	40 ± 14	69 ± 25	89 ± 49	109 ± 85	** (b, c, e, f)

** $p < 0.05$。a：少年 vs. 高校生，b：少年 vs. 大学生，c：少年 vs. プロ，d：高校生 vs. 大学生，e：高校生 vs. プロ，f：大学生 vs. プロ。力（N）はすべて関節間力を表わす。肩前方力：上腕骨頭が前方に進む力，肩近位力：肩関節が圧縮される力，肩後方力：上腕骨頭が後方に進む力，肘近位力：肘関節が圧縮される力。

（表5-5）。

野球は競技人口が多く，競技者の年齢層も幅広い。2000年以前では年齢による投球動作の違いはないとする報告[13]のみであったが，近年，年齢により投球動作が異なることを報告した研究[11, 14]がみられる。これらの研究は，2000年以前の報告を否定するものではなく，対象の年齢の幅を広げた結果明らかになった新たな知見である。野球肘は年代ごとに発生する病態が異なるという特徴があることから，各年代の投動作の特徴的なパターンを把握することは障害の予防や治療を行ううえで重要である。これまでの報告では，10代以下の若年層や30代前後の研究データが不足している。

5. 投球動作のバイオメカニクス

表5-3 年代，競技レベル別の動作が起こるタイミングの違い（文献13より引用）

項目	少年（23例）	高校生（33例）	大学生（115例）	プロ（60例）
最大骨盤回旋角速度（%ピッチ）	37 ± 16	39 ± 20	34 ± 18	34 ± 14
最大体幹回旋角速度（%ピッチ）	49 ± 11	50 ± 11	51 ± 11	52 ± 7
最大肩外旋角（%ピッチ）	80 ± 6	81 ± 5	81 ± 5	81 ± 5
最大肘伸展角速度（%ピッチ）	92 ± 3	91 ± 3	91 ± 5	91 ± 4
ボールリリース（秒）	0.150 ± 0.025	0.150 ± 0.020	0.145 ± 0.020	0.145 ± 0.015
最大肩内旋角速度（%ピッチ）	103 ± 2	102 ± 3	102 ± 5	102 ± 4

有意差なし．足底接地を0%，ボールリリースを100%として正規化．

表5-4 プロ野球選手の年齢による運動学的データの比較（文献14より引用）

	項目	若年群（10例）	年長群（12例）
前足接地	ストライド長（%身長）**	82.5 ± 4.1	77.3 ± 5.1
	前足位置（cm）	-22.2 ± 14.0	-21.7 ± 6.1
	骨盤回旋角（°）*	37.2 ± 12.3	23.5 ± 6.1
	体幹回旋角（°）*	-13.0 ± 9.4	-24.0 ± 7.4
	肩関節外旋（°）	47.7 ± 33.0	47.5 ± 32.0
	前足膝関節屈曲角（°）	38.5 ± 11.4	43.8 ± 7.4
	肘屈曲角（°）	94.6 ± 23.1	89.4 ± 8.7
	体幹-骨盤角（°）	-50.0 ± 8.9	-47.0 ± 8.5
コッキング期	最大骨盤回旋角速度（°/秒）	535.3 ± 79.8	592.3 ± 83.2
	最大体幹回旋角速度（°/秒）	1,098.8 ± 70.0	1,143.2 ± 125.5
	最大肩外旋角（°）*	182.6 ± 4.3	172.8 ± 6.4
	最大肘屈曲角（°）	105.9 ± 16.9	104.8 ± 11.4
加速期	最大肘伸展角速度（°/秒）	2,375.9 ± 289.4	2,344.7 ± 160.9
	最大肩内旋角速度（°/秒）	7,253.5 ± 1,324.1	6,642.0 ± 668.7
ボールリリース	前足屈曲角（°）**	27.8 ± 12.5	39.9 ± 13.7
	体幹前屈角（°）*	36.8 ± 4.2	28.7 ± 7.2
	体幹側屈角（°）	17.9 ± 6.1	22.9 ± 10.2
	前足股関節屈曲角（°）	102.2 ± 5.8	104.4 ± 7.3

* $p < 0.01$，** $p < 0.05$．前足位置：後ろ足とホームベースを結ぶ直線と前足の距離（＋がオープンスタンス），骨盤回旋角：後ろ足とホームベースを結んだ直線と両大転子を結んだ直線のなす角．体幹回旋角：後ろ足とホームベースを結んだ直線と両肩峰を結んだ直線のなす角．体幹-骨盤角：両大転子を結んだ直線と両肩峰を結んだ直線のなす角．

2）疲労による投球動作の違い

Escamillaら[3]は，10名の大学生を対象に，自覚的な筋疲労により投球を続けることができないと感じることを疲労の定義として，研究室内で疲労前後の投球動作を比較した．投球開始初回2イニングの平均値と最終回，最終回の1～4イニング前のデータを使用した．球速は最終回の1イニング前と最終回で，初回と比較して有意に減少した．また運動学的データでは，ボールリリース時の体幹前傾角度が初回と比較して最終回で有意に減少した．Murrayら[15]は，7名のプロ選手を対象に，実際の試合中における5～6イニングの投球継続で，初回と最終回の投球動作を比較した．その結果，最終回は初回と比較し球速が有意に減

第2章 野球肘

表5-5 少年の年齢による運動学的データの比較（文献11より引用）

項目		シニア（26例）	ジュニア（18例）
年齢（歳）		10.7 ± 0.8	8.4 ± 0.9*
身長（m）		1.41 ± 0.08	1.28 ± 0.06*
体重（kg）		36.0 ± 8.5	26.7 ± 4.3*
ストライド足接地	ストライド足接地時間（秒）	-0.142 ± 0.021	-0.157 ± 0.033
	肩外転角（°）	76 ± 13	79 ± 15
	肩水平屈曲角（°）	-24 ± 17	-15 ± 17
	肩外旋角（°）	87 ± 32	104 ± 21*
	肘屈曲角（°）	99 ± 21	97 ± 17
最大肩外旋	最大肩外旋時間（秒）	-0.038 ± 0.012	-0.053 ± 0.013*
	肩外転角（°）	98 ± 8	97 ± 15
	肩水平屈曲角（°）	7 ± 10	14 ± 12*
	肩外旋角（°）	183 ± 10	176 ± 15
	肘屈曲角（°）	82 ± 21	96 ± 26
ボールリリース	肩外転角（°）	102 ± 8	106 ± 14
	肩水平屈曲角（°）	13 ± 10	26 ± 16*
	肩外旋角（°）	129 ± 17	130 ± 14
	肘屈曲角（°）	28 ± 11	38 ± 24
	肩内旋速度（°/秒）	3,760 ± 1,530	2,310 ± 1,090*
	肘伸展速度（°/秒）	1,100 ± 620	1,400 ± 510
	ボール速度（m/秒）	21.5 ± 2.3	16.0 ± 2.8*
角速度	最大肩内旋速度時間（秒）	0.008 ± 0.007	0.015 ± 0.011*
	最大肩内旋速度（°/秒）	5,500 ± 1,680	5,820 ± 2,640
	最大肘伸展速度時間（秒）	-0.014 ± 0.011	-0.006 ± 0.012*
	最大肘伸展速度（°/秒）	1,910 ± 310	1,740 ± 410

* $p < 0.05$。

少し，運動学的データは肩関節最大外旋角度とボールリリース時の膝屈曲角度が有意に減少した．しかし，実際の試合中の測定のため，投球数や疲労の定義によって投球の終了を規定できない．そのため，結果から得られた投球動作の変化が，疲労の影響による現象であるかは明らかにならなかった．この2件の報告は，投球の継続により全身運動として捉えた投球動作に変化が認められたという点で共通している．しかし，これらの研究は測定環境や疲労の定義が異なり統一した見解が得られていない．投手は実際の試合中には試合状況や相手打者，観客の存在など，実験室内とは大きく異なった環境に置かれる．そのため，中枢性の疲労など単純な筋疲労のみでは考察できない影響が存在する．今後，疲労が投球動作にどのような影響を及ぼすかを明らかにするためには，疲労の条件を詳細に定義して検討を進める必要がある．

3）球種による投球動作の違い

球種による投球動作の違いに関しては，研究間で共通している直球，チェンジアップ，カーブの3種類を比較している研究を本項の対象とした．球種による肘関節の運動学的データの違いに関しては，すべての研究で同様の結果が得られてきた．Escamillaら[16]は16名の大学生を対象に行った研究で，最大肘関節伸展速度とボールリリース時

の肘関節屈曲角度に有意差が認められたと報告した。両変数ともチェンジアップが直球，カーブと比較し伸展速度が遅く，屈曲角度が大きかった。また，Barrentineら[2]は8名の大学生を対象に，球種による投球動作の違いを前腕の運動に着目して分析した。その結果，カーブが直球，チェンジアップと比較しコッキング期に前腕の回外角度が有意に大きく，ボールリリース時に前腕の回内角度が有意に小さかった。近年発表された研究でもチェンジアップの伸展速度，カーブの回内角度に関して同様の報告がされた[6, 17]。以上より，カーブが直球，チェンジアップと比較し回内角度が小さいことや，チェンジアップが直球，カーブと比較し伸展速度が遅いことが明らかとなってきた。

動力学的データに関して，Fleisigら[6]が21名の大学生を対象に研究を行った。その結果，チェンジアップが直球，カーブと比較し肘関節内反トルクが有意に小さく，肘関節屈曲トルクもカーブと比較し有意に小さかった。また，Dunら[17]は29名の少年（平均年齢12.5歳）を対象に球種による比較を報告した。そこでは肘関節内反トルク，屈曲トルクとも直球，カーブ，チェンジアップの順で有意に小さくなっていた。両報告とも肘関節に最もストレスが加わらない球種はチェンジアップで，直球が最もストレスが加わる球種であるとした。近年の研究報告をまとめると，カーブが最も肘関節にストレスを加えている球種であるとされていた過去の考え方には疑問を投げかけているデータが示されている。

D. まとめと今後の課題

投球動作のバイオメカニクスについて三次元動作解析から得られたデータをまとめた。

1. すでに真実として承認されていること
- 肘関節角度は，肩関節最大外旋位の直前の約90°屈曲位から伸展を開始し，ボールリリースに約20°屈曲位となり，その間約2,000°/秒の速度で伸展する。
- 最大外旋位の直前に約60 Nmの内反トルク，ボールリリースの直前に約50 Nmの屈曲トルクが肘関節に発生する。
- カーブは直球と比較し，回内角度が小さい。

2. 議論の余地はあるが，今後の重要な研究テーマとなること
- 年齢や競技レベルの違いが投球動作中の前腕回内・回外運動に与える影響。
- 10代以下または20代後半以降といった対象の年齢の幅を広げた投球動作の分析。
- 疲労の定義を明確にした投球動作の分析。

3. 真実と思われていたが，実は疑わしいこと
- カーブが直球と比較し肘関節に大きなストレスを加える球種であること。

現在の三次元動作解析はモーションキャプチャーやビデオカメラを用いたものが主流で，その方法では一定の共通認識が得られてきている。しかし，ほかの部位ではX線透視画像と骨モデルのマッチング技術を用いた詳細な研究も報告されている。このような技術を用いて投球動作のような全身を使用した運動の動作解析を行うには，現状では技術的な限界がある。しかし，肘関節を構成する3つの骨や周囲の各組織に加わるストレスデータを算出することは，野球肘発生のメカニズムを解明するためには欠かすことができない要素である。技術の進歩とともに今後の発展が期待される。

文献
1. Werner SL, Fleisig GS, Dillman CJ, Andrews JR. Biomechanics of the elbow during baseball pitching. *J Orthop Sports Phys Ther*. 1993; 17: 274-8.
2. Barrentine SW, Matsuo T, Escamilla RF, Fleisig GS,

Andrews JR. Kinematic analysis of the wrist and forearm during baseball pitching. *J Appl Biomech*. 1998; 14: 24-39.
3. Escamilla RF, Barrentine SW, Fleisig GS, Zheng N, Takada Y, Kingsley D, Andrews JR. Pitching biomechanics as a pitcher approaches muscular fatigue during a simulated baseball game. *Am J Sports Med*. 2006; 35: 23-33.
4. Nissen CW, Westwell M, Ounpuu S, Patel M, Tate JP, Pierz K, Burns JP, Bicos J. Adolescent baseball pitching technique: a detailed three-dimensional biomechanical analysis. *Med Sci Sports Exerc*. 2007; 39: 1347-57.
5. Fleisig GS, Andrews JR, Dillman CJ, Escamilla RF. Kinetics of baseball pitching with implications about injury mechanisms. *Am J Sports Med*. 1995; 23: 233-9.
6. Fleisig GS, Kingsley DS, Loftice JW, Dinnen KP, Ranganathan R, Dun S, Escamilla RF, Andrews JR. Kinetic comparison among the fastball, curveball, change-up, and slider in collegiate baseball pitchers. *Am J Sports Med*. 2005; 34: 423-30.
7. Hong DA, Cheung TK, Roberts EM. A three-dimensional, six-segment chain analysis of forceful overarm throwing. *J Electromyogr Kinesiol*. 2001; 11: 95-112.
8. Hirashima M, Yamane K, Nakamura Y, Ohtsuki T. Kinetic chain of overarm throwing in terms of joint rotations revealed by induced acceleration analysis. *J Biomech*. 2008; 41: 2874-83.
9. Keeley DW, Hackett T, Keirns M, Sabick MB, Torry MR. A biomechanical analysis of youth pitching mechanics. *J Pediatr Orthop*. 2008; 28: 452-9.
10. Werner SL, Suri M, Guidojr JA, Meister K, Jones DG. Relationships between ball velocity and throwing mechanics in collegiate baseball pitchers. *J Shoulder Elbow Surg*. 2008; 17: 905-8.
11. Ishida K, Murata M, Hirano Y. Shoulder and elbow kinematics in throwing of young baseball players. *Sports Biomech*. 2006; 5: 183-96.
12. Sabick MB, Torry MR, Lawton RL, Hawkins RJ. Valgus torque in youth baseball pitchers: a biomechanical study. *J Shoulder Elbow Surg*. 2004; 13: 349-55.
13. Fleisig GS, Barrentine SW, Zheng N, Escamilla RF, Andrews JR. Kinematic and kinetic comparison of baseball pitching among various levels of development. *J Biomech*. 1999; 32: 1371-5.
14. Dun S, Fleisig GS, Loftice J, Kingsley D, Andrews JR. The relationship between age and baseball pitching kinematics in professional baseball pitchers. *J Biomech*. 2007; 40: 265-70.
15. Murray TA, Cook TD, Werner SL, Schlegel TF, Hawkins RJ. The effects of extended play on professional baseball pitchers. *Am J Sports Med*. 2001; 29: 137-42.
16. Escamilla RF, Fleisig GS, Barrentine SW, Zheng N, Andrews JR. Kinematic comparisons of throwing different types of baseball pitches. *J Appl Biomech*. 1998; 14: 1-23.
17. Dun S, Loftice JW, Fleisig GS, Kingsley JR. A biomechanical comparison of youth baseball pitches: is the curveball potentially harmful? *Am J Sports Med*. 2008; 36: 686-92.

〔戸田　創〕

6. 野球肘の疫学・病態・診断・評価

はじめに

野球肘に対する適切なリハビリテーションプログラムを立案するには、個々の病態を的確に把握することが必要となる。各病態の評価には、徒手による理学評価や画像診断機器が用いられる。近年は、画像診断のなかでも非侵襲的で簡便性の高い超音波診断装置を用いた病態評価が着目され、さまざまな知見が得られている。野球肘に対するリハビリテーションを考える際には、病態の評価に加え、各病態を引き起こしたメカニズムについて考察する必要がある。メカニズムの考察には、投球動作と肘を取り巻く組織に加わる負荷に関する詳細なデータが求められる。本項ではまず野球肘に含まれる病態について、病態別にその発生メカニズムと疫学に関する知見を提示する。次に各病態に対する理学評価および画像評価の有用性、特に超音波診断装置を用いた評価に関する知見を提示し、最後に投球動作と肘の構成組織に加わる負荷の関係についての知見を提示する。

A. 文献検索方法

文献検索にはPubMedを使用し、「throwing elbow」、「thrower's elbow」をキーワードにヒットした135件の文献から本項のテーマである野球肘の疫学、病態、診断、評価に関する文献を抽出した。また、抽出した論文に引用されている文献も適宜加えた。

B. 野球肘の疫学

野球肘の疫学に関する報告は、これまで病変を分類せず、野球肘という総称での発生率から調査されていた。成長期の野球選手を対象とした研究では、投球時に肘に痛みや何らかの症状を呈するものは18～58％と報告された[1～3]。現在では、内側の病変として内側側副靱帯損傷、内側上顆剥離、尺骨神経障害、上腕骨内側上顆炎、外側の病変として離断性骨軟骨炎、後方の病変として肘頭インピンジメントと、部位ごとに病変が整理されている。しかし、病変別に発生率を調査した研究は少なく、各病変の発生率については一致した見解が得られていない。

近年、画像診断の進歩により、症状のない健常者においても上述した病変が認められることが報告された[4,5]。Nazarianら[4]によると、肘に症状がないメジャーリーガー26人を対象に肘の超音波像を撮像したところ、20名（77％）に異常所見が認められた。Haradaら[5]によると、153名の少年野球選手の肘内側の超音波像を撮像したところ、35名（23％）に異常所見が認められた。これらの研究から、症状はなくとも構造的な異常を有する者が多く存在することが示唆された。

C. 野球肘の病態と発生メカニズム

1. 内 側

内側側副靱帯損傷については、内側側副靱帯を構成する3つの線維束のなかで、前部線維束の損

傷が最も多いとされている。Morreyら[6]は，屍体肘を用いた研究により，内側側副靱帯が肘屈曲位で伸張されると報告した。投球動作では，コッキング期から加速にかけて，肘外反方向への力が加わる[7]。以上より，投球動作の繰り返しにより内側側副靱帯が伸張され，その結果として損傷が起こると考えられている。骨端線が閉鎖する前の成長期では，靱帯組織の損傷ではなく，より脆弱な組織である内側上顆の靱帯付着部の剥離骨折が起こる。内側側副靱帯損傷の症状としては，投球動作時の加速期に肘内側痛を訴え，内側上顆，内側側副靱帯に圧痛を認め，その構造的な破綻から肘外反不安定性が生じる[8〜10]。

尺骨神経障害は，尺骨神経に対する牽引や肘部管での接触に起因し，尺骨神経領域に障害が生じる病態を呈する。Aokiら[11]はワインドアップ期から加速期までの間，肘部管で尺骨神経が伸張されると報告した。Bylら[12]によると，肘屈曲角度が増加することにより尺骨神経の伸張率が増大した。尺骨神経障害患者の術中所見において，肥大した上腕三頭筋内側頭による尺骨神経の圧迫が障害を引き起こす可能性が示唆された[13]。しかし，どの程度の影響があるのかは明らかでない。以上より投球動作，特にワインドアップ期から加速期における肘屈曲位において尺骨神経が繰り返し伸張されることにより障害が引き起こされると考えられている。尺骨神経障害の症状は，投球動作時に肘内側痛が生じることに加え，特徴的な症状として握力，ピンチ力の低下，尺骨神経領域の感覚障害が認められる[11]。

もう1つの肘内側の病変である内側上顆炎は，前腕屈筋群，円回内筋の上腕骨内側上顆付着部での炎症を指す。Davidsonら[14]は肘の屈曲角度を変化させたときの前腕屈筋群，円回内筋の配列と内側側副靱帯の位置関係について解剖学的に観察した。その結果，投球動作において外反ストレスが最大となる肘屈曲位において，尺側手根屈筋が内側側副靱帯を補強する位置にあることを見出した。Parkら[15]は新鮮屍体を用い，肘屈曲30°，90°位で尺側手根屈筋，浅指屈筋，円回内筋の収縮を再現した際の肘外反角度の変化量を計測した。その結果，尺側手根屈筋の収縮により肘外反角度が減少し，さらに浅指屈筋と共同収縮させるとより外反角度が減少した。これより，これらの筋が内側側副靱帯へ加わる伸張ストレスを軽減する働きがあると考察した。Wernerら[7]によると，投球動作における加速期直前で屈筋-回内筋筋活動が最大となった。これらの報告から，投球動作の繰り返しにより，外反ストレスを制御するために活動する尺側手根屈筋，浅指屈筋の使い過ぎが引き起こされ，その結果，内側上顆付着部の炎症を引き起こすと考えられる。そして内側上顆炎の特徴的な症状として屈筋，回内筋の収縮時痛が認められる[16]。

以上より，投球動作により引き起こされる内側の伸張ストレスが肘内側の各病変の発生に関与することに関して一致している。

2. 外 側

肘外側の病変である離断性骨軟骨炎は，上腕骨小頭が離断する疾患である。Schenokら[17]は関節軟骨の硬さについて調べ，橈骨頭のほうが上腕骨小頭に比べて硬いことを報告した。離断性骨軟骨炎の発生メカニズムは，投球動作時のコッキング期から加速期において，橈骨頭と上腕骨小頭が接触することにより引き起こされると考えられている。しかし，実際の投球動作時にどれだけの圧縮力が生じているのかを示したデータはなく，その発生メカニズムを裏づけるデータは不足している。離断性骨軟骨炎の症状として肘の外側部痛，肘の伸展制限が認められる[17]。

3. 後 方

後方における肘頭インピンジメントは，肘頭後

6. 野球肘の疫学・病態・診断・評価

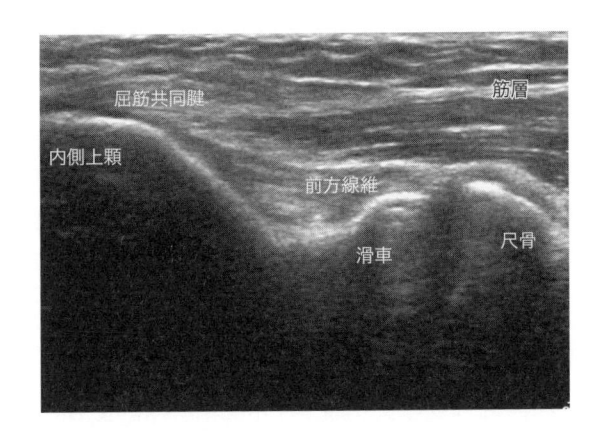

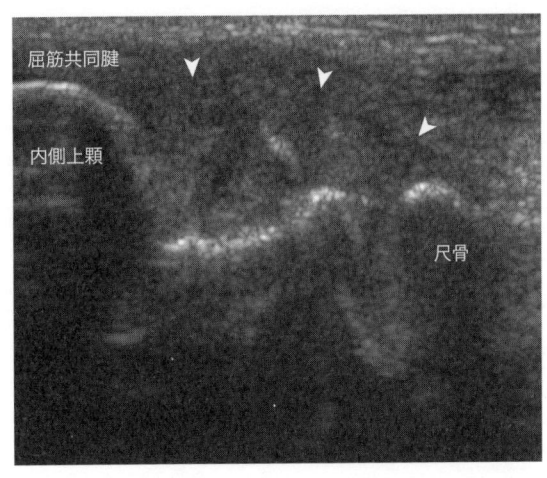

図6-1 超音波診断装置による内側側副靱帯損傷の評価
内側側副靱帯損傷では輝度の低下（矢頭）や靱帯内骨化を認め，内側上顆剥離では剥離した骨片も描出可能である。

内側における骨棘形成や，肘頭骨折を含む病態を呈する。発生メカニズムとして，肘頭窩での肘頭の接触により肘頭窩後内側に骨棘の形成，肘頭の疲労骨折が生じると考えられている[18]が，投球動作時の圧縮と剪断力が原因であることを裏づけるデータは不足している。肘頭インピンジメントは，加速期から減速期にかけて痛みを生じるとされ，外反ストレステストにより痛みが誘発される[19]。

D. 野球肘の画像診断

野球肘に対するX線を用いた画像診断の感度について，術中所見を基準に調べた研究によると，内側側副靱帯損傷に対して46％[20]，離断性骨軟骨炎に対しては47％[21]と病変の早期発見には不十分であった。MRIを用いた診断は，高い感度，特異度が報告されている一方，時間とコストがかかるという短所がある。そのため近年では，簡便で軟部組織の変化も早期に捉えることが可能な超音波診断装置が野球肘の各病変診断に用いられるようになってきた。以下，超音波診断装置を用いた各病変評価に関する報告について述べる。

内側側副靱帯損傷に対しては，超音波像における靱帯組織の輝度の低下，靱帯内骨化を描出することで靱帯の病変を検出できる（図6-1）[4]。また，肘に症状がない野球選手においても内側側副靱帯の異常所見が認められ[4,5]，早期診断の可能性が示唆されている。内側上顆の剥離に対しては，剥離した骨片を画像上で描出可能である[22,23]。このように，超音波診断装置を用いて内側側副靱帯，内側上顆の構造的な変化を描出することは可能であるが，感度，特異度など，検査の信頼性についてのデータはまだ少ない。

尺骨神経障害に対する超音波検査として，Yoonら[24,25]，Wieslerら[26]は，尺骨神経障害患者において肘部管近位での尺骨神経断面積が大きいことを報告した（図6-2）。また，尺骨神経の断面積と尺骨神経伝導速度の間に負の相関関係があり，肘部管断面積も尺骨神経障害患者において大きい[27]などの報告が少数あるが，一致した見解は得られていない。以上より，尺骨神経障害を評価するために，肘部管近位での尺骨神経の断面積を計測することが有用であることが

第2章 野球肘

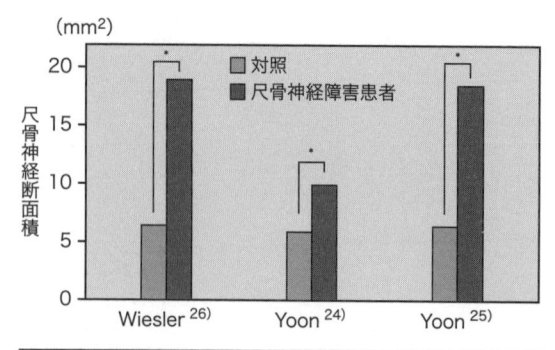

図6-2 健常者（対照）と尺骨神経障害患者の肘屈曲位での尺骨神経断面積（文献24〜26より作図）
肘部管近位において，尺骨神経障害患者は有意に尺骨神経断面積が大きい。* $p < 0.05$。

示唆される。

内側上顆炎に対する超音波検査として，筋の内側上顆付着部での輝度変化が指標とされている。Parkら[28]は，理学所見により内側上顆炎と診断された症例において，輝度変化を用いた超音波検査の感度，特異度はそれぞれ95.2％，92％であったと報告した。しかし，報告数が少なく検査の有用性について一致した見解が得られるにはいたっていない。

離断性骨軟骨炎については，超音波検査により早期に骨片を描出可能であること[5]や，術中所見を基準とした際の超音波像によるグレード分けの感度が89％と高いことが報告された[29]。離断性骨軟骨炎の早期診断において超音波検査による評価が応用できる可能性が示唆される。

E. 外反ストレスに対する支持組織の評価

1. 静的支持組織

肘外反ストレスに対する静的支持組織として，内側側副靱帯と後方での肘頭と肘頭窩の接触があげられる。

内側側副靱帯の代表的な評価方法として外反ストレステストがある。従来は骨性の支持が少なくなる肘30°屈曲位での外反ストレステストが行われてきた。Conwayら[8]は，内側側副靱帯損傷に対するこの評価方法の感度を62〜65％と報告した。近年は，より投球動作に類似した状態での評価方法が提唱されている。Pettyら[30]は肘屈曲角度60〜120°において外反ストレステストを実施したところ，内側側副靱帯損傷患者に対する検査の感度が100％であったと報告した。また，O'Driscollら[31]は肘を屈曲位から伸展させつつ外反ストレスを加えるmoving valgus testを提唱し，内側側副靱帯損傷患者に対する検査の感度が100％であったと報告した。これらの報告から投球動作時の肘の肢位をより再現したテストのほうが評価としての感度が高いことについて，一致した見解が得られている。

肘の外反ストレスと肘頭，肘頭窩の接触について，Ahmadら[18]は内側側副靱帯損傷により肘頭と肘頭窩との接触圧が高まると報告した。また，内側側副靱帯損傷患者の25〜50％は肘頭後内側に骨棘が認められた[8,32]。肘頭での骨棘形成に対する特異的な理学評価の方法は確立されていないが，これらの報告より外反不安定性が存在する場合には，肘後方の静的支持組織である肘頭と肘頭窩の接触に関しても病変が存在する可能性がある。

これらの報告より，外反ストレスに対する静的支持組織の評価では，内側側副靱帯損傷に関しては感度の高い評価方法があるが，肘頭と肘頭窩による安定性については確立された評価方法がないのが現状である。

2. 動的支持組織

投球動作時に発生する肘外反ストレスに対する動的支持組織として，前腕屈筋群と回内筋群があげられる。そのなかでも特に尺側手根屈筋，浅指屈筋の研究が進められてきた。尺側手根屈筋は，投球動作において外反ストレスが最大となる肘の肢位で，筋の走行上内側側副靱帯を補強する位置

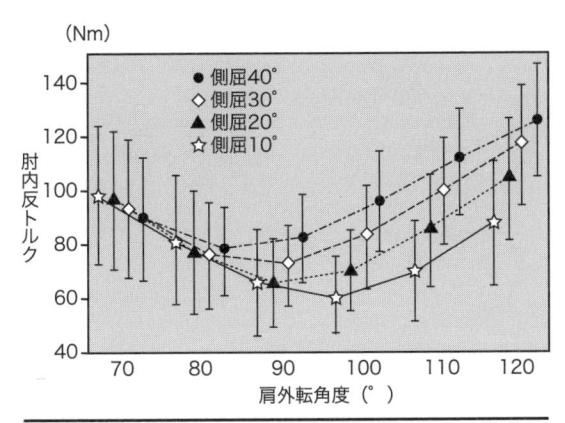

図6-3 フットコンタクト時の肩外転角度と肘外反ストレスの関係（文献34より引用）
4本の線は体幹の非投球側への側屈条件を変えた際の結果を示す。肩外転90～100°を最小点として，肩外転角度が減少しても増加しても肘外反ストレスは増大するというU字形のカーブを呈する。

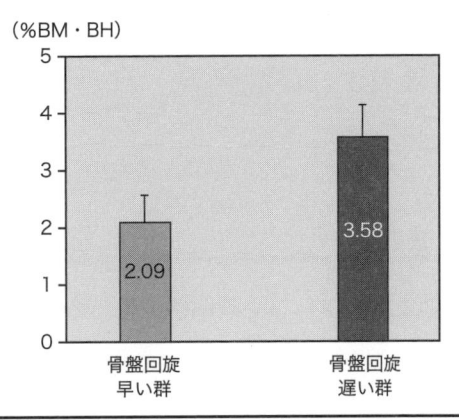

図6-4 骨盤回旋のタイミングの違いによる肘内反トルクの違い（文献35より作図）
%BM・BH：内反トルクを体重と身長で標準化した値。フットコンタクト時の骨盤回旋が小さい群（骨盤回旋遅い群）は骨盤回旋が大きい群（骨盤回旋早い群）よりも有意に肘内反トルク（肘外反ストレス）が大きい。

にあることが解剖学的研究により報告された[14]。また，屍体を用い前腕筋の収縮をワイヤーによって再現した研究により，尺側手根屈筋と浅指屈筋の収縮により肘外反角度が減少することが示された（**図3-17参照**）[15]。筋電図を用いた研究では，投球動作で外反ストレスが最大となるときに前腕屈筋群の筋活動が大きくなることが報告された[7]。これらの報告から，尺側手根屈筋，浅指屈筋は外反ストレスに対する動的支持組織として重要であることに一致した見解が得られている。しかし，尺側手根屈筋，浅指屈筋それぞれの機能を個別に評価する方法には確立されたものはない。

F. 外反ストレスに影響を与える投球動作

投球動作は肘だけではなく，さまざまな関節が連動して行われる運動である。そのため，野球肘の各病態を引き起こす外反ストレスには，肘のみならず他関節の運動が影響を与えている可能性が考えられる。ここでは，投球動作時の肘外反ストレスに影響を与える関節運動について検討されたデータを提示する。

投球動作時の肘屈曲角度についての報告で，Wernerら[33]は投球動作時の肩関節最大外旋時における肘屈曲角度と肘外反ストレスの大きさに正の相関があることを報告した。肘関節に隣接する肩関節運動による影響については，Matsuoら[34]はいわゆる"肘下がり"と呼ばれる肩関節外転角度の変化と，肘外反ストレスの関係を調査した。この研究によると，肘外反ストレスは外転90～100°を最小点としてU字形のカーブを描き（**図6-3**），外転角度が減少しても増加しても肘外反ストレスが増大する可能性を示した。また，Wernerら[33]はフットコンタクト時の肩関節外転角度が増加すると外反ストレスが増加する関連性を報告した。この2つの研究において，肩関節外転角度が肘外反ストレスに影響を与えるという見解で一致した。骨盤の回旋と肘外反ストレスの関係については，Wightら[35]が投球動作における骨盤回旋が遅い群は早い群に比較して有意に外反ストレスが大きくなると報告した（**図6-4**）。これらの報告から，肘以外の関節運動が肘外反スト

第2章 野球肘

レスへ影響を与える可能性が示唆されている。しかし，先行研究が少なく今後さらなる研究が必要である。

G. まとめ

1. すでに真実として承認されていること

- 野球肘と呼ばれる投球障害総称での発生率は提示されており，近年は内側，外側，後方組織の障害に分けて病態が整理されている。
- 内側の障害は伸張ストレスにより引き起こされる。
- 内側側副靱帯損傷，尺骨神経障害，離断性骨軟骨炎は超音波診断装置により評価・診断が可能である。
- 内側側副靱帯損傷に対する外反ストレステストは，投球動作における肘の肢位を再現した評価方法のほうがより感度が高い。

2. 議論の余地はあるが，今後の重要な研究テーマとなること

- 他関節の運動が外反ストレスに影響を与えることが報告されているが，報告数が少なくコンセンサスが得られるにはいたっていない。
- 前腕屈筋群，回内筋群，特に尺側手根伸筋，浅指屈筋を特異的に評価する方法が確立されていない。

3. 真実と思われていたが実は疑わしいこと

- 上腕骨小頭の離断性骨軟骨炎，肘頭インピンジメントの発生メカニズムが科学的データにより支持されていない。

文献

1. Larson RL, Singer KM, Bergstrom R, Thomas S. Little league survey: the Eugene study. *Am J Sports Med*. 1976; 4: 201-9.
2. Gugenheim JJ Jr, Stanley RF, Woods GW, Tullos HS. Little league survey: the Houston study. *Am J Sports Med*. 1976; 4: 189-200.
3. Grana WA, Rashkin A. Pitcher's elbow in adolescents. *Am J Sports Med*. 1980; 8: 333-6.
4. Nazarian LN, McShane JM, Ciccotti MG, O'Kane PL, Harwood MI. Dynamic US of the anterior band of the ulnar collateral ligament of the elbow in asymptomatic major league baseball pitchers. *Radiology*. 2003; 227: 149-54.
5. Harada M, Takahara M, Sasaki J, Mura N, Ito T, Ogino T. Using sonography for the early detection of elbow injuries among young baseball players. *AJR Am J Roentgenol*. 2006; 187: 1436-41.
6. Morrey BF, An KN. Articular and ligamentous contributions to the stability of the elbow joint. *Am J Sports Med*. 1983; 11: 315-9.
7. Werner SL, Fleisig GS, Dillman CJ, Andrews JR. Biomechanics of the elbow during baseball pitching. *J Orthop Sports Phys Ther*. 1993; 17: 274-8.
8. Conway JE, Jobe FW, Glousman RE, Pink M. Medial instability of the elbow in throwing athletes. Treatment by repair or reconstruction of the ulnar collateral ligament. *J Bone Joint Surg Am*. 1992; 74: 67-83.
9. Safran M, Ahmad CS, Elattrache NS. Ulnar collateral ligament of the elbow. *Arthroscopy*. 2005; 21: 1381-95.
10. Gilchrist AD, McKee MD. Valgus instability of the elbow due to medial epicondyle nonunion: treatment by fragment excision and ligament repair: a report of 5 cases. *J Shoulder Elbow Surg*. 2002; 11: 493-7.
11. Aoki M, Takasaki H, Muraki T, Uchiyama E, Murakami G, Yamashita T. Strain on the ulnar nerve at the elbow and wrist during throwing motion. *J Bone Joint Surg Am*. 2005; 87: 2508-14.
12. Byl C, Puttlitz C, Byl N, Lotz J, Topp K. Strain in the median and ulnar nerves during upper-extremity positioning. *J Hand Surg*. 2002; 27: 1032-40.
13. Aoki M, Kanaya K, Aiki H, Wada T, Yamashita T, Ogiwara N. Cubital tunnel syndrome in adolescent baseball players: a report of six cases with 3- to 5-year follow-up. *Arthroscopy*. 2005; 21: 758.e1-e6.
14. Davidson PA, Pink M, Perry J, Jobe FW. Functional anatomy of the flexor pronator muscle group in relation to the medial collateral ligament of the elbow. *Am J Sports Med*. 1995; 23: 245-50.
15. Park MC, Ahmad CS. Dynamic contributions of the flexor-pronator mass to elbow valgus stability. *J Bone Joint Surg Am*. 2004; 86: 2268-74.
16. Cain EL Jr, Dugas JR, Wolf RS, Andrews JR. Elbow injuries in throwing athletes: a current concepts review. *Am J Sports Med*. 2003; 31: 621-35.
17. Schenok RC Jr, Athanasiou KA, Constantinides G, Gomez E. A biomechanical analysis of articular cartilage of the human elbow and a potential relationship to osteochondritis dissecans. *Clin Orthop Relat Res*. 1994; (299): 305-12.
18. Ahmad CS, Park MC, Elattrache NS. Elbow medial ulnar collateral ligament insufficiency alters posteromedial olecranon contact. *Am J Sports Med*. 2004; 32: 1607-12.
19. Suzuki K, Minami A, Suenaga N, Kondoh M. Oblique stress fracture of the olecranon in baseball pitchers. *J*

Shoulder Elbow Surg. 1997; 6: 491-4.
20. Azar FM, Andrews JR, Wilk KE, Groh D. Operative treatment of ulnar collateral ligament injuries of the elbow in athletes. *Am J Sports Med.* 2000; 28: 16-23.
21. Kijowski R, De Smet AA. Magnetic resonance imaging findings in patients with medial epicondylitis. *Skeletal Radiol.* 2005; 34: 196-202.
22. Sasaki J, Takahara M, Ogino T, Kashiwa H, Ishigaki D, Kanauchi Y. Ultrasonographic assessment of the ulnar collateral ligament and medial elbow laxity in college baseball players. *J Bone Joint Surg Am.* 2002; 84: 525-31.
23. Miller TT, Adler RS, Friedman L. Sonography of injury of the ulnar collateral ligament of the elbow-initial experience. *Skeletal Radiol.* 2004; 33: 386-91.
24. Yoon JS, Hong SJ, Kim BJ, Kim SJ, Kim JM, Walker FO, Cartwright MS. Ulnar nerve and cubital tunnel ultrasound in ulnar neuropathy at the elbow. *Arch Phys Med Rehabil.* 2008; 89: 887-9.
25. Yoon JS, Walker FO, Cartwright MS. Ultrasonographic swelling ratio in the diagnosis of ulnar neuropathy at the elbow. *Muscle Nerve.* 2008; 38: 1231-5.
26. Wiesler ER, Chloros GD, Cartwright MS, Shin HW, Walker FO. Ultrasound in the diagnosis of ulnar neuropathy at the cubital tunnel. *J Hand Surg.* 2006; 31: 1088-93.
27. Yoon JS, Kim BJ, Kim SJ, Kim JM, Sim KH, Hong SJ, Walker FO, Cartwright MS. Ultrasonographic measurements in cubital tunnel syndrome. *Muscle Nerve.* 2007; 36: 853-5.
28. Park GY, Lee SM, Lee MY. Diagnostic value of ultrasonography for clinical medial epicondylitis. *Arch Phys Med Rehabil.* 2008; 89: 738-42.
29. Takahara M, Ogino T, Tsuchida H, Takagi M, Kashiwa H, Nambu T. Sonographic assessment of osteochondritis dissecans of the humeral capitellum. *AJR Am J Roentgenol.* 2000; 174: 411-5.
30. Petty DH, Andrews JR, Fleisig GS, Cain EL. Ulnar collateral ligament reconstruction in high school baseball players: clinical results and injury risk factors. *Am J Sports Med.* 2004; 32: 1158-64.
31. O'Driscoll SW, Lawton RL, Smith AM. The "moving valgus stress test" for medial collateral ligament tears of the elbow. *Am J Sports Med.* 2005; 33: 231-9.
32. Andrews JR, Timmerman LA. Outcome of elbow surgery in professional baseball players. *Am J Sports Med.* 1995; 23: 407-13.
33. Werner SL, Murray TA, Hawkins RJ, Gill TJ. Relationship between throwing mechanics and elbow valgus in professional baseball pitchers. *J Shoulder Elbow Surg.* 2002; 11: 151-5.
34. Matsuo T, Fleisig GS. Influence of shoulder abduction and lateral trunk tilt on peak elbow varus torque for college baseball pitchers during simulated pitching. *J Appl Biomech.* 2006; 22: 93-102.
35. Wight J, Richards J, Hall S. Influence of pelvis rotation styles on baseball pitching mechanics. *Sports Biomech.* 2004; 3: 67-83.

（菅原　一博）

7. 野球肘の手術療法と保存療法

はじめに

尺側側副靱帯損傷，尺骨神経障害，内側上顆炎，離断性骨軟骨炎，内側上顆剥離骨折，肘頭インピンジメントは，投球動作が原因で起こりうる代表的な肘の疾患である。これらに対する治療においては，損傷した組織によって治療方針や競技復帰までの期間が異なる。病態や競技レベルに合わせた適切な治療を行うためには各疾患で選択される治療法やその予後の理解が必要不可欠である。本項では，尺側側副靱帯損傷，尺骨神経障害，内側上顆炎，離断性骨軟骨炎，内側上顆剥離骨折，肘頭インピンジメントについて，現在までに報告されている治療法および治療成績をまとめ，治療選択基準の科学的根拠を検討する。

A. 文献検索方法

文献検索はPubMedを使用し，各疾患と治療に関連したキーワード（表7-1）を組み合わせて実施した。上述の疾患に関する保存療法あるいは手術療法を研究した報告を抽出し，さらにそれらで引用されている参考文献を含め，37件の文献を使用した。

B. 尺側側副靱帯損傷に対する治療

1. 保存療法

尺側側副靱帯損傷の治療成績は，競技復帰率や復帰時の競技レベルで判断されることが多い。受傷前の競技レベルとの比較や，競技の継続期間から4段階の指標で評価するConway-Jobe評価法[1]（表7-2）が代表的である。

Rettingら[2]は，尺側側副靱帯損傷と診断された野球および投てき選手31人を対象に，特定のリハビリテーションプログラム（表7-3）を実施した結果，平均24.5週で13人（42％）が受傷前以上の競技レベルに復帰できたと報告した。競技復帰率の結果から保存療法に対する一定の効果が示される一方，治療効果を左右する靱帯損傷の程度に関する詳細な記載がないため，保存療法の

表7-1 文献検索に用いたキーワード

ulnar collateral ligament
cubital tunnel syndrome
ulnar nerve entrapment
ulnar nerve compression syndrome
medial epicondylitis
osteochondritis dissecans
medial epicondyle fracture
humeral fracture
arthroscopy
surgery
treatment

表7-2 Conway-Jobe評価法（文献1より引用）

excellent（優）	受傷前以上の競技レベルで復帰し1年以上プレー可能
good（良）	受傷前より低い競技レベルで復帰し1年以上プレー可能
fair（可）	レクリエーションレベルでのプレーが可能
poor（不可）	プレー不可能

7. 野球肘の手術療法と保存療法

表7-3 尺側側副靱帯損傷に対するリハビリテーションプログラム（文献2より引用）

フェイズ	治療
I	2～3ヵ月間の投球禁止 抗炎症薬投与 アイシング10分×4回/日 夜間シーネまたは装具装着（屈曲90°） 自動・他動での関節可動域訓練
II 疼痛消失後	装具除去 上肢筋群の筋力増強訓練 投球練習（3ヵ月間）

表7-4 尺側側副靱帯修復術と再建術後の競技復帰率（文献1, 3, 4より作成）

	Conwayら[1]	Andrewsら[3]	Azarら[4]
修復術	50% (7/14人)	0% (0/2人)	63% (5/8人)
再建術	68% (38/56人)	86% (12/14人)	81% (48/59人)

表7-5 尺側側副靱帯再建術後成績の報告のまとめ

著者	例数（人）	平均年齢（歳）	野球選手の数（人）	筋腱アプローチ法	尺骨神経移動の有無	復帰期間（月）	競技復帰率（％）	術後尺骨神経障害の発生率（％）
Conwayら[1]	56	23.7 (15～24)	52	切離	筋下移動 (98%に実施)	12.5	68	23
Andrewsら[3]	9	24.2	9	切離	皮下移動 (全員に実施)	記載なし	78	11
Azarら[4]	59	21.6 (15～39)	記載なし	レトラクト	皮下移動 (全員に実施)	9.8	81	1
Thompsonら[10]	33	24.3	33	muscle splitting	非実施	13.0	82	7
Petttyら[9]	27	17.4 (15.9～19.0)	27	muscle splitting	皮下移動 (全員に実施)	11	74	7
Palettaら[8]	25	24.5 (19～27)	25	muscle splitting	皮下移動 (8%に実施)	11.5	92	4
Dodsonら[6]	100	22.0 (16～43)	96	muscle splitting	皮下移動 (22%に実施)	記載なし	90	2
Kohら[7]	19	21.7 (17.9～25.3)	19	muscle splitting	皮下移動 (5%に実施)	13.1	95	5

限界が不明瞭である。尺側側副靱帯損傷に対する保存療法の治療成績を報告したものはほかにないため、今後は重症度と競技復帰の関係をより詳細に調査した介入研究が待たれる。

2. 手術療法

手術療法は、尺側側副靱帯の修復術と再建術の二通りに大別される。先行研究では、同一施術者が手術を行った場合、再建術のほうが良好な手術成績が示されてきた[1,3,4]（**表7-4**）。1992～2006年に投てき選手を対象として術後1年以上の経過観察を行ったコホート研究に関して実施したシステマティックレビューによると、尺側側副靱帯再建術後の復帰率は高いが、競技復帰までは9.8～13.1ヵ月と長期の治療期間が必要であった[5]（**表7-5**）。

手術時に尺側側副靱帯を剖出する際の前腕屈筋-回内筋腱に対するアプローチに関して、古くは筋腱の切離が行われた。近年、Azarら[4]は屈筋-回内筋腱を前方にレトラクトする術式を、Smithら[11]は屈筋-回内筋腱を筋線維方向に切開し靱帯を剖出するmuscle splittingを考案した。これらは、術後の筋機能低下を抑えられるため予後良好であると報告された。術後神経症状の発生率は、近年では多くの報告で10%未満である[4,6～10]。尺骨神経の移行の是非に関しては、諸

表7-6 尺骨神経障害の重症度（文献12より引用）

軽度	感覚異常（±） 筋力低下（±），協調性低下（±） 肘屈曲テスト（±），Tinel徴候（±）
中等度	感覚異常（±） つまみ/握り筋力低下（+） 肘屈曲テスト（±），Tinel徴候（±）， 対向つまみ動作異常（±）
重度	感覚異常（+）：振動覚/2点識別覚鈍麻 つまみ/握り筋力低下（+） 筋萎縮（+） 肘屈曲テスト（+），Tinel徴候（+）， 対向つまみ動作異常（+）

表7-7 尺骨神経障害に対する治療法別の症状改善率（単位：%）（文献12より引用）

治療方法	重症度		
	軽度	中等度	重度
保存療法	58	0	0
除圧術	94	33	30
内側上顆切除術	100	50	30
皮下移動術	94	71	53
筋層下移動術	100	77	14

家によって意見が分かれる。術前に尺骨神経症状を呈している場合に適応とする報告[6,8]や，尺骨神経の移動を行わなくても症状が改善すると報告[10]しているものがみられる。

以上より，現在では尺側側副靱帯損傷に対する手術療法は再建術が主流であるといえる。術中の前腕屈筋-回内筋群と尺骨神経に対する処置に関しては議論が続いている。

C. 尺骨神経障害に対する治療

1. 保存療法

Dellon[12]は，1898～1988年に公表された尺骨神経障害に対する治療成績をレビューし，保存療法による症状改善の割合を調査した。その結果，尺骨神経症状が軽度の場合は58%で症状改善がみられたが，中等度，重度の場合は症状改善がみられなかった。複数の研究結果に基づき，治療前の重症度（表7-6）が保存療法適用の指標になることが示唆された。しかし，高い運動強度が要求される投てき選手を対象とした報告は少数であり，投てき選手に対する保存療法の治療成績に関しては十分な理解が得られていない。

2. 手術療法

尺骨神経障害に対する手術療法は，除圧術，内側上顆切除術，皮下前方移動術，筋層下前方移動術など現在まで多くの術式が考案されている。Dellon[12]は術後の症状改善について，術前の神経症状が軽度の場合は術式によらず90%以上，中等度では皮下移動術および筋層下移動術で70%以上，重度では皮下移動術のみ50%以上であったことを報告した（表7-7）。皮下前方移動術は術後の症状改善率が高く，前腕屈筋-回内筋腱への侵襲がないため，投てき選手において早期の競技復帰が望めるという長所がある[13]。先行研究[14～16]でも，皮下前方移動術を行った投てき選手において83～100%と高い競技復帰率が報告されてきた。Del Pizzoら[17]は筋層下移動術を行った野球選手15人中9人（60%）が受傷前以上のレベルへの競技復帰を果たしたと報告した。そして，前腕屈筋腱の深層に神経を移動することで直達外力からの外傷を防げ，神経の安定性も高いと考察した。以上より，尺骨神経障害の治療は症状が軽度の場合，保存療法による改善が期待できるが，症状が中等度以上であれば保存療法による完治は難しく手術療法の適応となる。また，皮下前方移動術は，症状改善率および投てき競技への復帰率が高いことが示された。

7. 野球肘の手術療法と保存療法

表 7-8 内側上顆炎に対する治療成績の報告のまとめ

著者	例数	平均年齢（歳）	術前尺骨神経症状の有無（%）	野球選手の数（人）	術式	術後評価	症状改善/競技復帰までの期間	競技復帰率（%）
Vangsness ら[20]	35肘	43 (21〜65)	23	7（プロ6,大学1）	筋腱切離→デブリドマン→再縫合	Nirschl and Pettnone 基準 優と良 97%	競技復帰まで 8.5ヵ月 (3〜24)	100
Wittenberg ら[19]	78肘（内側上顆炎17肘）	47.5 (25〜67)	—	—	Wilhellm 法	Roles and Maudsley 評価法 優と良 82%	—	—
Gabel ら[18]	30肘 (26人)	43 (17〜65)	53	—	筋腱切離→デブリドマン→再縫合：13肘 再縫合なし：4肘 内側上顆切除：2肘	改変 Nirschl and Pettnone 基準 優と良 87%	症状改善まで6ヵ月以内 65%, 7〜30ヵ月 35%	—

—：記載なし。

D. 内側上顆炎に対する治療

内側上顆炎の治療は，野球肘に関するレビューにおいて，重症度にかかわらず保存療法が第一選択であり，症例の多くは保存療法で完治すると記載されている．しかし，現在までその根拠となる研究は報告されておらず，保存療法の治療成績は不明である．Gabel ら[18]，Wittenberg ら[19]，Vangsness ら[20] は保存療法で難治を示す症例に対し手術を行い，良好な成績を報告した（**表 7-8**）．評価スケールは Nirschl and Pettnone 評価法あるいは Roles and Maudsley 評価法が用いられ，受傷前の活動への完全復帰が可能であり，疼痛がない（優）あるいは高い強度の活動時のみ軽度の疼痛がある場合（良）を症状改善とした．さらに，Gabel ら[18] は術前に中等度あるいは重度の尺骨神経障害を呈した患者においては予後不良であったと報告した．

E. 離断性骨軟骨炎に対する治療

離断性骨軟骨炎は，従来より画像所見による病変部の評価をもとに治療方法が選択されてきた．

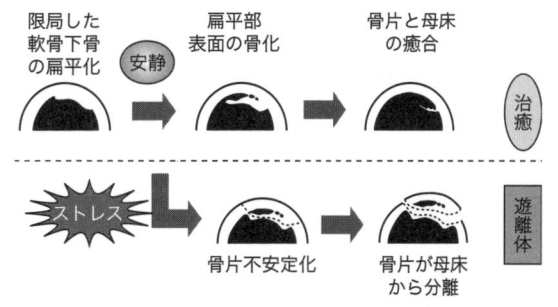

図 7-1 離断性骨軟骨炎の治癒過程（文献 21 より引用）
上腕骨小頭の扁平化がみられる初期病変では，病変部に機械的ストレスが加わらなければ扁平部を覆うように骨化が出現し治癒にいたる．

近年，軟骨も描出できる MRI や超音波診断装置の普及により病変部の状態やその治癒過程を詳細に把握することが可能となった[21〜23]．離断性骨軟骨炎の治療成績に関しては，主に病変部の構造的修復程度とスポーツ競技への復帰から判断されている．

1. 保存療法

Takahara ら[21] は超音波像から離断性骨軟骨炎の初期の病変と病態の自然経過を調査した．上腕骨小頭の扁平化がみられる初期では，病変部に投

表7-9　離断性骨軟骨炎に対する保存療法の治療成績の報告のまとめ

著者	例数(人)	年齢(歳)	スポーツ	画像診断	病態分類*	治癒率	競技復帰率	復帰期間
Takaharaら[26]	24	13.3(11〜16)	野球23 ソフトボール1	X線 超音波	初期病変17 進行期病変7	記載なし	初期病変53%(9/17) 進行期病変56%(4/7)	記載なし
Miharaら[24]	39	12.8(10〜18)	野球39	X線	初期病変 I：26, IIA：4 進行期病変 IIB：4, III：5	I：24/26（92%） IIA：2/4（50%） IIB：2/4（50%） III：0/5（0%）	I：23/26（88%） IIA：2/4（50%） IIB：1/4（25%） III：1/5（20%）	記載なし
Matsuuraら[25]	101	12.8(9〜17)	野球101	X線	I：84 II：17	I：76/84（90%） II：9/17（53%）	I：65/84（76%） II：9/17（53%）	平均13ヵ月(4〜44ヵ月)

* 諸家の病態分類
Takaharaら：初期病変－透亮型，転位のない分離型，進行期病変－転位した分離型。
Miharaら：初期病変 I－透亮型，IIA－亀裂または透明巣により分けられない小骨片，進行期病変 IIB－透明巣により分けられる小骨片，III－遊離体。
Matsuuraら：I－透明巣，II－転位のない骨片。

表7-10　骨端線閉鎖前後における離断性骨軟骨炎の骨化開始時期と治癒率（文献24より引用）

	骨化開始時期	治癒率
骨端線閉鎖前（17例）	平均4.2ヵ月(2〜6ヵ月)	94%(16/17)
骨端線閉鎖後（22例）	平均8.1ヵ月(4〜26ヵ月)	50%(11/22)

球などによる機械的ストレスが加わらなければ扁平部を覆うように骨化が出現し治癒にいたると報告した（図7-1）。さらにMiharaら[24]，Matsuuraら[25]によって，初期病変は保存療法により高い治癒率と競技復帰率が期待できることが示された（表7-9）。

Miharaら[24]はX線上で転位のない骨片がみられる場合，骨片の癒合率が50%程度となること，骨片が転位している場合，あるいは遊離骨片がみられるとき，安静による病変の治癒および症状改善率は非常に低いことを報告した。さらに，彼らは保存療法による自然治癒に影響を及ぼす因子として骨端線閉鎖前後での骨化時期および治癒率の違いについて調査し，骨端線閉鎖前のほうが扁平部表面の骨化が早く出現し治癒率も高いと報告した[24]（表7-10）。

2．手術療法

離断性骨軟骨炎に対する手術療法は，不安定骨片や遊離体が存在する場合に選択される。術式は諸家によりさまざまであり，Takaharaら[31]は安定骨片には骨片固定術および骨移植を，不安定骨片や遊離骨片がある場合は骨片の摘出および病変部の再構築を推奨した。またTakedaら[28]は不安定病変に対しても骨片固定術を，Baumgartenら[32]は軟骨変性が存在する病変初期から病変部の再構築を推奨した。不安定病期である離断性骨軟骨炎の野球選手に対する術後に，病変部の治癒と競技復帰率を調査した報告では，術式にかかわらず良好な予後が報告された[27〜30]（表7-11）。

F．内側上顆剝離骨折に対する治療

内側上顆剝離骨折の治療についてのレビューにおいて，骨片の偏位量が治療方針に関係すると記載されている。しかし，その根拠とされている研究の多くは脱臼に伴う外傷を対象としたもので，投球動作などのオーバーユースによって受傷した患者を対象とした研究はみられない。このため，投球動作によって生じた内側上顆剝離骨折に対す

表7-11 離断性骨軟骨炎に対する手術療法の治療成績の報告のまとめ

著者	例数(人)	年齢(歳)	画像診断	病態分類	術式	治癒率(％)	競技復帰率(％)	復帰期間(月)
Haradaら[27]	4	14 (14～15)	X線 超音波 MRI	不安定骨片2 転位骨片2	骨片固定術(＋骨移植)	100	75	5～7
Takedaら[28]	11	14.7 (12～16)	X線	不安定骨片11	骨片固定術(＋骨移植)	100	91	平均9 (7～14)
Shimadaら[29]	10	14.3 (12～17)	X線	不安定骨片5 遊離体5	骨片掻爬＋骨軟骨釘移植術	100	80	6～9
Iwasakiら[30]	8	14 (11～16)	X線 MRI	不安定病変8	モザイクプラスティ	88	75	10～12

表7-12 内側上顆剥離骨折に対する治療成績の報告のまとめ

著者	例数(人)	年齢(歳)	経過観察期間(年)	骨片偏位量(mm)	治療	骨癒合率(％)	骨癒合期間(週)	評価尺度	術後後遺症
Wilsonら[35]	35	5～17	平均4 (1～12)	―	3w固定34 固定術1	保存97 手術0	―	なし	伸展制限11％
Hinesら[33]	31	平均12.7 (7～16)	平均4.1	平均12.9 (6～21)	固定術31	84	―	関節可動域制限 疼痛 変形 活動制限 知覚異常 筋力低下	尺骨神経障害12％ 外反変形6％ 関節不安定性3％
Leeら[34]	16	平均13.7 (7.5～17.4)	平均2.3 (1.6～2.9)	平均12.0 (6～20)	固定術16	100	平均7 (4～9)	elbow assessment score	関節不安定性6％

―：記載なし。

る治療成績は不明である。

脱臼を伴わない内側上顆剥離骨折を対象とした過去の報告[33～35]では，3週間の固定あるいは骨片固定術において高い骨癒合率が示されている。しかし，治癒と症状との関連を調査した報告はなく，評価スケールもさまざまであるため，総合的な治療成績に関して統一した見解は得られていない（**表7-12**）。投球動作が受傷機転である患者を対象とし，統一した評価尺度での研究が待たれる。

G. 肘頭インピンジメントに対する治療

肘頭のインピンジメントに対しては，まず保存療法が選択され，骨棘や遊離体の存在により難治する場合に手術療法が適応される。保存療法の治療成績に関する報告はなく，その限界や適応の詳細は不明である。

手術療法としては，野球選手に対して骨棘切除を行い，競技復帰の可否を調査したものが散見される。Wilsonら[36]は，肘頭後内側の骨棘形成を認める投手5人に対し骨棘の切除を行い，平均11週で全員受傷前の競技レベルへ復帰し，1シーズン以上プレー可能であったと報告した。Andrewsら[3]はプロ野球選手34人に対し関節鏡視下で骨棘を切除し，68％が復帰後1シーズン以上プレー可能であったと報告した。Reddyら[37]も同様に，野球選手に対して関節鏡視下にて施術し，85％（n＝55）が競技復帰可能であったと

報告した。いずれも高い競技復帰率を示している。

H. まとめ

1. すでに真実として承認されていること

- 尺側側副靱帯損傷の手術療法は，再建術において予後良好である。
- 尺骨神経障害は重症度によって治療法が選択される。また，皮下前方移動術は症状改善率および投てき競技への復帰率が高い。
- 内側上顆炎は難治例に対する手術療法において予後良好である。
- 離断性骨軟骨炎は，受傷初期では安静により高い治癒率が報告されており，不安定病変では手術適応となる。病変部の詳細な描出にはMRIや超音波診断装置が使われる。
- 肘頭インピンジメントは骨棘あるいは遊離骨片が存在する場合，手術適応となっており，予後良好である。

2. 議論の余地はあるが，今後の重要な研究テーマとなること

- 尺側側副靱帯損傷，尺骨神経障害，内側上顆炎，内側上顆剥離骨折，肘頭インピンジメントの保存療法における治療成績の調査。
- 尺側側副靱帯再建術における前腕屈筋-回内筋群および尺骨神経に対する処置と競技復帰率および術後合併症との関連について。

I. 今後の課題

野球肘の治療成績を調査した研究のうち，離断性骨軟骨炎以外の疾患については，投てき選手に対する保存療法の治療成績を報告したものがほとんどなく，保存療法の限界と手術適応条件が明確でないのが現状である。その原因として，保存療法における症状の変化やそれに関連する身体機能の変化を評価する統一した方法が確立されていないことがあげられる。よって，今後は野球肘の治療成績を統合解釈するための評価スケールの確立が望まれる。

また，野球肘の治療に関する報告の多くは疫学的研究デザインであり，具体的な治療が投球時の症状を変化させうるかどうかの介入研究は，これまでのところ報告されていない。投球時にかかる肘関節へのストレスを増大する要因はさまざまであると考えられ，近年のバイオメカニクス研究の発展により今後その解明が進んでいくことが期待される。

文献

1. Conway JE, Jobe FW, Glousman RE, Pink M. Medial instability of the elbow in throwing athletes. Treatment by repair or reconstruction of the ulnar collateral ligament. *J Bone Joint Surg Am*. 1992; 74: 67-83.
2. Rettig AC, Sherrill C, Snead DS, Mendler JC, Mieling P. Nonoperative treatment of ulnar collateral ligament injuries in throwing athletes. *Am J Sports Med*. 2001; 29: 15-7.
3. Andrews JR, Timmerman LA. Outcome of elbow surgery in professional baseball players. *Am J Sports Med*. 1995; 23: 407-13.
4. Azar FM, Andrews JR, Wilk KE, Groh D. Operative treatment of ulnar collateral ligament injuries of the elbow in athletes. *Am J Sports Med*. 2000; 28: 16-23.
5. Vitale MA, Ahmad CS. The outcome of elbow ulnar collateral ligament reconstruction in overhead athletes: a systematic review. *Am J Sports Med*. 2008; 36: 1193-205.
6. Dodson CC, Thomas A, Dines JS, Nho SJ, Williams RJ 3rd, Altchek DW. Medial ulnar collateral ligament reconstruction of the elbow in throwing athletes. *Am J Sports Med*. 2006; 34: 1926-32.
7. Koh JL, Schafer MF, Keuter G, Hsu JE. Ulnar collateral ligament reconstruction in elite throwing athletes. *Arthroscopy*. 2006; 22: 1187-91.
8. Paletta GA Jr, Wright RW. The modified docking procedure for elbow ulnar collateral ligament reconstruction: 2-year follow-up in elite throwers. *Am J Sports Med*. 2006; 34: 1594-8.
9. Petty DH, Andrews JR, Fleisig GS, Cain EL. Ulnar collateral ligament reconstruction in high school baseball players: clinical results and injury risk factors. *Am J Sports Med*. 2004; 32: 1158-64.
10. Thompson WH, Jobe FW, Yocum LA, Pink MM. Ulnar collateral ligament reconstruction in athletes: muscle-splitting approach without transposition of the ulnar nerve. *J Shoulder Elbow Surg*. 2001; 10: 152-7.

11. Smith GR, Altchek DW, Pagnani MJ, Keeley JR. A muscle-splitting approach to the ulnar collateral ligament of the elbow. Neuroanatomy and operative technique. *Am J Sports Med*. 1996; 24: 575-80.
12. Dellon AL. Review of treatment results for ulnar nerve entrapment at the elbow. *J Hand Surg [Am]*. 1989; 14: 688-700.
13. Keefe DT, Lintner DM. Nerve injuries in the throwing elbow. *Clin Sports Med*. 2004; 23: 723-42, xi.
14. Aoki M, Kanaya K, Aiki H, Wada T, Yamashita T, Ogiwara N. Cubital tunnel syndrome in adolescent baseball players: a report of six cases with 3- to 5-year follow-up. *Arthroscopy*. 2005; 21: 758.e1-e6.
15. Eaton RG, Crowe JF, Parkes JC 3rd. Anterior transposition of the ulnar nerve using a non-compressing fasciodermal sling. *J Bone Joint Surg Am*. 1980; 62: 820-5.
16. Rettig AC, Ebben JR. Anterior subcutaneous transfer of the ulnar nerve in the athlete. *Am J Sports Med*. 1993; 21: 836-9; discussion 839-40.
17. Del Pizzo W, Jobe FW, Norwood L. Ulnar nerve entrapment syndrome in baseball players. *Am J Sports Med*. 1977; 5: 182-5.
18. Gabel GT, Morrey BF. Operative treatment of medial epicondylitis. Influence of concomitant ulnar neuropathy at the elbow. *J Bone Joint Surg Am*. 1995; 77: 1065-9.
19. Wittenberg RH, Schaal S, Muhr G. Surgical treatment of persistent elbow epicondylitis. *Clin Orthop Relat Res*. 1992; (278): 73-80.
20. Vangsness CT Jr, Jobe FW. Surgical treatment of medial epicondylitis. Results in 35 elbows. *J Bone Joint Surg Br*. 1991; 73: 409-11.
21. Takahara M, Ogino T, Takagi M, Tsuchida H, Orui H, Nambu T. Natural progression of osteochondritis dissecans of the humeral capitellum: initial observations. *Radiology*. 2000; 216: 207-12.
22. Takahara M, Ogino T, Tsuchida H, Takagi M, Kashiwa H, Nambu T. Sonographic assessment of osteochondritis dissecans of the humeral capitellum. *AJR Am J Roentgenol*. 2000; 174: 411-5.
23. Takahara M, Shundo M, Kondo M, Suzuki K, Nambu T, Ogino T. Early detection of osteochondritis dissecans of the capitellum in young baseball players. Report of three cases. *J Bone Joint Surg Am*. 1998; 80: 892-7.
24. Mihara K, Tsutsui H, Nishinaka N, Yamaguchi K. Nonoperative treatment for osteochondritis dissecans of the capitellum. *Am J Sports Med*. 2009; 37: 298-304.
25. Matsuura T, Kashiwaguchi S, Iwase T, Takeda Y, Yasui N. Conservative treatment for osteochondrosis of the humeral capitellum. *Am J Sports Med*. 2008; 36: 868-72.
26. Takahara M, Ogino T, Fukushima S, Tsuchida H, Kaneda K. Nonoperative treatment of osteochondritis dissecans of the humeral capitellum. *Am J Sports Med*. 1999; 27: 728-32.
27. Harada M, Ogino T, Takahara M, Ishigaki D, Kashiwa H, Kanauchi Y. Fragment fixation with a bone graft and dynamic staples for osteochondritis dissecans of the humeral capitellum. *J Shoulder Elbow Surg*. 2002; 11: 368-72.
28. Takeda H, Watarai K, Matsushita T, Saito T, Terashima Y. A surgical treatment for unstable osteochondritis dissecans lesions of the humeral capitellum in adolescent baseball players. *Am J Sports Med*. 2002; 30: 713-7.
29. Shimada K, Yoshida T, Nakata K, Hamada M, Akita S. Reconstruction with an osteochondral autograft for advanced osteochondritis dissecans of the elbow. *Clin Orthop Relat Res*. 2005; (435): 140-7.
30. Iwasaki N, Kato H, Ishikawa J, Saitoh S, Minami A. Autologous osteochondral mosaicplasty for capitellar osteochondritis dissecans in teenaged patients. *Am J Sports Med*. 2006; 34: 1233-9.
31. Takahara M, Mura N, Sasaki J, Harada M, Ogino T. Classification, treatment, and outcome of osteochondritis dissecans of the humeral capitellum. *J Bone Joint Surg Am*. 2007; 89: 1205-14.
32. Baumgarten TE, Andrews JR, Satterwhite YE. The arthroscopic classification and treatment of osteochondritis dissecans of the capitellum. *Am J Sports Med*. 1998; 26: 520-3.
33. Hines RF, Herndon WA, Evans JP. Operative treatment of medial epicondyle fractures in children. *Clin Orthop Relat Res*. 1987; (223): 170-4.
34. Lee HH, Shen HC, Chang JH, Lee CH, Wu SS. Operative treatment of displaced medial epicondyle fractures in children and adolescents. *J Shoulder Elbow Surg*. 2005; 14: 178-85.
35. Wilson JN. The treatment of fractures of the medial epicondyle of the humerus. *J Bone Joint Surg Br*. 1960; 42: 778-81.
36. Wilson FD, Andrews JR, Blackburn TA, McCluskey G. Valgus extension overload in the pitching elbow. *Am J Sports Med*. 1983; 11: 83-8.
37. Reddy AS, Kvitne RS, Yocum LA, Elattrache NS, Glousman RE, Jobe FW. Arthroscopy of the elbow: a long-term clinical review. *Arthroscopy*. 2000; 16: 588-94.

〔河合　誠〕

第3章
テニス肘

　テニスでは，サーブからフォアハンドやバックハンドといったさまざまな打ち方がある。おのおのの打ち方によって身体各関節の動き・運動・バイオメカニクスが異なるため，さまざまな部位・組織に外傷・障害を生じる。このことから"テニス肘"の病態や症状は複雑であり，一般的には疼痛の発生部位から内側型・外側型・後方型に分類されることが多いが，これらを併せて広義の"テニス肘"と捉えられている。一方で，疼痛部位に着目した分類における発症率では，上腕骨外側上顆炎を起因とする"外側型"が最も多く，これが狭義の"テニス肘"と位置づけられる。本章では，このような疾患分類を踏まえ，文献レビューを行った。

　「テニス動作のバイオメカニクス」では，サーブからフォアハンドやバックハンド，さらにはシングルハンドとダブルハンドといったさまざまなスイングの特性について，肘関節を含む上肢および体幹の動きを中心にまとめた。特に，動作中の関節運動や筋活動について詳細に述べ，筋機能について整理した。また"運動連鎖"をキーワードとして投動作との相違についても理解しやすいように心がけた。

　「テニス肘の疫学・病態・診断・評価」では，広義の"テニス肘"に含まれる多くの病態や分類について整理した。診断・評価では，狭義の"テニス肘"である外側型テニス肘を中心に評価方法や徒手的検査法についてまとめた。特に徒手的検査法に関する科学的根拠は乏しく，その感受性と特異性について述べた。

　「テニス肘の手術療法と保存療法」では，外側型テニス肘を中心として組織学的病態から手術療法の成績について整理した。治療方針の第一選択となる保存療法について，薬物療法から装具療法，理学療法にわたって科学的根拠について解説した。運動療法では，遠心性運動が疼痛軽減に及ぼす効果が示唆されている点は，今後の運動療法の発展に寄与する可能性があるように思われる。

　"テニス肘"とひと口にいっても，その病態から発症メカニズムは多岐にわたっており，それぞれの病態・分類に応じた評価・検査および治療法の必要性を再認識することができた。今後はバイオメカニクス的観点から，"テニス肘"の予防・再発防止に向け，動作解析と臨床所見との関連性を踏まえて検証していくとともに，科学的根拠に基づく効果判定を確立していくことも必要であろう。

第3章編集担当：横山　茂樹

8. テニス動作のバイオメカニクス

はじめに

スポーツ障害の患者に接するうえで，そのスポーツ動作の競技特性を正しく理解することが重要で，どの動きが障害を引き起こすきっかけとなっているかを正確に把握する必要がある。そのためには，スポーツ動作をいくつかの場面に分けて細かく分析していく必要がある。本項では，テニス動作で代表的なサーブ，フォアハンドストローク，バックハンドストロークに関するバイオメカニクス研究を中心にまとめる。

A. 文献検索方法

文献検索はPubMedを使用し，「tennis」「biomechanics」「serve」「stroke」「backhand」「forehand」などのキーワードを組み合わせて行った。

B. サーブのバイオメカニクス

1. サーブ動作のフェイズ（相）

Morrisら[1]は，サーブ動作をワインドアップ，コッキング（早期・後期），アクセレレーション（加速期），フォロースルー（早期・後期）のフェイズ（相）に分類した（図8-1）。ワインドアップはラケットの動きからはじまりボールがラケットを持たない手から離れるまで。コッキングはボールを離してからサーブにおける肩の最大外旋のポイントまでとし，そのうちコッキング早期はコッキングの最初の75％，コッキング後期はその後の25％とした。加速期は腕が前方に動きはじめてからボールコンタクトするまでを指す。フォロースルーはボールコンタクトからストロークの完成までとし，そのうちフォロースルー早期はフォロースルーの最初の25％で，フォロースルー後期はその後の75％とした。

2. サーブ動作のキネマティクス

ワインドアップは，コッキング期以降の下肢から体幹，上肢への運動連鎖を考えると，これらの運動を阻害せず，安定した肢位をとることが求められる。しかしながら，その動作自体が直接的に痛みを引き起こすことがほとんどないため，積極的に分析されていない。

コッキング期中の肩関節最大外旋時とボールインパクト時の各関節角度を表8-1に示す[2]。肩最大外旋時の肩関節外旋172±12°，外転101±13°，水平内転7±9°，肘関節屈曲104±12°

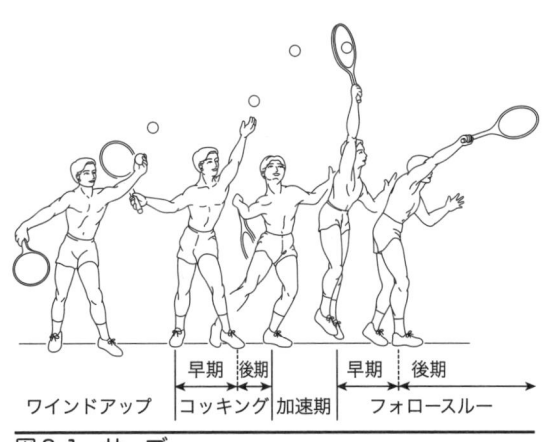

図8-1 サーブ
サーブ動作のワインドアップ，コッキング，アクセレレーション（加速期），フォロースルーの各相。

第3章 テニス肘

表8-1 肩関節最大外旋時とボールインパクト時の各関節角度（平均±SD）（文献2より引用）

肩関節最大外旋時	
肩関節外旋（°）	172±12
肩関節外転（°）	101±13
肩関節水平内転（°）	7±9
肘関節屈曲（°）	104±12
手関節伸展（°）	66±19
水平面に対する体幹の前屈（°）	66±9
膝関節屈曲（°）	13±8
ボールインパクト時	
肩関節外転（°）	101±11
肩関節水平内転（°）	5±10
肘関節屈曲（°）	20±4
手関節伸展（°）	15±8
水平面に対する体幹の前屈（°）	48±7
膝関節屈曲（°）	24±14

表8-2 サーブ動作時の各関節の最大角速度（文献2より引用）

膝関節伸展（°/秒）	800±400
体幹角度減少（°/秒）	280±40
股関節回旋（°/秒）	440±90
上肢回旋（°/秒）	870±120
肩関節内旋（°/秒）** 　　男子	2,420±590
女子	1,370±730
肘関節伸展（°/秒）	1,510±310
手関節屈曲（°/秒）	1,950±510

** $p<0.01$ 男女間の有意差。

であった。ボールインパクト時の各関節角度は，肩関節外転101±11°，水平内転5±10°，肘屈曲20±4°であった[2]。サーブ動作時の各関節の最大角速度を表8-2に示す[2]。一方Eliottら[3〜6]は，肩関節内旋と手関節屈曲がラケットのヘッドスピードの大部分を生み出すと報告した。

加速期における各関節の最大角速度になるタイミングを図8-2に示す[2]。投球動作の運動連鎖は下肢→骨盤→体幹→上肢と続くとされているが，テニスのサーブ動作では，体幹→骨盤→肘→手→肩と異なる運動連鎖が観察された[2]。

3．サーブ動作における筋活動

Morrisら[1]は，コッキング後期から加速期にかけて，短橈側手根伸筋，総指伸筋，長橈側手根伸筋，橈側手根屈筋の高い筋活動が認められたと報告した（図8-3）。

4．フォームによる影響

フォームの違いと上肢へのストレスに関して，Eliottら[3]は膝関節の屈曲角度の小さい群と大きい群の肩関節内旋および肘関節内反トルクを測定した。その結果，肩内旋トルクはそれぞれ63.9 Nm，55.6 Nm，肘内反トルクはそれぞれ73.9 Nm，62.7 Nmであった。これにより，膝関節屈曲角の減少により肩・肘関節へのストレスが増大する可能性が示唆された。さらに，肩の回旋可動域すべてを使ったフルバックスイングでのサーブと狭い回旋可動域でのバックスイングでのサーブの違いも検証したが，肩内旋・肘内反トルクに差はなかった。

C. フォアハンドストロークのバイオメカニクス

1．フォアハンドストロークのフェイズ（相）

フォアハンドストロークのフェイズ（相）はプレパレーション（準備期），アクセレレーション（加速期），フォロースルー（早期・後期）に分類される[1]。準備期はバックスイングの最初の動きからラケットの前進のはじまりまで，加速期はラケットの前進からはじまりボールコンタクトまで，フォロースルーはボールコンタクトからストロークの完成までで，フォロースルー早期はフォロースルーの最初の25％で，フォロースルー後期はその後の75％である（図8-4）。

8. テニス動作のバイオメカニクス

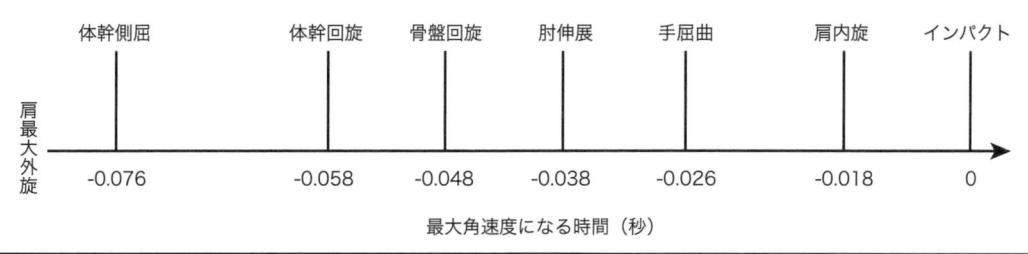

図8-2 加速期における各関節の最大角速度になるタイミング（インパクトの瞬間を0とする）（文献2より作図）

%MVC	ワインドアップ	コッキング早期	コッキング後期	加速期	フォロースルー早期	フォロースルー後期
高 >40%			短橈側手根伸筋 総指伸筋 長橈側手根伸筋	短橈側手根伸筋 橈側手根屈筋 三頭筋 回内筋		
中 25〜40%		短橈側手根伸筋 総指伸筋	三頭筋	長橈側手根伸筋 総指伸筋		二頭筋
低 <25%	すべての筋	その他のすべての筋	上腕筋 回内筋 二頭筋 橈側手根屈筋	上腕筋 二頭筋	すべての筋	その他のすべての筋

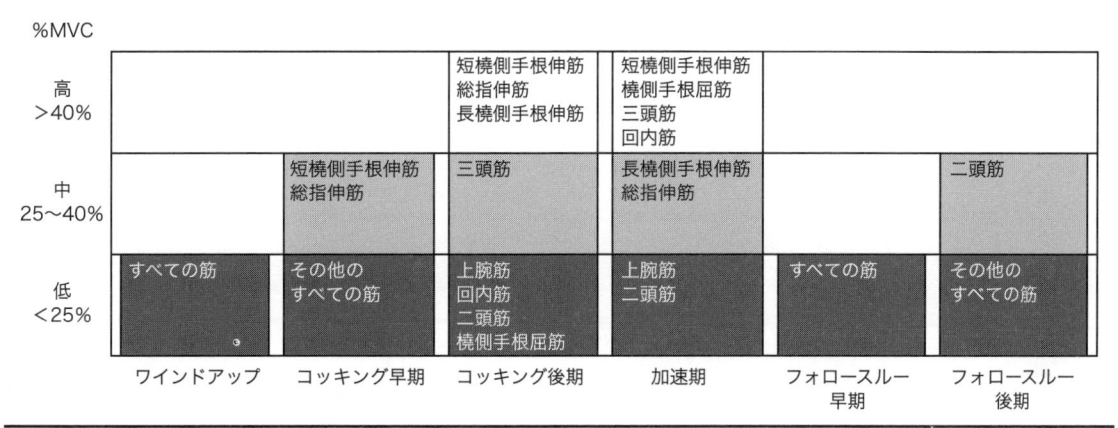

図8-3 サーブ動作中における筋活動（文献1より引用）
コッキング後期から加速期にかけて、短橈側手根伸筋、総指伸筋、長橈側手根伸筋、橈側手根屈筋の高い筋活動が認められる。

2. フォアハンドストロークのキネマティクス

Takahashiら[7]は、フォアハンドでのフラットおよびトップスピン、トップスピンロブのバックスイング時、インパクト時の各関節角度と角速度を算出した（**表8-3、表8-4**）。バックスイングおよびインパクトでの各関節角度に関して、フォアハンドでの打球による違いはみられなかった。最大角速度に関しては、フラットとトップスピン・トップスピンロブで違いがみられた。フラットでは肩内旋が最も大きく、次いで手関節掌屈が続いた。一方、トップスピン・トップスピンロブでは手関節掌屈が最も大きく、次いで肩内旋が続いた。各関節の最大角速度のピークのタイミングは、それぞれ異なる運動連鎖を示した。フラットでは肩水平内転→前腕回内→肘屈曲→肩内旋→手関節掌屈→手関節尺屈の順に、トップスピンでは肩水平内転→前腕回内→肩内旋→手関節掌屈・尺屈→肘屈曲の順に、ロブでは肩水平内転→手関節尺屈→手関節掌屈→肩内旋→前腕回内→肘屈曲の順であった。

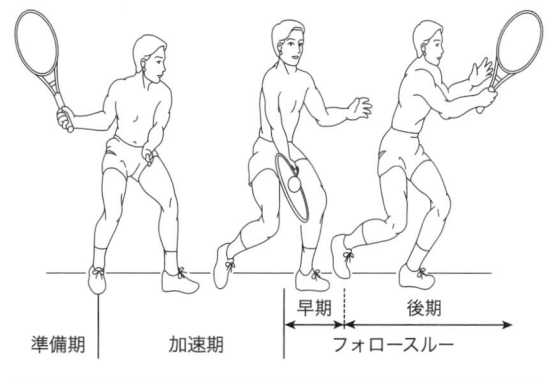

図8-4 フォアハンドストローク
フォアハンドストロークのプレパレーション（準備期）、アクセレレーション（加速期）、フォロースルーの各相。

表8-3 フラット，トップスピン，バックスピンにおける各関節角度（文献7より引用）

	フラット (n＝6)		トップスピン (n＝6)		ロブ (n＝6)	
	バックスイング	インパクト	バックスイング	インパクト	バックスイング	インパクト
ベースライン―肩	-114°	1.5°	-120°	0°	-95°	-17°
体幹―上肢	-26°	14°	-35°	9°	-30°	6°
肩関節水平内転/外転（－は水平内転）	-0.5°	42°	-3°	41°	-4°	43°
肩90°外転位での外旋	30°	87°	34°	82°	35°	82°
肘関節屈曲	84°	83°	90°	80°	82°	83°
手関節掌屈/背屈（－は背屈）	-40°	-50°	-37°	-48°	-39°	-42°
手関節橈屈/尺屈（－は尺屈）	-25°	-27°	-22°	-26°	-20°	-35°

表8-4 フラット，トップスピン，バックスピンにおける各関節角度（単位：°）（文献7より引用）

	フラット (n＝6)		トップスピン (n＝6)		ロブ (n＝6)	
	ピーク	インパクト	ピーク	インパクト	ピーク	インパクト
肩水平内転	504.2 ± 120.3	335.3 ± 137.5	527.2 ± 154.7	338.1 ± 154.7	395.4 ± 171.9	298.0 ± 108.9
肩内旋	951.2 ± 297.9	876.7 ± 292.2	813.7 ± 217.7	716.3 ± 229.2	630.3 ± 320.9	595.9 ± 303.7
手関節掌屈	590.2 ± 899.6	292.2 ± 435.5	1,243.4 ± 647.5	636.0 ± 475.6	1,128.8 ± 767.8	601.7 ± 355.3
手関節尺屈	504.2 ± 825.1	395.4 ± 183.4	464.1 ± 922.5	326.6 ± 63.0	624.6 ± 945.5	336.7 ± 280.8

3．フォアハンドストローク中の筋活動

フォアハンドストローク中の筋活動を図8-5に示す。準備期では長橈側手根伸筋は比較的高い筋活動（25～40％MVC）を示したが，それ以外のすべての筋は低い筋活動（25％MVC）であった。加速期では上腕二頭筋，長橈側手根伸筋，短橈側手根伸筋，総指伸筋がより高い筋活動（40％MVC）を示し，フォロースルー早期では短橈側手根伸筋，総指伸筋，上腕二頭筋の筋活動が継続していた。フォロースルー後期では，すべての筋の筋活動（25％MVC）が低かったが，例外として長橈側手根伸筋と短橈側手根伸筋は比較的高い筋活動がみられた[1]。

4．スタンスの違いによる影響

Bahamondeら[8]は，プロと中級選手における，オープンスタンスとスクウェアスタンスによるキネマティクスの違いを比較した（表8-5）。その結果，プロと中級の選手のインパクトの速度に関して，いずれもオープンスタンス（21.2と15.8 m/s）は，スクウェアスタンス（22.3と16.4 m/s）よりも速度が遅かった。結果として生じる関節トルクの最も大きな構成要素は，肩水平屈曲筋によって発生し，肘内反トルク，肩の内旋トルクが続いた。スタンスで比較すると，肩内旋トルクおよび手関節屈曲トルクがスクウェアスタンスにおいて有意に大きい結果を示した。また，手関節屈曲トルクは，プロと比較して中級選手のほうが有意に大きかった。肘内反トルクに関しては，スクウェアスタンスにおいて大きい傾向を示したが有意な差はみられなかった[8]。

D．バックハンドストローク

1．バックハンドストロークのフェイズ（相）

バックハンドストロークの相は4段階[1]もしく

8. テニス動作のバイオメカニクス

	準備期	加速期	フォロースルー早期	フォロースルー後期
高 >40% (%MVC)		二頭筋 長橈側手根伸筋 短橈側手根伸筋 総指伸筋 上腕筋	二頭筋 短橈側手根伸筋	
中 25〜40%	長橈側手根伸筋	三頭筋 橈側手根屈筋	総指伸筋 橈側手根屈筋	長橈側手根伸筋 短橈側手根伸筋
低 <25%	その他の すべての筋	回内筋	長橈側手根伸筋 回内筋 三頭筋 二頭筋	その他の すべての筋

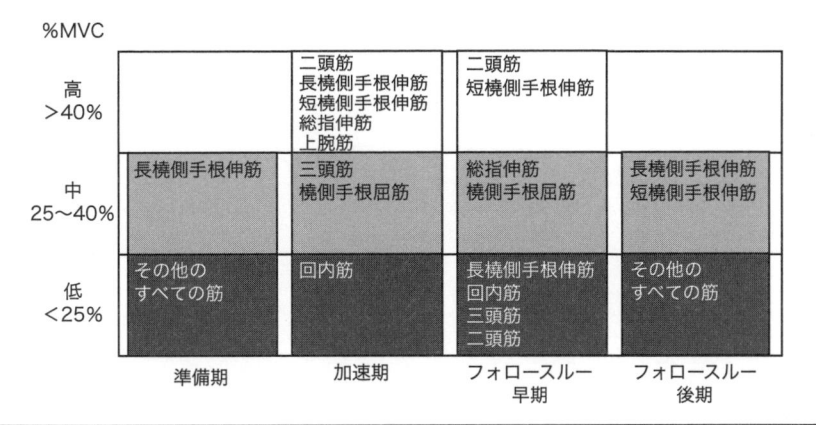

図8-5 フォアハンドストローク中の筋活動（文献1より引用）

表8-5 プロ選手と中級選手におけるオープンスタンスとスクウェアスタンスでの各関節トルク（単位：N・m）（文献8より引用）

		プロ選手		中級選手	
		オープン	スクウェア	オープン	スクウェア
肩関節	内旋・外旋	11 ± 27	52 ± 18	24 ± 11	34 ± 16
	水平伸展・屈曲	58 ± 72	91 ± 30	36 ± 12	46 ± 23
	内転・外転	-46 ± 91	-26 ± 41	-5 ± 38	-5 ± 40
肘関節	回内・回外	-6 ± 12	3 ± 11	1 ± 14	-1 ± 6
	内反・外反	38 ± 41	62 ± 17	26 ± 9	40 ± 16
	屈曲・伸展	-20 ± 51	-15 ± 28	-12 ± 13	-8 ± 18
手関節	屈曲・伸展	-6 ± 26	10 ± 10	7 ± 7	39 ± 18
	橈屈・尺屈	-2 ± 35	13 ± 12	4 ± 6	-6 ± 19

肩関節のトルクの負の値は外旋，水平伸展および外転を示す．肘関節のトルクの負の値は屈曲，外反および回外を示す．手関節のトルクの負の値は伸展および橈屈を示す．

は6段階[9]に分類されている．4段階の分け方としては，プレパレーション（準備期），アクセレレーション（加速期），フォロースルー早期と後期に分けられた．準備期はバックスイングの動きはじめからラケット前進のはじまりまで，加速期はラケットの前進からはじまりボールコンタクトまで，フォロースルーはボールコンタクトからストローク完成までであり，フォロースルー早期はフォロースルーの最初の25％で，フォロースルー後期は残りの75％とされた[1]．Kelleyら[9]は，前記の加速期をさらに初期（最初の34％）と後期（最後の66％）に分け，ボールインパクトに

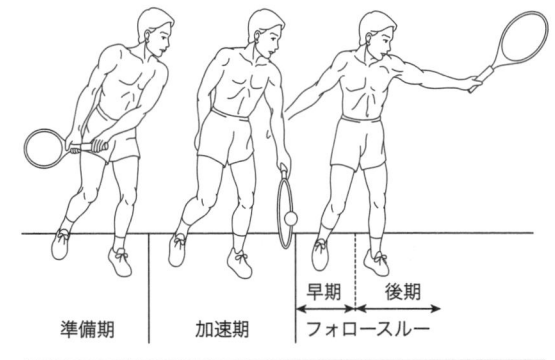

図8-6 バックハンドストローク
バックハンドストロークのプレパレーション（準備期），アクセレレーション（加速期），フォロースルー（早期・後期）の各相．

第3章 テニス肘

図8-7　シングルハンド（左）とダブルハンド（右）のバックハンドストロークの各相

表8-6　シングルハンドとダブルハンドの筋活動の比較（単位：% MVC）（文献11より引用）

筋	テクニック	相			
		準備期	加速期	フォロースルー早期	フォロースルー後期
長橈側手根伸筋	シングル	14 ± 14	58 ± 26	42 ± 26	15 ± 11
	ダブル	16 ± 11	80 ± 40	41 ± 17	25 ± 15
短橈側手根伸筋	シングル	19 ± 14	71 ± 31	45 ± 24	20 ± 16
	ダブル	19 ± 21	68 ± 28	42 ± 21	28 ± 18
総指伸筋	シングル	10 ± 6	68 ± 21	47 ± 27	19 ± 9
	ダブル	13 ± 17	54 ± 28	48 ± 28	22 ± 17
円回内筋	シングル	14 ± 13	22 ± 13	33 ± 21	14 ± 11
	ダブル	13 ± 9	45 ± 27	38 ± 19	11 ± 8
橈側手根屈筋	シングル	8 ± 5	26 ± 22	36 ± 21	9 ± 7
	ダブル	21 ± 10	41 ± 22	39 ± 22	14 ± 4

最も近いフレームにおいてインパクトの直前・直後に分けた（**図8-6**）。

2. バックハンドストロークのキネマティクス

バックハンドストロークには，片手で打つシングルハンドと両手で打つダブルハンドの2種類がある（**図8-7**）。Reidら[10]は，フラットのクロスショットとストレートショット，およびボールの回転数を多くする打ち方によるストレートショットでの，シングルハンドとダブルハンドの違いを分析した。シングルハンドは，バックスイングにおいて，ダブルハンドよりもより回旋する肩のアライメントによって特徴づけられた。また，インパクトにおいて，シングルハンドではボールがより前方でインパクトされた。

3. バックハンドストローク中の筋活動

Giangarraら[11]は，バックハンドストロークの筋活動がシングルハンドとダブルハンドとで類似していることを報告した（**表8-6**）。しかし，ダブルハンドでのバックハンドストロークにおける準備期において，橈側手根屈筋と加速期の円回

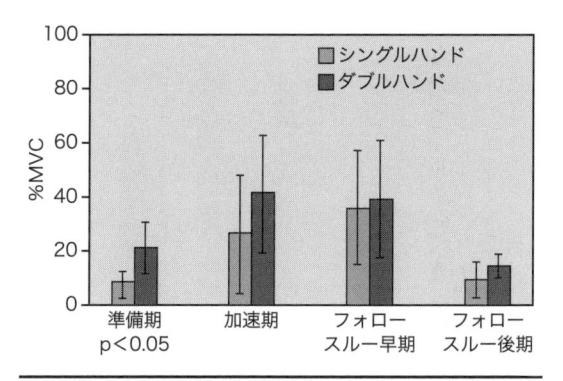

図8-8 バックハンドストローク中の橈側手根屈筋の筋活動（文献11より引用）

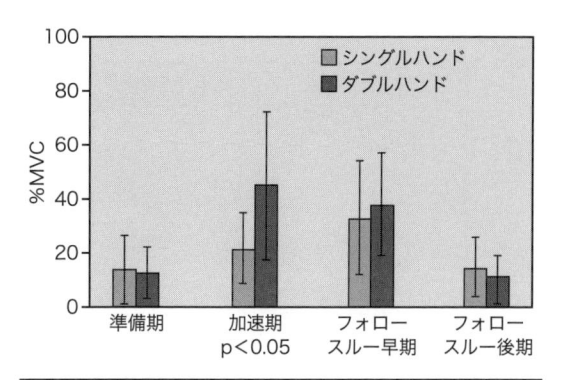

図8-9 バックハンドストローク中の円回内筋の筋活動（文献11より引用）

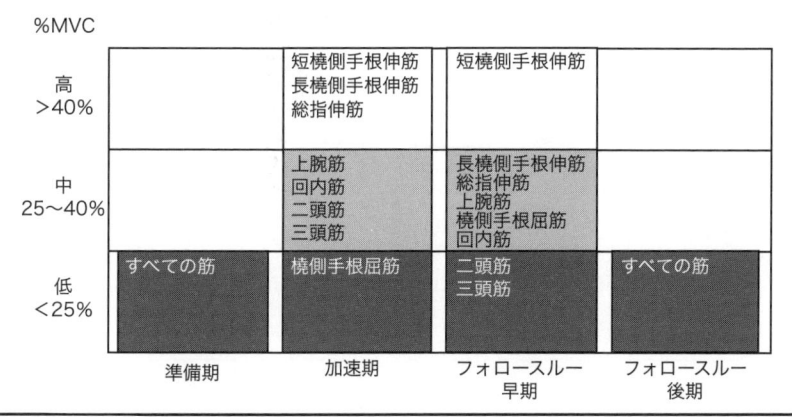

図8-10 バックハンドストローク中の筋活動（文献1より引用）

内筋の筋活動は，シングルハンドと比較して有意に高い値を示した（図8-8，図8-9）。彼らはその要因を，ストロークのメカニクスの違いと関連があると考察した。Morrisら[1]は，シングルハンドのバックハンドストロークにおける筋活動を分析した。加速期において，長橈側手根伸筋，短橈側手根伸筋と総指伸筋の高い筋活動（40％MVC以上）がみられ，特に短橈側手根伸筋と総指伸筋の活動は60％MVC以上であった。フォロースルー早期において，短橈側手根伸筋の高い筋活動（40％MVC以上）は継続し，長橈側手根伸筋，総指伸筋，上腕二頭筋，円回内筋も比較的高い筋活動（25～40％MVC）が継続した（図8-10）。

4. 健常者とテニス肘患者との筋活動の比較

Riek[12]は，コンピュータシミュレーションを用いて，初心者と熟練した選手のバックハンドストローク中の短橈側手根伸筋の筋長の変化を分析した。技術レベルの低い選手では，ボールインパクトにおいて手関節屈曲・尺屈位となり，短橈側手根伸筋の長さが増大した（図8-11）。Kelleyら[9]はバックハンドストロークの各相における短橈側手根伸筋，長橈側手根伸筋，総指伸筋，円回内筋，橈側手根屈筋の筋活動に関して，テニス肘を有する対象者（障害群）と健常者を比較した（図8-12～図8-16）。結果を各相ごとにみていくと，準備期では長橈側手根伸筋の筋活動が障害群で有意に高かった。加速期早期では短橈側手根伸筋の活動は健常群が有意に高く，橈側手根屈筋は障害

第3章 テニス肘

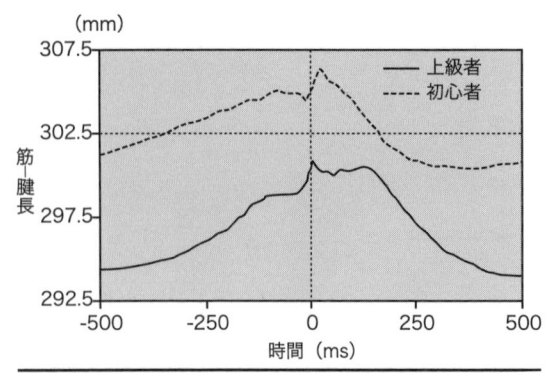

図8-11 ボールインパクト時の筋-腱長の比較（文献12より引用）

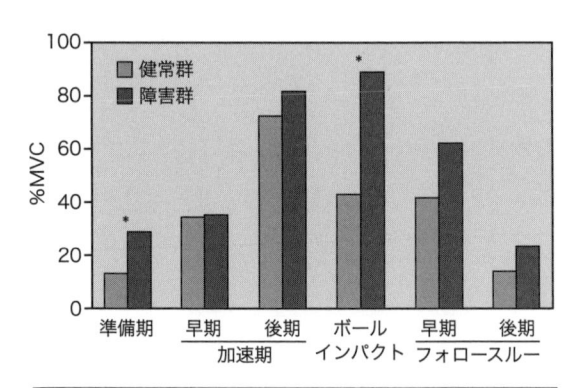

図8-12 健常群と障害群における長橈側手根伸筋の筋活動の比較（文献9より引用）
* $p < 0.05$。

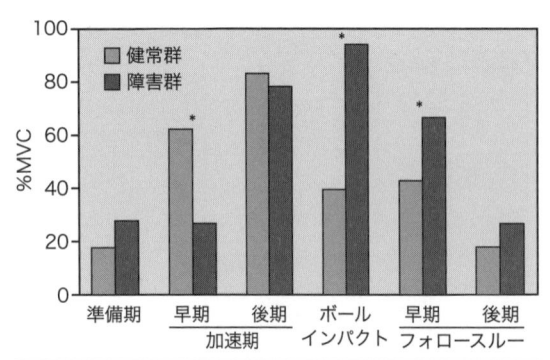

図8-13 健常群と障害群における短橈側手根伸筋の筋活動の比較（文献9より引用）
* $p < 0.05$。

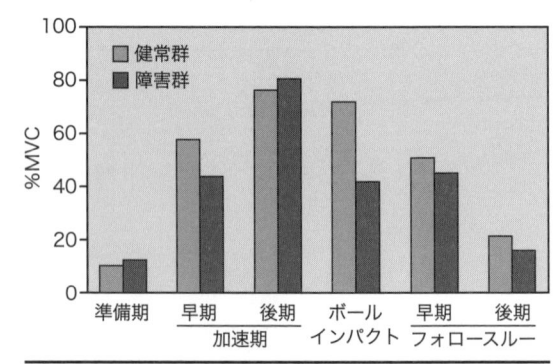

図8-14 健常群と障害群における総指伸筋の筋活動の比較（文献9より引用）

群が有意に高い結果を示した。加速期後期ではどの筋にも有意な差はみられなかった。ボールインパクトでは多くの筋において有意差がみられ、長橈側手根伸筋、短橈側手根伸筋、円回内筋ではいずれも障害群が高い筋活動を示した。短橈側手根伸筋、円回内筋はこの後に続くフォロースルー早期においても同様に障害群が有意に高い筋活動を示した。フォロースルー後期では、橈側手根屈筋が障害群において高い筋活動を示した。これらのことから、テニス肘患者（外側上顆炎患者）はボールインパクト、フォロースルー後期で手伸筋群と円回内筋が強い筋活動を示した。その原因として、リード肘側の手関節伸展および過剰な前腕回内、ラケット面下部でボールをインパクトするなどの異常なストロークメカニクスが含まれると考察した。これらのメカニクスは低レベルなプレーの結果として生じるとともに、手関節伸筋群と円回内筋の障害を誘発する恐れがあると考察した[13]。

E. まとめ

テニス肘のバイオメカニクスに関する文献は、野球など他のオーバーヘッドスポーツと比較して少なかった。まとめると以下のようになる。

1. すでに真実として承認されていること

- サーブ動作中の筋活動の特徴として、コッキング後期から加速期にかけて、手関節伸筋群の筋活動が高い。
- フォアハンドストローク中の筋活動の特徴とし

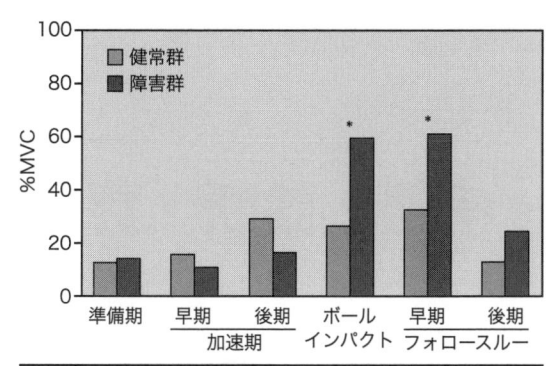

図8-15 健常群と障害群における円回内筋の筋活動の比較（文献9より引用）
*p＜0.05。

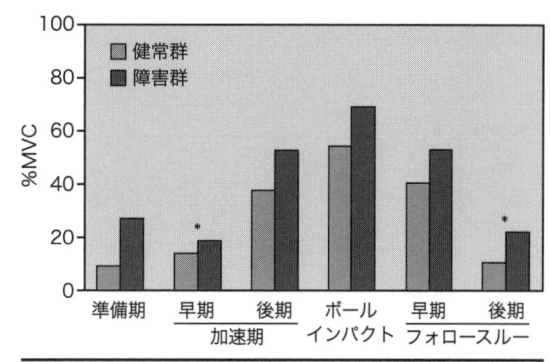

図8-16 健常群と障害群における橈側手根屈筋の筋活動の比較（文献9より引用）
*p＜0.05。

て，加速期からフォロースルーにかけて，サーブ動作と同様に手関節伸筋群の筋活動が高い。
● バックハンドストローク中の筋活動もサーブ・フォアハンドストロークと同様の特徴を示したが，短橈側手根伸筋の筋活動に関しては，他の動作中の筋活動よりも高い値を示した。

2. 議論の余地はあるが，今後の重要な研究テーマとなること

● 投球動作では，下肢からはじまり骨盤，体幹，上肢へと続くと報告されているが，テニスのサーブ動作においては，異なる運動連鎖が観察された。
● 障害発生とスイング動作との関連について，スイング中の手関節伸筋の過剰な活動や異常なストロークメカニクスなどが障害の原因と推察されている。

F. 今後の課題

● 研究方法を統一したうえでの，さらなるデータの収集・分析。
● 各動作におけるキネマティクス研究。

文献

1. Morris M, Jobe FW, Perry J, Pink M, Healy BS. Electromyographic analysis of elbow function in tennis players. *Am J Sports Med*. 1989; 17: 241-7.
2. Fleisig GS, Nicholls RL, Elliott BC, Escamilla RF. Kinematics used by world class tennis players to produce high-velocity serves. *Sports Biomech*. 2003; 2: 51-71.
3. Elliott B, Fleisig G, Nicholls R, Escamilla R. Technique effects of upper limb loading in the tennis serve. *J Sci Med Sport*. 2003; 6: 76-87.
4. Elliott BC, Marsh T, Blanksby B. A three-dimensional cinematographical analysis of the tennis serve. *Int J Sport Biomech*. 1986; 2: 260-70.
5. Elliott BC, Marshall RN, Noffal GJ. Contributions of upper limb segment rotations during the power serve in tennis. *J Appl Biomech*. 1995; 11: 433-42.
6. Marshall RN, Elliott BC. Long-axis rotation: the missing link in proximal-to-distal segmental sequencing. *J Sports Sci*. 2000; 18: 247-54.
7. Takahashi K, Elliott B, Noffal G. The role of upper limb segment rotations in the development of spin in the tennis forehand. *Aust J Sci Med Sport*. 1996; 28: 106-113.
8. Bahamonde RE, Knudson D. Kinetics of the upper extremity in the open and square stance tennis forehand. *J Sci Med Sport*. 2003; 6: 88-101.
9. Kelly JD, Lombardo SJ, Pink M, Perry J, Giangarra CE. Electromyographic and cinematographic analysis of elbow function in tennis players with lateral epicondylitis. *Am J Sports Med*. 1994; 22: 359-63.
10. Reid M, Elliott B. The one- and two-handed backhands in tennis. *Sports Biomech*. 2002; 1: 47-68.
11. Giangarra CE, Conroy B, Jobe FW, Pink M, Perry J. Electromyographic and cinematographic analysis of elbow function in tennis players using single- and double-handed backhand strokes. *Am J Sports Med*. 1992; 21: 394-9.
12. Riek S. A simulation of muscle force and internal kinematics of extensor carpi radialis brevis during backhand tennis stroke: implications for injury. *Clin Biomech*. 1999; 14: 477-83.

（貞清　正史）

9. テニス肘の疫学・病態・診断・評価

はじめに

上腕骨上顆炎は大きく外側，内側，後方に分類され，一般的に外側上顆炎を"テニス肘"，内側上顆炎を"ゴルフ肘"と呼ぶ場合が多い[1,2]（表9-1）。"テニス肘"はRunge[3]によって1873年にドイツではじめて報告された疾患であり，英文ではMorris[4]によって1883年にはじめて報告された。しかし，これまでの報告において，テニス肘はテニスプレー中の肘外側痛から，日常生活動作（activities of daily living：ADL）時の肘外側痛までが含まれており，さらに関節リウマチなどを除外していない論文も散見され，疼痛の原因となる病態はさまざまであった。このことから，本項では関節リウマチなど原因の異なる論文を除外し，外側上顆炎を"テニス肘"としてまとめた。

外側上顆炎の主な病態は伸筋群付着部炎と考えられているが，輪状靱帯損傷，滑膜炎，神経損傷などの合併損傷も含まれて報告されるなど，その定義が曖昧である。今回は日本整形外科学会の診断基準を用い，①抵抗性手関節背屈運動で肘外側に疼痛が生じる，②上腕骨外側上顆の伸筋腱起始部に最も強い圧痛がある，③腕橈関節の障害などの伸筋群起始部以外の障害によるものは除外する，という概念に基づき，テニス肘の疫学，病態，診断，評価についてまとめた。

A. 文献検索方法

文献検索にはPubMedを使用し，「tennis elbow」に以下のキーワードを加え検索した。疫学について「epidemiology」78件，病態について「disease state」4件，評価について「evaluation」212件，診断について「diagnosis」747件を抽出した。全検索文献は延べ1,041件で，これらの文献のタイトルおよび要旨から"テニス肘"に関する論文を選択した。また，これに加え先行研究から必要と思われた論文を追加し，44件の論文をレビューした。

B. テニス肘の原因

テニス肘の原因について，外的要因としてオーバーユース，反復動作，誤ったトレーニングなど，内的要因として筋力低下，可動域制限，老化，血行障害，アライメント不良，筋のアンバランスなど，さらには心因的要素が指摘された[5〜7]。

C. 疫　学

1. リスクファクター

リスクファクターとしては年齢，性別，生活習慣，スポーツ歴などの報告があった[2,7〜11]。年齢

表9-1　上腕骨上顆炎の分類と原因（文献1，2より作成）

1) 外側上顆炎：テニス肘
    1：短橈側手根伸筋
    2：総指伸筋
2) 内側上顆炎：ゴルフ肘
    1：円回内筋，橈側手根屈筋，長掌筋
    2：尺側手根屈筋，浅指屈筋
3) 後方上顆炎
    1：上腕三頭筋

9. テニス肘の疫学・病態・診断・評価

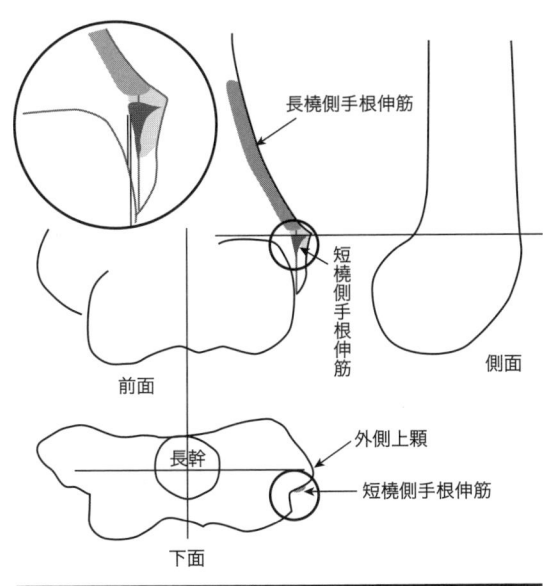

図9-1 上腕骨外側上顆の解剖（文献13より引用）

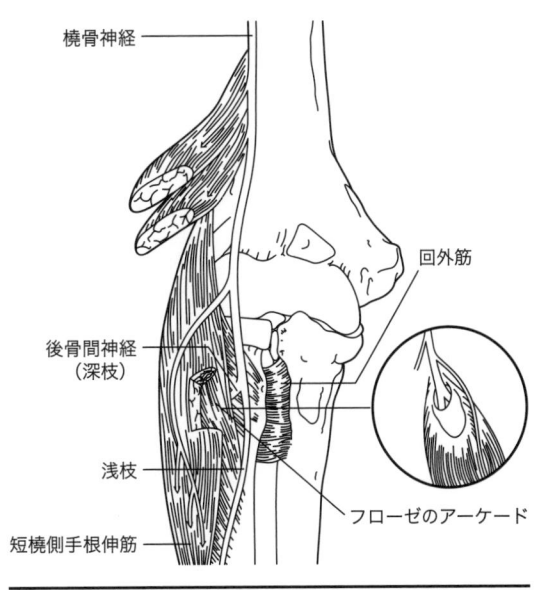

図9-2 橈骨神経の走行（文献15より引用）

に関して，Gruchowら[7]はテニスを行っている532名のテニス肘の年齢別症例数を調査し，20〜29歳が5名，30〜39歳が19名，40〜49歳が32名，50歳以上が19名であったと報告した。テニス肘患者の好発年齢についてVerhaar[10]は52歳，Hamilton[11]は45歳，Coonradら[8]は42歳と報告するなど，おおむね42〜52歳とした報告が多かった。

スポーツ歴との関連性について，Coonradら[8]は1,000名以上を対象として調査を行い，上腕骨上顆炎と診断されたのは339名（男性171名，女性168名）であった。そのうち外側上顆炎と診断されたのは317名であり，テニス・ゴルフ経験者はそのうちの5％であったと報告した。

Nirschlら[9]はテニス肘のリスクファクターとして，35歳以上，1週間に3回以上のスポーツ，1回の練習が30分以上，高い技術が求められる選手を指摘した。また，Shiriら[2]は4,783名の30〜64歳の男女において，テニス肘は喫煙，肥満に関連性があると報告した。一方，仕事量・時間と発生率の関係を明確にした報告はなかった。

2. 一般人とテニス経験者における特徴の違い

Shiriら[2]によると，一般人におけるテニス肘の有病率は1.3％であった。またこれまでの報告をまとめると，一般人が0.5〜2.8％に対し，テニス経験者は13〜14％と高い報告が多くみられた[7,8,10〜12]。テニス経験と性別の関係について，Hamilton[11]によると77名のテニス肘患者の男女比は男性：女性＝37：40であった。これまでの報告をまとめると，一般人では男性が2.9〜50.4％であるのに対し，女性が4.1〜51.9％と，女性が男性よりもやや高い傾向であるが，テニス経験者では男性が15.8〜41.4％，女性12.2〜37.8％と，男性が高いという報告が多いようである[7,8,10〜12]。

D. 病 態

1. 上腕骨外側上顆の解剖学的特徴

上腕骨外側上顆から起始する筋には，遠位から尺側手根伸筋，総指伸筋および短橈側手根伸筋，長橈骨手根伸筋，腕橈骨筋がある。そのなかでも短橈側手根伸筋の起始は上腕骨外側上顆の前深部

第3章 テニス肘

表9-2 テニス肘の病態（文献16より引用）

1.	外傷性骨膜炎
2.	腕橈関節の関節炎，滑膜炎，捻挫，癒着，関節包の損傷
3.	腕尺関節の関節炎，滑膜炎，捻挫，癒着，関節包の損傷
4.	輪状靱帯の炎症，損傷
5.	橈側側副靱帯の捻挫，損傷
6.	腕橈包の石灰化，炎症
7.	皮下顆上包の炎症，石灰化
8.	腕橈関節と橈尺関節の滑膜フリンジ
9.	伸筋群の起始の線維形成
10.	回外筋群の線維形成
11.	回内筋群の損傷
12.	長橈側手根伸筋の損傷
13.	短橈側手根伸筋の損傷
14.	腕橈骨筋の線維形成
15.	総指伸筋の線維形成，捻挫，損傷
16.	伸筋群の損傷，筋炎
17.	肘筋の損傷
18.	橈側の不適合
19.	橈骨の捻れ
20.	リウマチ，痛風，インフルエンザ後遺症，局所の敗血症，関節炎
21.	後骨間神経炎
22.	鉛中毒
23.	骨軟化
24.	肘頭の沈着物
25.	骨膜炎
26.	骨軟骨炎

から走行し，ほかの筋と比較し起始の範囲が狭いため[13]強い力が1点にかかり，力学的に局所に牽引力が集中することが考えられる（図9-1）。外側上顆より4cm遠位で橈骨神経は浅枝・深枝に分かれ，短橈側手根伸筋への枝を出す。これが腱性のアーチであるフローゼのアーケードを通過し，回外筋を貫くため（図9-2），アーケードや回外筋部分で絞扼神経障害が発生するとした説がある[14,15]。

2. 疼痛の原因

Cyriax[16]は，テニス肘の病態は表9-2に示す26項目を指摘した。最近では短橈側手根伸筋腱付着部の腱付着部炎が主な原因とされ[9,17〜20]，その病態として筋・起始部の炎症のみ[21]，血管性線維増殖[22,23]，ヒアリン変性[22,23]，微細損傷[8,16]，カルシウム沈着[24]があげられた。

3. 組織学・病理学的特徴

Kraushaarら[22]はテニス肘患者の短橈側手根伸筋の病理検査を実施し，正常部分と比較し血管増殖が観察されたと報告した。また，正常なコラーゲン線維は長軸方向に平行しているのに対し，重度の腱炎では不整で基質の増殖が観察された。Reganら[23]はテニス肘患者11名，健常者12名を観察し，テニス肘患者には血管増殖10名，ヒアリン変性11名，石灰化3名が観察されたのに対し，健常者ではいずれも観察されなかったと報告した。

筋線維を1，2A，2AB，2B，2Cの5つのタイプに分類して，テニス肘患者20名，健常者5名を対象に比較したところ，患者群にタイプ2AB線維およびタイプ2B線維の欠如が確認された。つまり筋の機能低下の原因として，痛みだけではなく，筋線維の形態学的な変化による力学的なダメージによるものも含まれることが考えられる[17]。

4. 筋機能，関節運動と筋線維

テニス肘患者の特徴として，筋のアンバランス[17,25,26]，手関節・指関節の伸筋群の筋力低下[26,27]，肩関節外転・内旋・外旋筋群の筋力低下[28]があげられる。Alizadehkhaiyatら[28]は，テニス肘患者7名と健常者群8名の筋力を比較した結果，テニス肘患者においてグリップ，手関節の屈筋群・伸筋群，中手指節関節の屈筋群・伸筋群，肩関節の外転・内旋・外旋筋群の筋力低下があったと報告した（表9-3）。さらに，テニス肘患者と健常者群の2群における主働筋と拮抗筋の筋力比を比較した結果，テニス肘患者では中手指節関節屈筋に対する伸筋筋力の割合が有意に高かった（表9-4）。また，筋電図で橈側手根伸筋群，総指伸筋，尺側手根屈筋，浅指屈筋を検査し，テニス

9. テニス肘の疫学・病態・診断・評価

表9-3 筋力と利き手，非利き手の割合（文献28より引用）

方法	群	力（N）		群間の比較（利き手）	p値
		利き手	非利き手		
グリップ	C	299 ± 30	276 ± 17	C vs. TE	0.007
	TE	180 ± 16	215 ± 22	C vs. RTE	0.04
	RTE	194 ± 31	173 ± 38	TE vs. RTE	1.0
手関節背屈	C	89 ± 6	80 ± 6	C vs. TE	0.0001
	TE	46 ± 4	44 ± 5	C vs. RTE	0.003
	RTE	55 ± 9	50 ± 5	TE vs. RTE	0.79
手関節掌屈	C	111 ± 7	106 ± 8	C vs. TE	0.001
	TE	67 ± 6	65 ± 10	C vs. RTE	0.003
	RTE	68 ± 8	69 ± 12	TE vs. RTE	1.0
中手指節関節伸展	C	45 ± 4	50 ± 4	C vs. TE	0.009
	TE	30 ± 2	28 ± 2	C vs. RTE	0.22
	RTE	36 ± 3	34 ± 5	TE vs. RTE	0.76
中手指節関節屈曲	C	81 ± 4	75 ± 5	C vs. TE	0.0002
	TE	39 ± 6	49 ± 8	C vs. RTE	0.003
	RTE	45 ± 9	42 ± 7	TE vs. RTE	1.0
肩関節外旋	C	86 ± 8	76 ± 8	C vs. TE	0.003
	TE	52 ± 6	58 ± 9	C vs. RTE	0.04
	RTE	60 ± 5	49 ± 8	TE vs. RTE	1.0
肩関節内旋	C	129 ± 14	105 ± 9	C vs. TE	0.001
	TE	66 ± 7	81 ± 12	C vs. RTE	0.05
	RTE	85 ± 11	65 ± 9	TE vs. RTE	0.74
肩関節外転	C	135 ± 12	118 ± 10	C vs. TE	0.0001
	TE	67 ± 6	86 ± 12	C vs. RTE	0.002
	RTE	78 ± 8	72 ± 9	TE vs. RTE	1.0

C：健常者群，TE：テニス肘群，RTE：6ヵ月間以上疼痛のないテニス肘既往者群。平均値±標準誤差。

肘患者は橈側手根伸筋群にのみ有意な放電量低下が認められた。

Rieberら[18]は慢性テニス肘患者5名（35～50歳）を対象としてHe-Neレーザーによる光回折法を行い，手関節を他動運動させた場合の関節角度と長橈側手根伸筋，短橈側手根伸筋の筋線維分節の長さを算出した。その結果，両筋とも掌屈すると伸張された。代表の1名の結果（図9-3）をみると，掌屈角度が1°増加すると，短橈側手根伸筋は7.4 nm，長橈骨手根伸筋は5.2 nm伸張され，短橈側手根伸筋のほうが大きく伸張された[18]。肘関節角度と短橈側手根伸筋の関係について，テニス肘患者13名の肘関節運動時にレーザーファイバーで短橈側手根伸筋の筋線維接合部の長さを測定した報告[19]では，肘関節屈曲30°と90°で最も筋線維分節が長かった（図9-4）。

表9-4 主働筋と拮抗筋の力の割合（文献28より引用）

方　法	群	力の割合		群間の比較（利き手）	p値
		利き手	非利き手		
中手指節関節伸筋群/屈曲	C	0.56 ±.05	0.67 ±.04	C vs. TE	0.03
	TE	0.83 ±.07	0.68 ±.11	C vs. RTE	0.03
	RTE	0.87 ±.10	0.88 ±.12	TE vs. RTE	1.0
手関節伸筋群/屈曲	C	0.81 ±.05	0.76 ±.02	C vs. TE	0.8
	TE	0.71 ±.06	0.72 ±.05	C vs. RTE	1.0
	RTE	0.83 ±.11	0.78 ±.11	TE vs. RTE	0.8
肩関節外旋/内旋	C	0.72 ±.05	0.69 ±.05	C vs. TE	0.6
	TE	0.82 ±.07	0.72 ±.04	C vs. RTE	1.0
	RTE	0.72 ±.04	0.76 ±.04	TE vs. RTE	0.7

C：健常者群，TE：テニス肘群，RTE：6ヵ月間以上疼痛のないテニス肘既往者群。平均値±標準誤差。

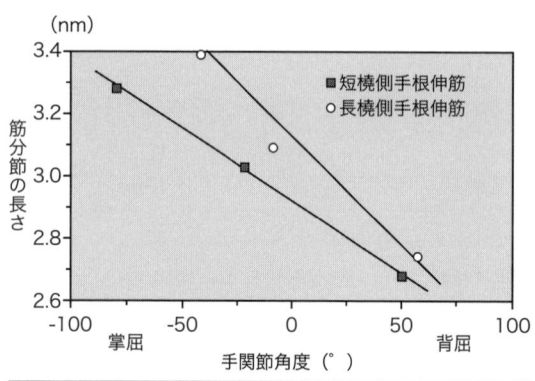

図9-3 短橈側手根伸筋・長橈側手根伸筋の筋分節の長さと手関節の角度の関係（文献18より引用）
手関節他動運動時の筋線維分節の長さは，短橈側手根伸筋・長橈側手根伸筋ともに掌屈角度が増すにつれて長くなった。

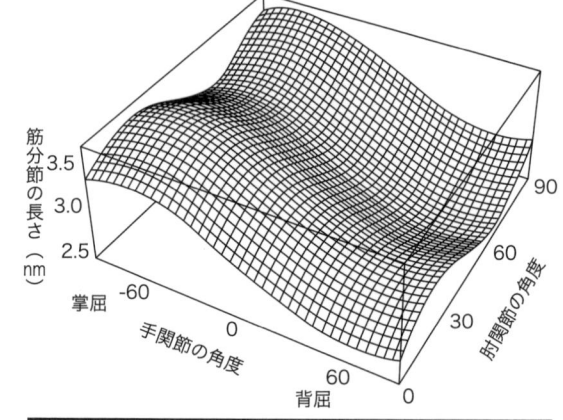

図9-4 手・肘関節の角度と短橈側手根伸筋の筋分節の長さの関係（文献19より引用）
屈曲30°と90°で最も筋線維分節が長くなった。

E. 評　価

1. 問　診

問診の信頼性，有効性について述べた論文は見出せなかった。疼痛が出現する動作とその特徴について，①把持動作時に肘外側に疼痛がある，②肘を伸展した状態で把持・運搬ができない，③前腕回内で物を把持できない，④繰り返す疼痛があるが，はっきりとした外傷歴はなく発症し，しばしば潜行性である，などの報告があった[14, 29, 30]。

2. 理学評価

使用頻度の高い理学評価として筋力，徒手的検査法などがあげられる。粗大筋力のなかでも握力はテニス肘の検査として有効性の認められた方法である。握力の測定法には，疼痛を感じない範囲でグリップを行う方法（pain free grip）と最大のグリップを行う方法（maximum grip strength）の2種類がある。Smidtら[31]は，テニス肘患者50名の握力測定を2名の検査者が実施した際の検査者間の相関係数（intraclass correlation coefficients：ICC）をpain free grip 0.97,

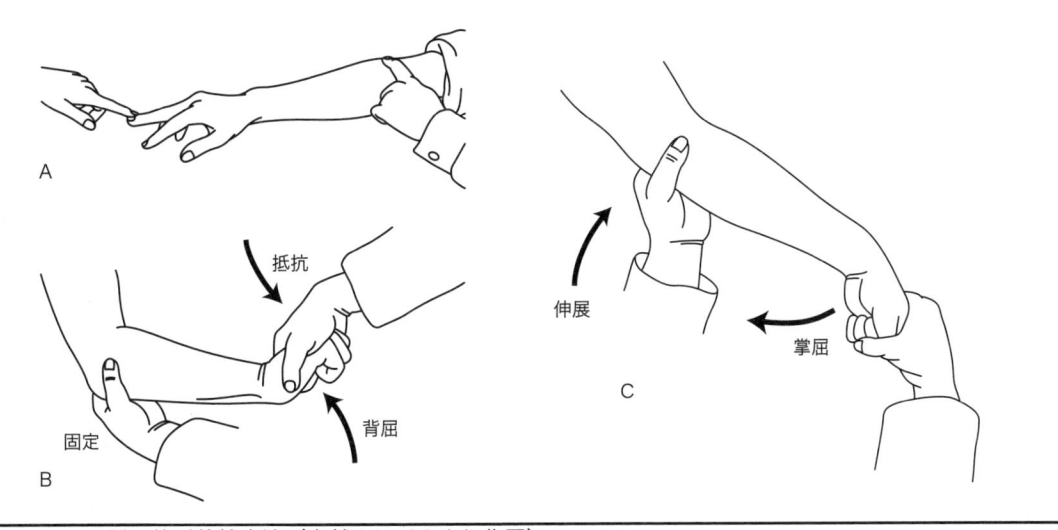

図9-5 テニス肘の徒手的検査法（文献34, 36より作図）
A：middle finger extension test, B：Cozen test, C：Mill test。

maximum grip strength 0.98と報告した。Stratfordら[32]は，反復計測での信頼性を調査するためにテニス肘患者35名の握力の計測を1週間以内に2回行い，それぞれのICCはpain free grip 0.95〜0.99, maximum grip strength 0.97〜0.99と報告した。さらにStatfordら[33]はテニス肘患者32名の健側と患側でのmaximum grip strengthの信頼性を調査し，それぞれのICCは健側0.98，患側0.60であると報告した。これらの報告から握力検査はテニス肘の評価に有効であるといえる。

握力検査以外の検査法の有効性を報告した論文は見出せなかった。そのため，テニス肘を評価するために必要であると考えられる検査をいくつか取り上げ，検査の特徴や検査法について整理する。Rolesら[34]が提唱したmiddle finger extension testは，短橈側手根伸筋の収縮を促し，疼痛を誘発するテストである（図9-5A）。一方，Fairbankら[35]は，中指への総指伸筋の起始が短橈側手根伸筋付近にあるため，middle finger extension testは総指伸筋の検査でもあるとした。Cozen test[36]は検者が肘を固定し，手関節背屈への抵抗を加える検査法である（図9-5B）。

Mill test[36]は他動的に掌屈したまま，肘関節を他動伸展する検査法である（図9-5C）。肘関節伸展，回内方向へのストレスでは後骨間神経の伸張ストレスとなるため神経障害と区別する必要がある。

テニス肘と鑑別診断すべきものとして神経障害があげられる。Werner[37]は外側上顆炎と橈骨神経障害は約5％の割合で共存しており，神経絞扼障害に注意する必要があると述べた。またBoyerら[29]，Calfeeら[14]は橈骨神経は手関節伸展・回外収縮で疼痛を生じ，肘関節伸展・手関節掌屈で伸張痛を起こすと報告した。一方，後骨間神経については回外筋収縮時痛や示指・母指伸展障害がみられる。Rolesら[34]は橈骨頭付近での軟部組織の癒着による橈骨神経の近位絞扼，短橈側手根伸筋の起始が外側上顆より内側に位置することによる絞扼，回外筋が後骨間神経を圧迫することによる絞扼が起こりうると述べた（図9-6）。

F. 補助的診断

1. 感受性と特異性

テニス肘の症状の感受性・特異性をMRIを用

第3章 テニス肘

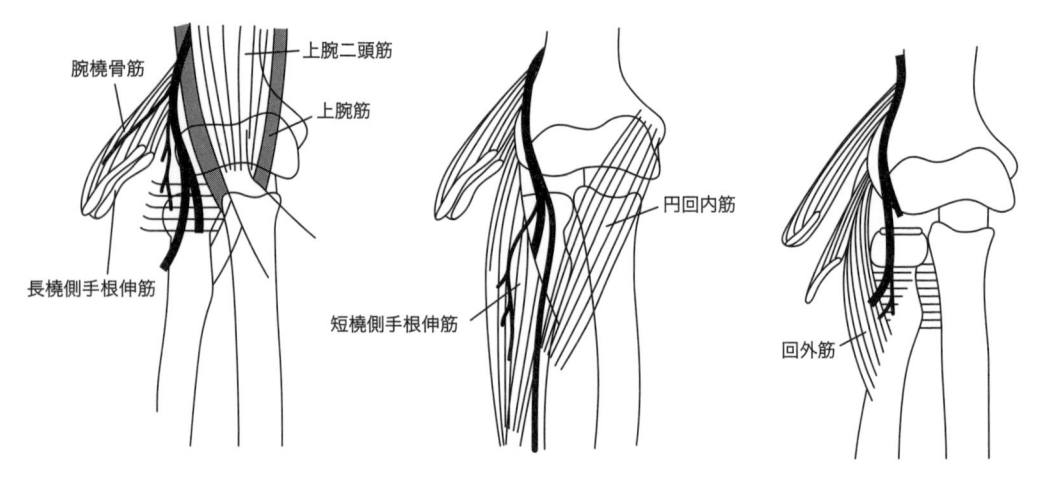

図9-6 橈骨神経（左），後骨間神経（中央，右）の絞扼好発部位（文献34より改変）
橈骨頭付近での軟部組織の癒着による橈骨神経の近位絞扼，短橈側手根伸筋の起始が外側上顆より内側にあったことが原因による絞扼，回外筋が後骨間神経を圧迫することによる絞扼が多い。

表9-5 MRI検査での健常肘とテニス肘の比較（文献20, 41～43より作成）

発表者	対象	外側上顆炎の浮腫	伸筋起始の浮腫	伸筋起始の肥厚	短橈側手根伸筋の肥厚	肘筋の浮腫	外側側副靱帯の肥厚	伸筋の部分断裂	伸筋の完全断裂
Mackay[*1]	テニス肘23肘	1	23	19	0	0	0	11	2
	健常肘17肘	0	6	1	0	0	0	0	0
Savnik[*2]	テニス肘30肘	0	0	0	25	0	25	0	0
	健常肘22肘	0	0	0	3	0	3	0	0
Martin[*2]	テニス肘24肘	0	22	19	0	2	0	0	0
	健常肘19肘	0	0	1	0	0	0	0	0
Steinborn[*3]	テニス肘23肘	0	0	9	0	0	0	0	0
	健常肘7肘	0	0	1	0	0	0	0	0

[*1]：T1, T2使用，[*2]：T1のみ使用，[*3]：T2のみ使用。数値は延べ人数

いて調査した論文は見出すことができなかった。Millerら[38]は10名のテニス肘患者を対象にMRI検査を行い，高信号強度9名，腱の弯曲8名，腱の肥厚5名，腱の細さ3名を認めた。検者間の信頼性は，10名のテニス肘に2名の検者がそれぞれ2回の検査を行い，1回目は感受性100％，90％，特異性100％，83％，2回目は感受性90％，90％，特異性83％，83％と数値が高かった。

Struijsら[39]はテニス肘患者57名を対象に上腕骨外側上顆付近の肘関節外側の超音波検査を行い，その感受性・特異性を調査した。その結果，高エコーエリアの感受性と特異性はそれぞれ67％，81％，腫脹は61％，84％，腱付着部症は65％，86％，腱炎は19％，95％，何らかの変化は75％，81％であった。Levinら[40]は検査間の信頼性について3名の検者が2回の超音波検査を行い，感受性は72～88％，特異性は36～48％と報告した。

2. テニス肘と健常肘との比較

テニス肘患者のMRIでは，伸筋起始の浮腫・肥厚，伸筋の部分断裂，肘筋の浮腫など多くの症状がみられる。テニス肘と比較して変化を観察できた人数は少ないものの，健常肘においても伸筋起始の浮腫・肥厚が認められた[20,41~43]（**表9-5**）。

超音波検査では，Struijsら[39]がテニス肘患者57肘と健常者57肘を比較した結果，テニス肘患者の75％には何らかの変化がみられたのに対し，健常肘で何らかの変化がみられたのは19％であった。さらに腫脹・腱付着部症はテニス肘の60％以上にみられたが，健常者では10％台であった（**表9-6**）。このように両検査ともにテニス肘の所見の有無に大きな相違があることから，MRIおよび超音波検査は診断上有効であると考えられる。検査の正確性を判断するにあたり，術前診断と術中診断の一致度について文献を調査したが，MRIに関する先行研究は見出せなかった。超音波検査ではConnellら[44]は，術前に腱付着部症と診断したテニス肘21名において術中診断も腱付着部症であったと報告した。

表9-6 テニス肘と健常肘の比較（単位：%）（文献39より引用）

	テニス肘 (n=57)	健常肘 (n=57)
腫脹	61	16
石灰化	5	0
滑液包炎	2	0
腱付着部症	65	14
腱炎	19	5
何らかの変化	75	19
変化なし	25	81

G. まとめ

1. すでに真実として承認されていること
- 一般人よりもテニス経験者にテニス肘の既往者が多い。
- 発症する年齢は40～50歳代が最も多い。
- テニス肘の主な病態は短橈側手根伸筋の付着部炎とする考え方が有力である。
- 筋付着部の血管増殖だけでなく，筋線維の欠損や不整など形態学的異常が存在する。
- 診断には握力，手関節・手指伸展筋群の筋力検査が有用である。
- 補助診断として，MRIと超音波検査は有効である。

2. 議論の余地はあるが，今後の重要な研究テーマとなること
- middle finger extension test, Cozen test, Mill testの感受性と特異性。
- 軟部組織損傷と神経損傷の徒手的な鑑別方法。
- 外側上顆炎の病態分類。

3. 真実と思われていたが，実は疑わしいこと
- テニス肘と外側上顆炎を短橈側手根伸筋の付着部炎とする考えが優位ではあるが，それ以外の病態が明確に分類できておらず短橈側手根伸筋のみに限定した調査とすることは危険である。

文献

1. Nirschl RP. Elbow tendinosis/tennis elbow. *Clin Sports Med*. 1992; 11: 851-70.
2. Shiri R, Viikari-Juntura E, Varonen H, Heliovaara M. Prevalence and determinants of lateral and medial epicondylitis: a population study. *Am J Epidemiol*. 2006; 164: 1065-74.
3. Runge F. Zur Genese und Behandlung des Schreibekrampfes. *Berliner Klinische Wochenschrift*. 1873; 10: 245-8.
4. Morris H. Lawn-tennis elbow. *BMJ*. 1883; II: 567.
5. Almekinders LC, Temple JD. Etiology, diagnosis, and treatment of tendonitis: an analysis of the literature. *Med Sci Sports Exerc*. 1998; 30: 1183-90.
6. Bongers PM, Kremer AM, ter Laak J. Are psychosocial factors, risk factors for symptoms and signs of the shoulder, elbow, or hand/wrist? A review of the epidemiological literature. *Am J Ind Med*. 2002; 41: 315-42.
7. Gruchow HW, Pelletier D. An epidemiologic study of tennis elbow. Incidence, recurrence, and effectiveness of

prevention strategies. *Am J Sports Med*. 1979; 7: 234-8.
8. Coonrad RW, Hooper WR. Tennis elbow: its course, natural history, conservative and surgical management. *J Bone Joint Surg Am*. 1973; 55: 1177-82.
9. Nirschl RP, Ashman ES. Elbow tendinopathy: tennis elbow. *Clin Sports Med*. 2003; 22: 813-36.
10. Verhaar JA. Tennis elbow. Anatomical, epidemiological and therapeutic aspects. *Int Orthop*. 1994; 18: 263-7.
11. Hamilton PG. The prevalence of humeral epicondylitis: a survey in general practice. *J R Coll Gen Pract*. 1986; 36: 464-5.
12. Nirschl RP. Tennis elbow: further considerations. *J Sports Med*. 1975; 3: 48-9.
13. Bunata RE, Brown DS, Capelo R. Anatomic factors related to the cause of tennis elbow. *J Bone Joint Surg Am*. 2007; 89: 1955-63.
14. Calfee RP, Patel A, DaSilva MF, Akelman E. Management of lateral epicondylitis: current concepts. *J Am Acad Orthop Surg*. 2008; 16: 19-29.
15. Wadsworth TG. Tennis elbow: conservative, surgical, and manipulative treatment. *BMJ*. 1987; 294: 621-4.
16. Cyriax J. The pathology and treatment of tennis elbow. *J Bone Joint Surg*. 1936; XV: 921.
17. Ljung BO, Lieber RL, Friden J. Wrist extensor muscle pathology in lateral epicondylitis. *J Hand Surg [Br]*. 1999; 24: 177-83.
18. Lieber RL, Loren GJ, Friden J. *In vivo* measurement of human wrist extensor muscle sarcomere length changes. *J Neurophysiol*. 1994; 71: 874-81.
19. Lieber RL, Ljung BO, Friden J. Sarcomere length in wrist extensor muscles. Changes may provide insights into the etiology of chronic lateral epicondylitis. *Acta Orthop Scand*. 1997; 68: 249-54.
20. Savnik A, Jensen B, Norregaard J, Egund N, Danneskiold-Samsoe B, Bliddal H. Magnetic resonance imaging in the evaluation of treatment response of lateral epicondylitis of the elbow. *Eur Radiol*. 2004; 14: 964-9.
21. Goldie I. Epicondylitis lateralis humeri (epicondylalgia or tennis elbow): a pathogenetical study. *Acta Chir Scand Suppl*. 1964; 57: SUPPL 339:1+.
22. Kraushaar BS, Nirschl RP. Tendinosis of the elbow (tennis elbow). Clinical features and findings of histological, immunohistochemical, and electron microscopy studies. *J Bone Joint Surg Am*. 1999; 81: 259-78.
23. Regan W, Wold LE, Coonrad R, Morrey BF. Microscopic histopathology of chronic refractory lateral epicondylitis. *Am J Sports Med*. 1992; 20: 746-9.
24. Nirschl RP, Pettrone FA. Tennis elbow. The surgical treatment of lateral epicondylitis. *J Bone Joint Surg Am*. 1979; 61: 832-9.
25. Kamien M. A rational management of tennis elbow. *Sports Med*. 1990; 9: 173-91.
26. Alizadehkhaiyat O, Fisher AC, Kemp GJ, Frostick SP. Strength and fatigability of selected muscles in upper limb: assessing muscle imbalance relevant to tennis elbow. *J Electromyogr Kinesiol*. 2007; 17: 428-36.
27. Strizak AM, Gleim GW, Sapega A, Nicholas JA. Hand and forearm strength and its relation to tennis. *Am J Sports Med*. 1983; 11: 234-9.
28. Alizadehkhaiyat O, Fisher AC, Kemp GJ, Vishwanathan K, Frostick SP. Assessment of functional recovery in tennis elbow. *J Electromyogr Kinesiol*. 2009; 19: 631-8.
29. Boyer MI, Hastings H 2nd. Lateral tennis elbow: is there any science out there? *J Shoulder Elbow Surg*. 1999; 8: 481-91.
30. Zeisig E. Tennis elbow: sonographic findings and intratendinous injection treatment. *Umea Universitet*. 2008; 1207: 14.
31. Smidt N, van der Windt DA, Assendelft WJ, Mourits AJ, Deville WL, de Winter AF, Bouter LM. Interobserver reproducibility of the assessment of severity of complaints, grip strength, and pressure pain threshold in patients with lateral epicondylitis. *Arch Phys Med Rehabil*. 2002; 83: 1145-50.
32. Stratford PW, Norman GR, McIntosh JM. Generalizability of grip strength measurements in patients with tennis elbow. *Phys Ther*. 1989; 69: 276-81.
33. Stratford PW, Levy D, Gauldie S, Levy K, Miseferi D. Extensor carpi radialis tendonitis: a validation of selected outcome measures. *Physiother Can*. 1987; 39: 250-4.
34. Roles NC, Maudsley RH. Radial tunnel syndrome: resistant tennis elbow as a nerve entrapment. *J Bone Joint Surg Br*. 1972; 54: 499-508.
35. Fairbank SM, Corlett RJ. The role of the extensor digitorum communis muscle in lateral epicondylitis. *J Hand Surg [Br]*. 2002; 27: 405-9.
36. Magee DJ. *Orthopedic Physical Assessment*. W.B. Saunders Company. 2002; 335-6.
37. Werner CO. Lateral elbow pain and posterior interosseous nerve entrapment. *Acta Orthop Scand Suppl*. 1979; 174: 1-62.
38. Miller TT, Shapiro MA, Schultz E, Kalish PE. Comparison of sonography and MRI for diagnosing epicondylitis. *J Clin Ultrasound*. 2002; 30: 193-202.
39. Struijs PA, Spruyt M, Assendelft WJ, van Dijk CN. The predictive value of diagnostic sonography for the effectiveness of conservative treatment of tennis elbow. *AJR Am J Roentgenol*. 2005; 185: 1113-8.
40. Levin D, Nazarian LN, Miller TT, O'Kane PL, Feld RI, Parker L, McShane JM. Lateral epicondylitis of the elbow: US findings. *Radiology*. 2005; 237: 230-4.
41. Mackay D, Rangan A, Hide G, Hughes T, Latimer J. The objective diagnosis of early tennis elbow by magnetic resonance imaging. *Occup Med (Lond)*. 2003; 53: 309-12.
42. Martin CE, Schweitzer ME. MR imaging of epicondylitis. *Skeletal Radiol*. 1998; 27: 133-8.
43. Steinborn M, Heuck A, Jessel C, Bonel H, Reiser M. Magnetic resonance imaging of lateral epicondylitis of the elbow with a 0.2-T dedicated system. *Eur Radiol*. 1999; 9: 1376-80.
44. Connell D, Burke F, Coombes P, McNealy S, Freeman D, Pryde D, Hoy G. Sonographic examination of lateral epicondylitis. *AJR Am J Roentgenol*. 2001; 176: 777-82.

(堀　　泰輔)

10. テニス肘の手術療法と保存療法

はじめに

本項ではテニス肘に対する手術療法と保存療法について述べる。なお，手術方法の詳細に関しては成書に譲る。

A. 文献検索方法

文献検索には PubMed を用いた。検索語とその数は「tennis AND elbow AND treatment」924件，「lateral AND epicondylitis AND physical AND therapy」252件であった。それらの論文の引用文献や，論文を閲覧した際に必要であると判断した複数の検索語でさらに検索し，最終的に55文献を用いた。

B. テニス肘の病態

病態に関する詳細は「9．テニス肘の病態・診断・評価」の項に譲るが，本項において重要である内容について簡単に記載する。テニス肘の病態について述べられた論文は多数存在している。MRIを用いた検討[1]や手術中に得た組織に対して行った光学顕微鏡を用いた検討[2]などがある。生検では炎症細胞に乏しく，炎症が起こっているということについては否定的，もしくはあっても軽微であるという意見が多い[3～7]。同様に生検による結果より血管線維症との関連[2]が注目されている。近年の腱炎に関する報告では炎症は認められないという報告が多い。しかし，血管線維症と疼痛の関係は明らかでない。テニス肘は短橈側手根伸筋（extensor carpi radialis brevis : ECRB）に原因があるということは現段階でコンセンサスが得られていると考えられる。

C. テニス肘に対する手術療法

Bakerら[8]による2000年の報告では，外側上顆炎のほとんどが保存療法により改善し，手術適応となるのは5～10％程度と記載された。手術適応となった症例のうち，予後不良は10％以下であることから，保存療法と手術療法を合わせるとほとんどの症例の予後は良好であるといえる。

テニス肘の主な原因が短橈側手根伸筋であることから，その手術方法として短橈側手根伸筋の延長術や切離術，修復術などが行われ，併せて滑膜切除が追加される場合もある[8～22]。術後の短期成績では，疼痛が残存する例もみられるが，予後はおおむね良好である。Verhaarら[20]は術後疼痛の残存率を術後6週で40％，術後1年で24％，術後5年で9％とした。Nirschlら[17]による術後の活動レベルの報告では，85％はすべての活動度が回復し，疼痛に関しては97％が改善を認め，疼痛の残存期間は平均4.2ヵ月であった。また，再発例に対しては橈骨神経除圧術を行い，結果は良好であった。術後長期成績では，術後平均8年における改善度は86％[23]，術後平均14年における改善度は97％と報告された[24]。そのうち競技復帰が可能であった例は93％であった。Svernlovら[25]は術後平均約7.5年に男女で術後成績を比較したところ，女性に比して男性の

表 10-1　テニス肘に対する手術療法の成績のまとめ

報告者（文献）	術式	成功率（％）
Verhaar[20] Boyer[26] Bankes[27] Calvert[28]	切離術	54〜99
Verhaar[20] Leppilahti[29]	延長術	19〜100
Verhaar[20] Nirschl[17] Boyer[26] Coonrad[30] Nirschl[31]	損傷腱切除術	77〜85
Verhaar[20] Boyer[26] Wilhelm[32] Wittenberg[22]	外側上顆の脱神経	約 90
Verhaar[20] Wittenberg[22] Bosworth[9] Boyer[26] Coonrad[30]	さまざまな関節内の処置	75〜100
Verhaar[20] Boyer[26] Verhaar[33]	橈骨管およびフローゼのアーケードから後骨間神経のリリース	10〜92

改善率が有意に高かった．術式と改善率は術式によりさまざまである（**表10-1**）．以上より，テニス肘に対する手術療法は良好な結果とされることが多い．しかし，術後1年で24％に疼痛が残った報告や，術式によっては成功率が低いことを考えると，術後の予後が必ずしも良好であるとはいい切れない．

D. テニス肘に対する保存療法

前述のようにテニス肘の症状はほとんどの症例において保存療法により改善することから，保存療法が第一に選択される．ここからはテニス肘に対する保存療法を紹介する．

1．薬物療法

薬物療法で使用される薬物として非ステロイド性抗炎症薬（NSAIDs），ステロイド製剤，ボツリヌス神経毒などがある[11,34〜38]．ステロイドとNSAIDsまたはプラセボを比較した研究では，短期的にステロイドが有効であった[39〜42]．しかし，長期的にはステロイドは同程度の効果か，ほかの治療法よりも悪い結果となった報告[40,42]や，ステロイド注射による伸筋断裂例の報告がある[43]．

2．装具療法

装具療法としてエルボーバンドやコックアップスプリントなどが使用されている．臨床的によく用いられるエルボーバンドの目的は，バンドにより押さえたところを新しい起始部とすることで，病巣部へのストレスを除去することである[44]．エルボーバンドによりどの程度，筋の伸張が抑制できるかについて屍体肢を用いて検討された．外側上顆から茎状突起までの距離を100％とし，遠位から80％の位置にエルボーバンドを装着したところ，装着なしよりも有意に筋の伸張が抑制された[45]．

臨床的な研究としてGroppelら[46]は，テニスのレベル別にテニス経験の少ない者，週に1回程度テニスを行う者，大学のテニス部員の3群に分け，エルボーバンドの有無による各筋の収縮時間を比較した．フォアハンドの結果を**図10-1A**に，バックハンドの結果を**図10-1B**に示す．フォアハンドでは筋収縮時間が減少したが，バックハンドでは変化がみられなかったと結論づけたが，統計学的検定は行われなかった．また，筋収縮の強度ではなく筋収縮時間を比較しているために，得られた結果の解釈は難しい．興味深いことにエルボーバンドをテニス初心者に使用すると筋収縮時間が短くなったが，テニスを習熟した選手にエル

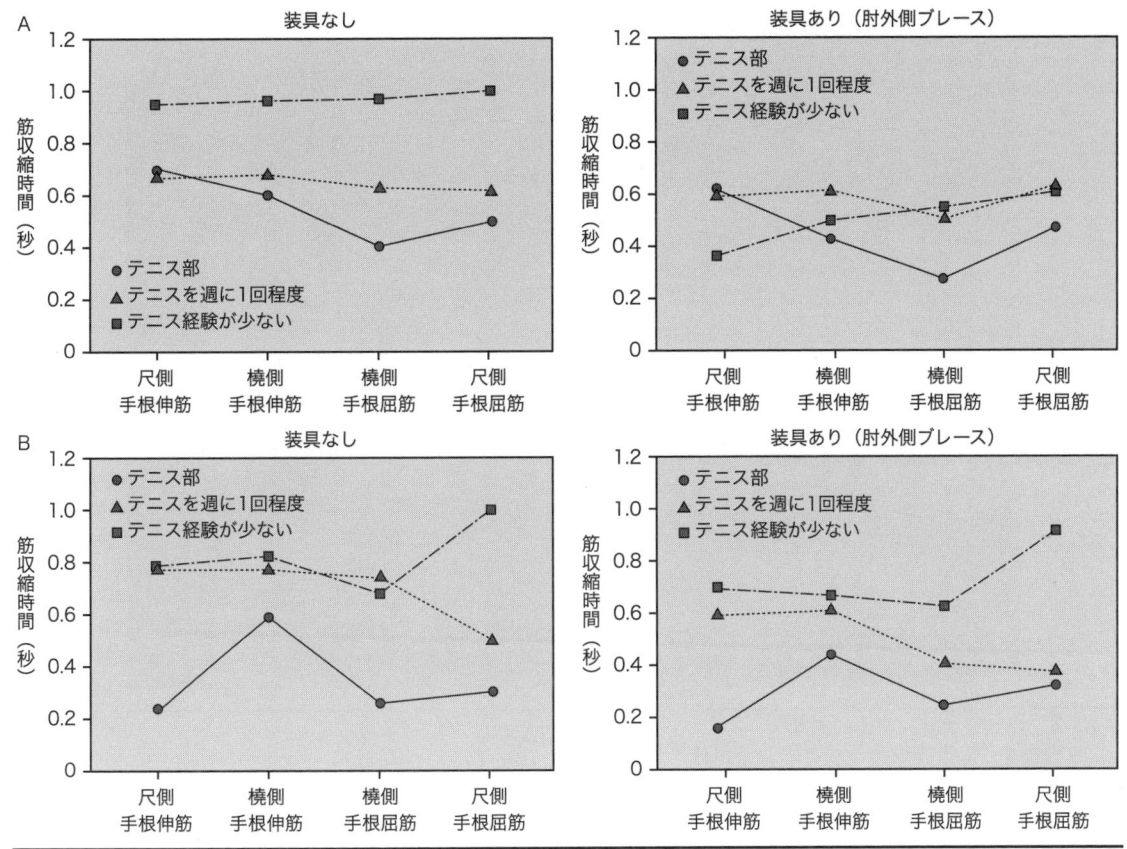

10. テニス肘の手術療法と保存療法

図10-1 テニスのレベル別にみたフォアハンド（A）とバックハンド（B）における筋活動（文献46より引用）
フォアハンドでは筋収縮時間が減少したが，バックハンドでは変化がみられなかった。

ボーバンドを使用しても筋収縮時間の変化は小さかった。このほかに，Wadsworth[21]はエルボーバンドの装着による筋力発揮の変化を検討し，装着することで発揮される筋力は有意に増大したが，疼痛との相関に乏しいと報告した。

装具療法に関する2002年のCochrane reviews[47]では，テニス肘に対する装具療法のコンセンサスは得られていないと記載された。その後，2005年にDerebeyら[48]によって報告された大規模な後ろ向きコホート研究を紹介する。この研究には253施設，総勢4,614名が参加した。このうち装具装着群が3,219名，装具非装着群が1,376名であった。仕事の制限，通院日数，医療費，治療期間において装着群の成績が不良であったことから，装具はむしろ治癒を阻害している可能性が示唆された。

3. 衝撃波療法

衝撃波療法は膜透過性の改善や疼痛伝達の抑制，血管新生などに効果があると推測されているが，Cochrane reviews[47]では効果的であるとはいえないと結論づけられた。

4. 理学療法

テニス肘に対するストレッチの効果についての研究は意外にも少ない。Martinez-Silvestriniら[49]は，肘伸展位にて対側上肢による手関節伸筋ストレッチを30秒×3回を1日2セット行わせたところ，ベースラインに比べて疼痛や手の機能が改善したと報告した。ストレッチと同様に筋に対し

第3章 テニス肘

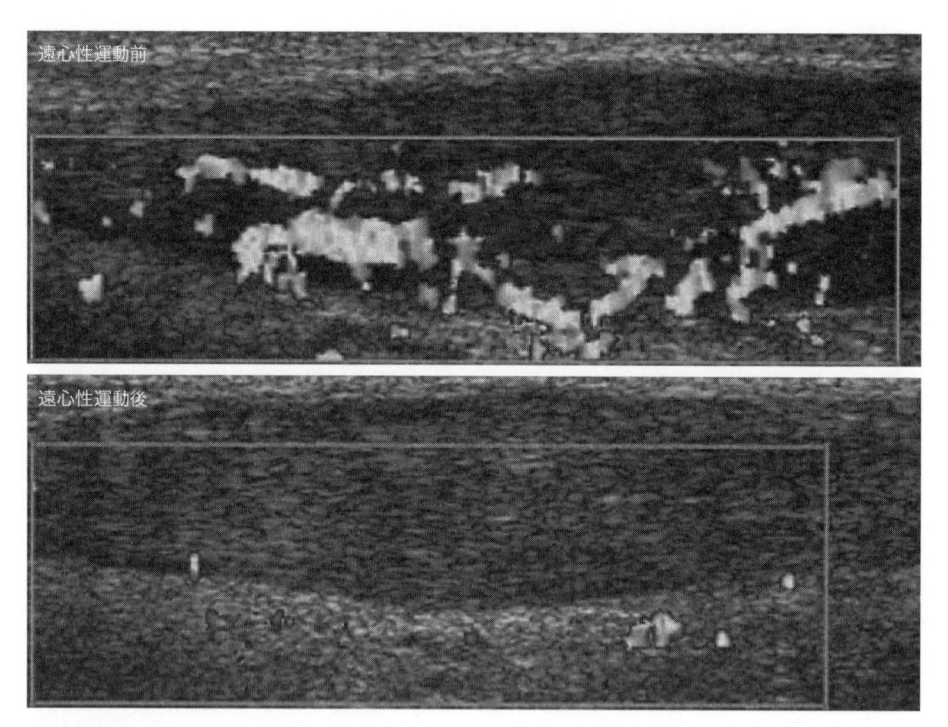

図 10-2 遠心性運動による血流変化
遠心性運動を用いた運動療法の後に血流が減少している。

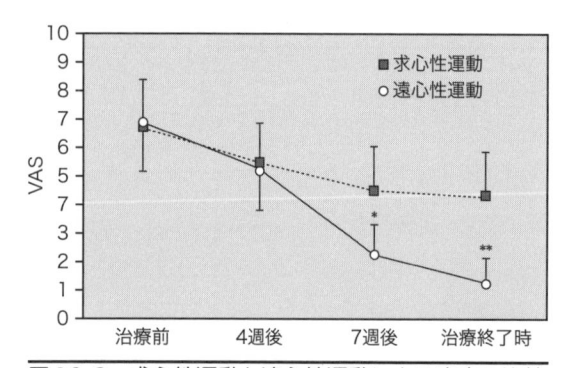

図 10-3 求心性運動と遠心性運動による疼痛の比較
遠心性運動のほうが求心性運動よりも治療開始後7週および治療終了時に疼痛が少なかった。* $p < 0.01$，** $p < 0.001$。

てアプローチするマッサージ（deep transverse friction massage：DTFM）の効果についてのCochrane reviewsが2002年に発表された[50]。検討項目はDTFM＋超音波＋軟膏塗布 vs. phonophoresis（超音波を利用して薬物の吸収を促進する方法）と，DTFM＋phonophoresis vs. phonophoresisであった。痛み，握力，機能において差は認められず，テニス肘に対するDTFMの効果に根拠はないと結論づけられた。

運動療法について，筋力訓練に関する報告は古くからあり，遠心性収縮を用いた運動療法が着目されてきた[44, 51, 52]。遠心性収縮を用いた筋力訓練は筋や腱を肥大させ，それらの強度や長さを増大させ，その結果腱にかかる張力を減少させると考えられた[44]。段階的に遠心性収縮を用いた運動療法を実施した報告において疼痛の減少を認めた[53]。また，血管新生に対する効果として，Ohbergら[54]は，遠心性運動を用いた運動療法の後に血流の減少を報告した（**図 10-2**）。疼痛に着目した臨床研究では，遠心性運動のほうが求心性運動よりも治療開始後7週および治療終了時に疼痛が少なかった（**図 10-3**）[55]。

以上のように，テニス肘に対する治療は前腕の筋力，柔軟性の改善に焦点があてられて行われてきた。根本的に病態がはっきりとしていないことが治療を難しくしている原因と考えられる。血流

に関する知見はアキレス腱炎に対する介入効果に基づくものであり，今後，テニス肘における同様の研究が望まれる。

E. まとめ

1. すでに真実として承認されていること
- 保存療法によりほとんどが改善し，手術にいたる例は少ない。

2. 議論の余地はあるが，今後の重要な研究テーマとなること
- 遠心性収縮を用いた筋力訓練による血流減少効果。
- 遠心性収縮を用いた筋力訓練の長期フォローアップ。

3. 真実と思われていたが，実は疑わしいこと
- 手術療法の予後はよいとされているが，術式によっては成功率の低いものもあり，テニス肘は手術によりほとんどが改善するということ。
- 基本的に病態自体が明らかになっていないために，テニス肘に対する治療も推定された病態に対する治療であるといわざるをえない。

文献

1. Mackay D, Rangan A, Hide G, Hughes T, Latimer J. The objective diagnosis of early tennis elbow by magnetic resonance imaging. *Occup Med (Lond)*. 2003; 53: 309-12.
2. Kraushaar BS, Nirschl RP. Tendinosis of the elbow (tennis elbow). Clinical features and findings of histological, immunohistochemical, and electron microscopy studies. *J Bone Joint Surg Am*. 1999; 81: 259-78.
3. Almekinders LC, Banes AJ, Ballenger CA. Effects of repetitive motion on human fibroblasts. *Med Sci Sports Exerc*. 1993; 25: 603-7.
4. Astrom M, Rausing A. Chronic Achilles tendinopathy. A survey of surgical and histopathologic findings. *Clin Orthop Relat Res*. 1995; (316): 151-64.
5. Gabel GT. Acute and chronic tendinopathies at the elbow. *Curr Opin Rheumatol*. 1999; 11: 138-43.
6. Hashimoto T, Nobuhara K, Hamada T. Pathologic evidence of degeneration as a primary cause of rotator cuff tear. *Clin Orthop Relat Res*. 2003; (415): 111-20.
7. Movin T, Gad A, Reinholt FP, Rolf C. Tendon pathology in long-standing achillodynia. Biopsy findings in 40 patients. *Acta Orthop Scand*. 1997; 68: 170-5.
8. Baker CL Jr, Murphy KP, Gottlob CA, Curd DT. Arthroscopic classification and treatment of lateral epicondylitis: two-year clinical results. *J Shoulder Elbow Surg*. 2000; 9: 475-82.
9. Bosworth DM. Surgical treatment of tennis elbow; a follow-up study. *J Bone Joint Surg Am*. 1965; 47: 1533-6.
10. Boyd HB, McLeod AC Jr. Tennis elbow. *J Bone Joint Surg Am*. 1973; 55: 1183-7.
11. Calfee RP, Patel A, DaSilva MF, Akelman E. Management of lateral epicondylitis: current concepts. *J Am Acad Orthop Surg*. 2008; 16: 19-29.
12. Dunkow PD, Jatti M, Muddu BN. A comparison of open and percutaneous techniques in the surgical treatment of tennis elbow. *J Bone Joint Surg Br*. 2004; 86: 701-4.
13. Garden RS. Tennis elbow. *J Bone Joint Surg Br*. 1961; 43: 100-6.
14. Grifka J, Boenke S, Kramer J. Endoscopic therapy in epicondylitis radialis humeri. *Arthroscopy*. 1995; 11: 743-8.
15. Grundberg AB, Dobson JF. Percutaneous release of the common extensor origin for tennis elbow. *Clin Orthop Relat Res*. 2000; (376): 137-40.
16. Henry M, Stutz C. A unified approach to radial tunnel syndrome and lateral tendinosis. *Tech Hand Up Extrem Surg*. 2006; 10: 200-5.
17. Nirschl RP, Pettrone FA. Tennis elbow. The surgical treatment of lateral epicondylitis. *J Bone Joint Surg Am*. 1979; 61: 832-9.
18. Peart RE, Strickler SS, Schweitzer KM Jr. Lateral epicondylitis: a comparative study of open and arthroscopic lateral release. *Am J Orthop*. 2004; 33: 565-7.
19. Rosenberg N, Henderson I. Surgical treatment of resistant lateral epicondylitis. Follow-up study of 19 patients after excision, release and repair of proximal common extensor tendon origin. *Arch Orthop Trauma Surg*. 2002; 122: 514-7.
20. Verhaar J, Walenkamp G, Kester A, van Mameren H, van der Linden T. Lateral extensor release for tennis elbow. A prospective long-term follow-up study. *J Bone Joint Surg Am*. 1993; 75: 1034-43.
21. Wadsworth TG. Tennis elbow: conservative, surgical, and manipulative treatment. *BMJ (Clinical reseach ed)*. 1987; 294 (6572): 621-4.
22. Wittenberg RH, Schaal S, Muhr G. Surgical treatment of persistent elbow epicondylitis. *Clin Orthop Relat Res*. 1992; (278): 73-80.
23. Posch JN, Goldberg VM, Larrey R. Extensor fasciotomy for tennis elbow: a long-term follow-up study. *Clin Orthop Relat Res*. 1978; (135): 179-82.
24. Dunn JH, Kim JJ, Davis L, Nirschl RP. Ten- to 14-year follow-up of the Nirschl surgical technique for lateral epicondylitis. *Am J Sports Med*. 2008; 36: 261-6.
25. Svernlov B, Adolfsson L. Outcome of release of the lateral extensor muscle origin for epicondylitis. *Scand J Plast Reconstr Surg Hnad Surg*. 2006; 40: 161-5.
26. Boyer MI, Hastings H 2nd. Lateral tennis elbow: is there any science out there? *J Shoulder Elbow Surg*. 1999; 8: 481-91.

27. Bankes MJ, Jessop JH. Day-case simple extensor origin release for tennis elbow. *Arch Orthop Trauma Surg*. 1998; 117: 250-1.
28. Calvert PT, Allum RL, Macpherson IS, Bentley G. Simple lateral release in treatment of tennis elbow. *J R Soc Med*. 1985; 78: 912-5.
29. Leppilahti J, Raatikainen T, Pienimaki T, Hanninen A, Jalovaara P. Surgical treatment of resistant tennis elbow. A prospective, randomised study comparing decompression of the posterior interosseous nerve and lengthening of the tendon of the extensor carpi radialis brevis muscle. *Arch Orthop Trauma Surg*. 2001; 121: 329-32.
30. Coonrad RW, Hooper WR. Tennis elbow: its course, natural history, conservative and surgical management. *J Bone Joint Surg Am*. 1973; 55: 1177-82.
31. Nirschl RP. Elbow tendinosis/tennis elbow. *Clin Sports Med*. 1992; 11: 851-70.
32. Wilhelm A. Tennis elbow: treatment of resistant cases by denervation. *J Hand Surg [Br]*. 1996; 21: 523-33.
33. Verhaar J, Spaans F. Radial tunnel syndrome. An investigation of compression neuropathy as a possible cause. *J Bone Joint Surg Am*. 1991; 73: 539-44.
34. Hayton MJ, Santini AJ, Hughes PJ, Frostick SP, Trail IA, Stanley JK. Botulinum toxin injection in the treatment of tennis elbow. A double-blind, randomized, controlled, pilot study. *J Bone Joint Surg Am*. 2005; 87: 503-7.
35. Placzek R, Drescher W, Deuretzbacher G, Hempfing A, Meiss AL. Treatment of chronic radial epicondylitis with botulinum toxin A. A double-blind, placebo-controlled, randomized multicenter study. *J Bone Joint Surg Am*. 2007; 89: 255-60.
36. Seyler TM, Smith BP, Marker DR, Ma J, Shen J, Smith TL, Mont MA, Kolaski K, Koman LA. Botulinum neurotoxin as a therapeutic modality in orthopaedic surgery: more than twenty years of experience. *J Bone Joint Surg Am*. 2008; 90 Suppl 4: 133-45.
37. Szabo RM. Steroid injection for lateral epicondylitis. *J Hand Surg Am*. 2009; 34: 326-30.
38. Wong SM, Hui AC, Tong PY, Poon DW, Yu E, Wong LK. Treatment of lateral epicondylitis with botulinum toxin: a randomized, double-blind, placebo-controlled trial. *Ann Intern Med*. 2005; 143: 793-7.
39. Binder AI, Hazleman BL. Lateral humeral epicondylitis: a study of natural history and the effect of conservative therapy. *Br J Rheumatol*. 1983; 22: 73-6.
40. Hay EM, Paterson SM, Lewis M, Hosie G, Croft P. Pragmatic randomised controlled trial of local corticosteroid injection and naproxen for treatment of lateral epicondylitis of elbow in primary care. *BMJ*. 1999; 319 (7215): 964-8.
41. Lewis M, Hay EM, Paterson SM, Croft P. Local steroid injections for tennis elbow: does the pain get worse before it gets better? Results from a randomized controlled trial. *Clin J Pain*. 2005; 21: 330-4.
42. Smidt N, van der Windt DA, Assendelft WJ, Deville WL, Korthals-de Bos IB, Bouter LM. Corticosteroid injections, physiotherapy, or a wait-and-see policy for lateral epicondylitis: a randomised controlled trial. *Lancet*. 2002; 359 (9307): 657-62.
43. Smith AG, Kosygan K, Williams H, Newman RJ. Common extensor tendon rupture following corticosteroid injection for lateral tendinosis of the elbow. *Br J Sports Med*. 1999; 33: 423-4; discussion 424-5.
44. Nirschl RP. Tennis elbow. *Orthop Clin North Am*. 1973; 4: 787-800.
45. Takasaki H, Aoki M, Oshiro S, Izumi T, Hidaka E, Fujii M, Tatsumi H. Strain reduction of the extensor carpi radialis brevis tendon proximal origin following the application of a forearm support band. *J Orthop Sports Phys Ther*. 2008; 38: 257-61.
46. Groppel JL, Nirschl RP. A mechanical and electromyographical analysis of the effects of various joint counterforce braces on the tennis player. *Am J Sports Med*. 1986; 14: 195-200.
47. Struijs PA, Smidt N, Arola H, Dijk CN, Buchbinder R, Assendelft WJ. Orthotic devices for the treatment of tennis elbow. *Cochrane Database Syst Rev*. 2002; (1): CD001821.
48. Derebery VJ, Devenport JN, Giang GM, Fogarty WT. The effects of splinting on outcomes for epicondylitis. *Arch Phys Med Rehabil*. 2005; 86: 1081-8.
49. Martinez-Silvestrini JA, Newcomer KL, Gay RE, Schaefer MP, Kortebein P, Arendt KW. Chronic lateral epicondylitis: comparative effectiveness of a home exercise program including stretching alone versus stretching supplemented with eccentric or concentric strengthening. *J Hand Ther*. 2005; 18: 411-9; quiz 420.
50. Brosseau L, Casimiro L, Milne S, Robinson V, Shea B, Tugwell P, Wells G. Deep transverse friction massage for treating tendinitis. *Cochrane Database Syst Rev*. 2002; (1): CD003528.
51. Bleakley C, McDonough S, MacAuley D. The use of ice in the treatment of acute soft-tissue injury: a systematic review of randomized controlled trials. *Am J Sports Med*. 2004; 32: 251-61.
52. Mafi N, Lorentzon R, Alfredson H. Superior short-term results with eccentric calf muscle training compared to concentric training in a randomized prospective multicenter study on patients with chronic Achilles tendinosis. *Knee Surg Sports Traumatol Arthrosc*. 2001; 9: 42-7.
53. Silbernagel KG, Thomee R, Thomee P, Karlsson J. Eccentric overload training for patients with chronic Achilles tendon pain: a randomised controlled study with reliability testing of the evaluation methods. *Scand J Med Sci Sports*. 2001; 11: 197-206.
54. Ohberg L, Alfredson H. Effects on neovascularisation behind the good results with eccentric training in chronic mid-portion Achilles tendinosis? *Knee Surg Sports Traumatol Arthrosc*. 2004; 12: 465-70.
55. Croisier JL, Foidart-Dessalle M, Tinant F, Crielaard JM, Forthomme B. An isokinetic eccentric programme for the management of chronic lateral epicondylar tendinopathy. *Br J Sports Med*. 2007; 41: 269-75.

〔山内　弘喜〕

第4章
肘関節脱臼

　スポーツ活動中に発生する外傷性肘関節脱臼は，転倒時に手をつくことで発生する場合が多く，その大部分は後方脱臼といわれている。治療法については，保存療法で良好な短期成績が得られているものの，長期的には多くの症例で肘関節伸展制限や何らかの愁訴が残存する。しかし，肘関節脱臼はスポーツ外傷のなかで好発外傷とは考えにくく，疫学を含め不明な点も多い。そこで本章では，肘関節脱臼の病態生理と治療法の科学的基礎に関して，「疫学・受傷機転」「病態・診断・評価」「手術療法と保存療法」の3つのカテゴリーに分類し，国際的な文献報告を整理した。

　成人における肘関節脱臼は，肩関節脱臼に次いで多く発生し，その発生率は約20％と報告された。小児の場合は，関節脱臼のなかでは肘関節脱臼が最も多く発生する。骨折を合併しない単純脱臼は，その方向によって前方・後方・側方・分散脱臼に分類され，70〜90％は後方脱臼であると報告された。骨折の合併は肘関節脱臼の12〜60％と報告者によってバラツキが大きく，その合併部位としては上腕骨内側上顆や橈骨が指摘されてきた。しかし，発生率に関しては近年の論文が少なく，年齢や性別，骨折の合併など大規模な疫学調査が必要である。

　肘関節脱臼の主たる病態は，外側側副靱帯や内側側副靱帯損傷による関節不安定性であるが，骨折の合併も含めるとその病態は複雑である。受傷機転で代表的なoutstretched handでは外側側副靱帯・関節包・内側側副靱帯の順に損傷が起こると考えられ，後外側回旋不安定性の概念が提唱された。力学的実験においても，外側側副靱帯は後外側回旋不安定性を制動する重要な靱帯である。脱臼自体は単純X線で診断できるが，靱帯損傷や合併損傷の有無の診断にはCTやMRIが利用される。また，不安定性検査などの徒手的評価は多くの方法が紹介されているが，その精度に関する報告は少ないのが現状である。

　肘関節後方脱臼の治療方法は，保存療法が第一選択としてのコンセンサスが得られており，手術適応は骨軟骨片や正中神経嵌入による整復困難などの例に限られる。固定期間が長くなると伸展制限の残存率が高くなるため，近年では整復後に安定している後方脱臼では，可及的早期からの積極的な理学療法が推奨されている。一方，外側側副靱帯断裂肘の他動運動では，前腕回外位に比べ回内位で内外反角度が減少することから，固定や可動時の前腕の位置を考慮する必要性が示唆されている。また，自動運動は，筋の作用により他動運動に比べて肘関節の安定性が向上するため，早期には自動運動から開始することが推奨されている。

第4章編集担当：加賀谷善教

11. 肘関節脱臼の疫学および受傷機転

はじめに

外傷性肘関節脱臼（以下，肘関節脱臼）はスポーツ活動中に発生する外傷の1つであるが，その疫学に関しては不明な点が多い．今回，骨折を合併しない肘関節単純脱臼の疫学に的を絞り，①発生率，②年齢，性差，左右差，③脱臼方向と骨折の合併，④受傷場面とスポーツについて文献をレビューした．

A. 文献検索方法

文献検索はPubMedを用いた．「elbow dislocation」「simple elbow dislocation」「epidemiology of elbow dislocation」「elbow injuries in sports」をキーワードとして検索を行った結果，3,168件が該当した．これらの文献タイトル，要旨から肘関節単純脱臼に関する論文を抽出した．また，先行研究から該当する論文を加え，18件の文献を対象とした．

B. 肘関節脱臼の発生率

1. 全人口における発生率

先行研究[1〜3]において，肘関節脱臼の発生率は100,000に6〜13人であった．Josefssonら[4]は12年間のスウェーデンのマルメにおける調査から，人口245,000人中178人に肘関節脱臼が発生したと報告した．大規模な調査報告ではJosefssonら[4]によるものが最新のもので，対象数，調査項目からも信頼性の高い報告の1つである．ほかの報告は調査時期がかなり古かったり対象数が少なかった．

2. 身体関節全体からみた肘関節脱臼

関節脱臼のうち肘関節脱臼は肩関節脱臼の次に多く発生すると報告された[5, 6]．成人と小児に分けた場合，成人における肘関節脱臼は肩関節に次いで多く発生し[2, 7, 8]，関節脱臼の20%が肘関節であった[8]．小児の関節脱臼では，肘関節脱臼が最も多かった[7, 9]．関節脱臼で最も多い肩関節脱臼が50〜85%を占める．肘関節脱臼は2番目に多い関節脱臼であるものの，好発外傷とはいえない．一方，肘関節障害全体における脱臼の占める割合は10〜28%であった[4, 6, 10, 11]．

C. 肘関節脱臼の発生年齢と性差および左右差

1. 発生年齢と性差

Neviaserら[12]は，10年間にアメリカのニューオーリンズの病院を受診し，治療した肘関節脱臼患者115例を対象として調査を行った．発生年齢のピークは11〜20歳で，20歳以下の発生が70例と半数以上であった（表11-1）．Linscheidら[12]は，15年間にメイヨークリニックを受診し，治療した肘関節脱臼患者105名110例を対象として追跡調査を行った結果，発生年齢のピークは男性は11〜20歳，女性は41〜50歳であり，男女で発生年齢のピークが異なると報告した（表11-1）．Josefssonら[4]は，マルメの整形外科を

第4章 肘関節脱臼

表11-1 肘関節脱臼受傷の年代別内訳（文献9, 12より作成）

	Neviaserら[12]	Linschiedら[9]	
		男性	女性
1〜10歳	31	7	7
11〜20歳	39	21	6
21〜30歳	7	9	2
31〜40歳	13	13	3
41〜50歳	12	6	10
51〜60歳	7	3	8
61〜70歳	6	1	6
71〜80歳		1	1
81〜90歳		0	1
合計	115	61	44

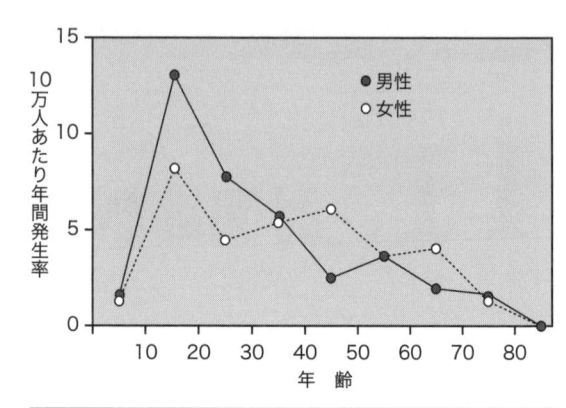

図11-1 肘関節脱臼178例の年齢・性別内訳（文献4より引用）
発生年齢のピークは男女ともに11〜20歳であり，男性のピークである11〜20歳の発生数がほかの年齢に比べて多かった。

表11-2 肘関節脱臼の発生年齢と男女比のまとめ（文献4, 9, 12より作成）

発表者	発生数	平均年齢	男性	女性	男女比
Neviaserら[12]	115例	23.6歳 (4〜69歳)	72	43	1.7 : 1.0
Linscheidら[9]	105名（110例）	− 6〜84歳	61	44	1.4 : 1.0
Josefssonら[4]	178例	30歳（中央値） (7〜96歳)	93	85	1.1 : 1.0

受診し，治療した肘関節脱臼患者178例を対象として調査を行った結果，発生年齢のピークは男女ともに11〜20歳であり，男性のピークである11〜20歳の発生数が他の年齢に比べて多かった（**図11-1**）。以上の文献[4,9,12]の発生年齢および男女比の詳細を**表11-2**にまとめた。今回，対象数が100例以上と比較的多く，対象の年齢を幅広く調査した研究をまとめたが，すべての研究報告で女性に比べて男性の発生数が多かった。また，すべての報告で男性の発生数は11〜20歳で多かったが，女性では報告によってばらつきがみられた。

2. 左右差

Neviaserら[12]は，肘関節脱臼患者115例のうち，右37例，左78例と左の発生が多いことを報告した。Linscheidら[9]は，肘関節脱臼患者110例のうち，右49例，左61例と報告した。十分な対象数を設け左右差のほかに利き手・非利き手による違いを調べた研究は見出せなかった。

D. 肘関節脱臼の方向と骨折の合併

1. 肘関節脱臼の方向

骨折を合併しない肘関節単純脱臼は，脱臼の方向によって前方・後方・側方・分散脱臼に分類される。後方脱臼が最も多く，前方脱臼・分散脱臼はまれである[1,7]。分散脱臼は橈骨と尺骨が異なる方向へ脱臼し[1]，脱臼に先立ち軟部組織が損傷すると考えられた[7]。脱臼方向別の発生率につい

表 11-3 肘関節脱臼の脱臼方向別の内訳（文献 4, 9, 12 より作成）

発表者	脱臼方向	例数
Neviaser ら [12]	後方	90
	後外方	13
	後内方	3
	前方	3
	側方	6
Linscheid ら [9]	後方	73
	後外方	13
	前方	2
	内方	4
	外方	2
	識別不能	16
Josefsson ら [4]	後方・後外方	112
	前方	1
	外方	9
	識別不能	56

表 11-4 肘関節脱臼骨折における骨折部位（文献 8, 12 より作成）

発表者	部位	例数
Neviaser ら [12]	内側顆または上顆	35
	橈骨頭または橈骨頸	12
	鉤状突起	5
	外側顆または上顆	4
	橈骨遠位	4
	上腕骨小頭	4
	肘の開放脱臼	2
	肘頭	2
	舟状骨	1
	滑車	1
	月状骨周囲	1
	Bennett 骨折	1
	肋骨	1
	頭蓋骨	1
Lansinger ら [8]	橈骨頭	20
	鉤状突起	6
	外側上顆	6
	内側上顆	2
	上腕骨小頭	3
	肘頭	5

て，Neviaser ら [12] は後内方・後外方を含む後方脱臼が 92 %，Linscheid ら [9] は後外方を含む後方脱臼が 78 %，Josefsson ら [4] は後方・後外方脱臼が 63 % であったと報告した（**表 11-3**）。脱臼方向では，後方脱臼が大半を占めていたが，後方以外へ脱臼した場合，骨折，神経損傷，血管損傷などを合併することにより，脱臼以外の外傷に分類された可能性もある。

2. 骨折の合併

肘関節脱臼のなかには軟部組織損傷に肘関節面の骨折を合併する脱臼骨折，複雑脱臼も含まれる。肘関節脱臼の 12〜60 % が骨折を合併し，軟骨損傷は 100 % に合併するとされ，骨折部位としては，橈骨頭，尺骨鉤状突起，尺骨肘頭，尺骨滑車，上腕骨小頭，上腕骨上顆などがあげられる [2, 5]。Naviaser ら [12] は，骨折部位別に発生数を調べた。肘関節脱臼 115 例中 65 例に骨折が

表 11-5 肘関節脱臼骨折における骨折部位と年齢（文献 4 より引用）

部位	例数	年齢の中央値（範囲）
内側上顆	22	13（ 9〜76）
外側上顆	5	37（12〜58）
橈骨頭	17	33（20〜76）
鉤状突起	6	68（37〜76）
上腕骨小頭	4	51（10〜68）
肘頭	2	27（21〜32）
合　計	56	32（ 9〜76）

第4章 肘関節脱臼

表11-6 肘関節脱臼115例の受傷場面（文献9, 12より作成）

報告者	受傷場面	例数
Neviaserら[12]	不明	56
	手を伸ばして転倒	30
	肘への直接外傷	29
Linscheidら[9]	屋内での転倒	20
	仕事中の転倒	17
	余暇・スポーツ活動中の転倒	35
	馬術における転倒	7
	その他の転倒	11
	交通事故	10
	農業機械による事故	4
	スポーツ活動（転倒以外）	3
	不明	3

表11-7 肘関節脱臼178例の受傷場面と年齢（文献4より引用）

受傷場面	例数	年齢の中央値（範囲）
スポーツ	56	16（9〜45）
遊び	20	13（7〜49）
交通事故	18	24（10〜76）
その他	57	44（9〜72）
不明	27	50（17〜96）
合計	178	30（7〜96）

表11-8 アメリカにおける肘関節脱臼の多いスポーツ（文献14より引用）

種目	肘関節脱臼	肘損傷合計
アメリカンフットボール	756	12,684
レスリング	880	3,089
アイスホッケー	137	944
野球	119	7,543
体操	366	2,893

表11-9 アメリカンフットボールにおける肘関節, 前腕, 手関節損傷の内訳（文献15より引用）

診断名	損傷数	頻度（％）
手関節捻挫	160	19
肘関節過伸展捻挫	114	13
前腕骨折	84	10
内側・外側肘関節捻挫	65	8
肘関節挫傷	56	6
肘関節脱臼・亜脱臼	44	5
手関節骨折	43	5
上腕三頭筋挫傷・裂離	38	4
肘関節遊離体形成	36	4
手関節脱臼・亜脱臼	24	3
肘関節の炎症・上顆炎	22	2
肘頭部滑液包炎	16	2
前腕挫傷・裂傷・擦過傷	16	2
手関節挫傷・刺し傷	15	2
上腕二頭筋挫傷・腱裂離	15	2
肘関節骨折	11	1
手関節滑膜炎・腱炎	9	1
非特異的肘関節挫傷	8	<1
肘関節過伸展挫傷	6	<1
前腕筋の捻挫	5	<1
合計	787	

合併し, 最も多い骨折部位は上腕骨内側上顆35例, 橈骨頭12例であったと報告した。Lansingerら[8]は, 肘関節脱臼72例のうち34例42ヵ所に骨折を合併し, 橈骨頭骨折が20例と最も多いことを報告した（**表11-4**）。Josefssonら[4]は, 肘関節脱臼178例中47例56ヵ所に骨折を合併し, 上腕骨内側上顆22例, 橈骨頭17例と多く, 上腕骨内側上顆骨折の受傷年齢の中央値は13歳, 橈骨頭骨折は33歳であると報告した（**表11-5**）。骨折の合併部位は共通して上腕骨内側上顆, 橈骨頭が多くあげられていた。

表11-10 肘関節損傷の発生するプレーの内訳（文献14より引用）

プレー	例数	身体部位に対する割合（%）
タックルをする	111	22
タックルを受ける	54	11
ブロックをする	126	26
ブロックを受ける	53	11
その他のコンタクト	35	7
ノンコンタクト	15	3
その他	89	18
不明	11	2

表11-11 女子体操選手の肘関節損傷（文献16より引用）

損傷名	件数
脱臼	17
内側上顆骨折	16
橈骨頭骨折	3
上腕骨顆上骨折	2
橈骨神経麻痺	1
近位尺骨細片骨折	1
肘頭骨軟骨骨折	1
合計	41

E. 肘関節脱臼の受傷場面とスポーツ

1. 肘関節脱臼の受傷場面

Neviaserら[12]は，受傷場面が特定できない者を除いた約半数がアウトストレッチド・ハンドといわれる手を伸ばした状態での転倒により受傷し，残り半数は肘への直接外力により受傷したと報告した。Linscheidら[9]は，肘関節脱臼110例中90例が転倒により受傷し，45例がスポーツ活動による受傷と報告した（表11-6）。Josefssonら[4]は，肘関節脱臼178例のうち56例がスポーツ活動により受傷し，その受傷年齢の中央値は16歳と報告した（表11-7）。Eygendaalら[13]は，肘関節脱臼の受傷場面について，41例中スポーツ活動16例，家事17例，交通事故8例と報告した。Mehlhoffら[11]は，転倒75%，交通事故15%，スポーツ活動10%と報告した。研究の年代に差があるため，研究ごとに受傷場面の項目が異なっていたが，転倒，スポーツ活動による受傷が多いことは共通していた。

2. 競技種目からみた肘関節脱臼

アメリカにおける肘関節脱臼の調査として，コンタクトスポーツではレスリング，アメリカンフットボール，アイスホッケーを，ノンコンタクトスポーツでは体操，野球を対象にした研究がある[14]。レスリング，アメリカンフットボール，体操，アイスホッケー，野球の順に肘関節脱臼は多く発生していた（表11-8）。肘関節脱臼という項目を設けた調査が少なく，対象競技もかぎられていた。スポーツ競技の疫学調査では，損傷部位，損傷などの項目で調査を行ったものが多く，肘関節脱臼について言及しているものはまれであった。

1) アメリカンフットボール

アメリカのプロリーグ（National Football

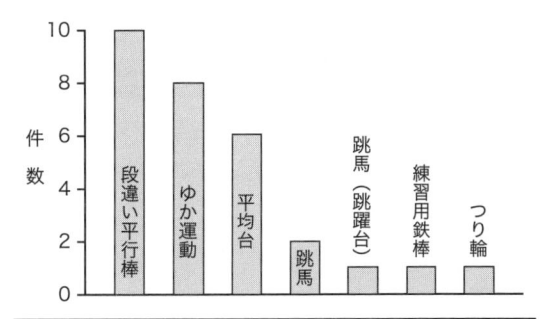

図11-2 女子体操選手の肘関節脱臼の受傷種目（文献16より引用）
受傷した種目では，段違い平行棒，ゆか，平均台，跳馬の順に多い。

第4章 肘関節脱臼

表11-12 スノーボードにおける上肢損傷(文献17より引用)

	手掌 例数(%)	手関節 例数(%)	前腕 例数(%)	肘関節 例数(%)	上肢 例数(%)	肩 例数(%)
打撲	4 (7.1)	4 (0.8)	5 (4.2)	12 (16.9)	9 (17.7)	28 (9.9)
脱臼	4 (7.1)	1 (0.2)	1 (0.8)	8 (11.3)	1 (2.0)	90 (31.7)
骨折	13 (23.2)	245 (46.5)	94 (79.0)	20 (28.2)	24 (47.1)	92 (32.4)
捻挫	28 (50.0)	239 (45.4)	10 (8.4)	17 (23.9)	7 (13.7)	47 (16.6)
多発損傷	1 (1.8)	22 (4.2)	6 (5.0)	4 (5.6)	4 (7.8)	6 (2.1)
その他	6 (10.7)	16 (3.0)	3 (2.5)	10 (14.1)	6 (11.8)	21 (7.4)
合計	56 (100)	527 (100)	119 (100)	71 (100)	51 (100)	284 (100)

1,066人中,5人は3部位,32人は2部位,1,029人は1部位の損傷で,合計1,108部位の損傷が報告された。

表11-13 スノーボードによる男女別上肢損傷(文献18より引用)

部位	損傷	男性 例数	男性 %	女性 例数	女性 %	合計
手関節	骨折	744	62	455	38	1,199
	脱臼	19	95	1	5	20
	捻挫	160	52.7	144	47.3	304
	舟状骨骨折	36	76.6	11	23.4	47
肘関節	骨折	64	81	15	19	79
	脱臼	52	72.2	20	27.8	72
前腕骨折		60	65.2	32	34.8	92
肩	骨折	38	70.4	16	29.6	54
	脱臼	199	87.7	28	12.3	227
	肩鎖関節損傷	352	91.4	33	8.6	385
	鎖骨骨折	262	94	17	6	279
手部骨折		126	78.3	25	21.7	161

League:NFL)選手を対象とした10年間の調査[15]において,合計24,432件の外傷・障害のうち,肘関節,前腕,手関節の外傷・障害は4%にあたる859件であった。肘関節,前腕,手関節外傷・障害のうち肘関節が58%(494件)を占めた。10年間で延べ2,304,284回の練習,試合の参加があり,全外傷・障害は1,000回あたり10.6件,肘関節の外傷・障害は1,000回あたり0.21件発生した。肘関節,前腕,手関節の外傷・障害859件のうち肘関節脱臼は44件(5%)で,全外傷・障害中0.2%の発生率であった(表11-9)。また,肘関節の外傷・障害は,タックルやブロックなどのコンタクトプレーで多く発生した(表11-10)。

2)体 操

女子体操選手28名の肘関節外傷・障害30例を対象とした研究[16]では,肘関節脱臼は17件

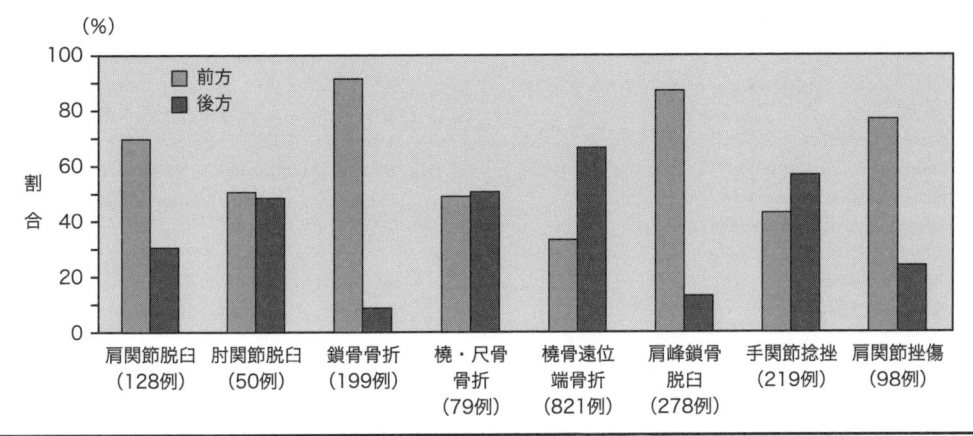

図11-3 スノーボードによる上肢傷害受傷時の転倒方向（文献18より引用）

（57％）であった（**表11-11**）。女子体操選手のうち肘関節外傷・障害は7％で発生していることから肘関節脱臼は4％に発生すると考えられる。受傷した種目については，段違い平行棒，ゆか，平均台，跳馬の順に多かった（**図11-2**）。

3）スノーボード

スノーボードによる肘関節脱臼について，Hagelら[17]は2シーズンの調査により，上肢損傷1,108件中肘関節脱臼8件（**表11-12**），Idzikowskiら[18]は10シーズンの調査で3,645件中72件発生したと報告した（**表11-13**）。また，Idzikowskiらは肘関節脱臼受傷時の転倒方向について報告し，前方への転倒が51％，後方への転倒が49％であるとした（**図11-3**）。

F. まとめ

1. すでに真実として承認されていること
- 肘関節脱臼は関節脱臼のうち肩関節脱臼に次いで多く発生する。
- 肘関節脱臼は小児の関節脱臼のなかで最も多い。
- 発生年齢のピークについて，男性では若年層に多く発生し，女性では報告によって異なる。
- 脱臼方向としては後方脱臼が多く発生する。
- 肘関節脱臼に伴う骨折は上腕骨内側上顆，橈骨頭に多く発生する。
- 肘関節脱臼は転倒やスポーツ活動により発生することが多い。

2. 議論の余地はあるが，今後の重要な研究テーマとなること
- 発生率については近年の報告が少なく，年齢，性別を含めた大規模な調査報告が必要である。
- 肘関節脱臼の左右差についての報告は少なく，コンセンサスが得られていない。
- 肘関節脱臼骨折の骨折部位と年齢，性別との関連性を検討した報告はなく，今後の報告が待たれる。
- スポーツ選手における肘関節脱臼の項目を設けた疫学的報告は少ない。競技別の発生率や詳細な受傷場面を調査した報告が必要である。

文献
1. Hildebrand KA, Patterson SD, King GJ. Acute elbow dislocations: simple and complex. *Orthop Clin North Am*. 1999; 30: 63-79.
2. Kuhn MA, Ross G. Acute elbow dislocations. *Orthop Clin North Am*. 2008; 39: 155-61, v.
3. Hobgood ER, Khan SO, Field LD. Acute dislocations of the adult elbow. *Hand Clin*. 2008; 24: 1-7.
4. Josefsson PO, Nilsson BE. Incidence of elbow disloca-

5. Cohen MS, Hastings H 2nd. Acute elbow dislocation: evaluation and management. *J Am Acad Orthop Surg*. 1998; 6: 15-23.
6. Schippinger G, Seibert FJ, Steinbock J, Kucharczyk M. Management of simple elbow dislocations. Does the period of immobilization affect the eventual results? *Langenbeck Arch Surg*. 1999; 384: 294-7.
7. Sheps DM, Hildebrand KA, Boorman RS. Simple dislocations of the elbow: evaluation and treatment. *Hand Clin*. 2004; 20: 389-404.
8. Lansinger O, Karlsson J, Korner L, Mare K. Dislocation of the elbow joint. *Arch Orthop Traum Surg*. 1984; 102: 183-6.
9. Linscheid RL, Wheeler DK. Elbow dislocations. *JAMA*. 1965; 194: 1171-6.
10. Royle SG. Posterior dislocation of the elbow. *Clin Orthop Relat Res*. 1991; (269): 201-4.
11. Mehlhoff TL, Noble PC, Bennett JB, Tullos HS. Simple dislocation of the elbow in the adult. Results after closed treatment. *J Bone Joint Surg*. 1988; 70: 244-9.
12. Neviaser JS, Wickstrom JK. Dislocation of the elbow: a retrospective study of 115 patients. *South Med J*. 1977; 70: 172-3.
13. Eygendaal D, Verdegaal SH, Obermann WR, van Vugt AB, Poll RG, Rozing PM. Posterolateral dislocation of the elbow joint. Relationship to medial instability. *J Bone Joint Surg*. 2000; 82: 555-60.
14. Burra G, Andrews JR. Acute shoulder and elbow dislocations in the athlete. *Orthop Clin North Am*. 2002; 33: 479-95.
15. Carlisle JC, Goldfarb CA, Mall N, Powell JW, Matava MJ. Upper extremity injuries in the National Football League: part II: elbow, forearm, and wrist injuries. *Am J Sports Med*. 2008; 36: 1945-52.
16. Priest JD. Elbow injuries in gymnastics. *Clin Sports Med*. 1985; 4: 73-83.
17. Hagel B, Pless IB, Goulet C. The effect of wrist guard use on upper-extremity injuries in snowboarders. *Am J Epidemiol*. 2005; 162: 149-56.
18. Idzikowski JR, Janes PC, Abbott PJ. Upper extremity snowboarding injuries. Ten-year results from the Colorado snowboard injury survey. *Am J Sports Med*. 2000; 28: 825-32.

〔川崎　渉〕

12. 肘関節脱臼の病態・診断・評価

はじめに

肘関節脱臼は，後方脱臼・前方脱臼・多方向脱臼に分類される．後方脱臼が最も多く，90％以上が後方脱臼であるといわれている．受傷機転と病態は密接に関係していることから，代表的な受傷機転を解説し，その病態について文献的考察を加える．

A. 文献検索方法

文献検索にはPubMedを使用し，「elbow」「dislocation」というキーワードにて検索した．さらに最近のレビュー文献を参考に，現在の主流であると思われる17論文をまとめた．

B. 受傷機転

代表的な受傷機転は，図12-1のように床面に上肢をつく場面である．腕橈関節に対して圧迫応力が加わり，同時に体幹と上腕骨はともに内旋方向に回旋し，結果的に前腕は回外する．徐々に体重心は肘内側の方向にかかり，肘関節は外反される[1]．この受傷の過程は以下の3つのステージに分類された[1]（図12-2）．

ステージ1：腕橈関節に圧迫，回外，外反力が加わり，橈骨頭が上腕骨小頭より後外側にずれ，まず，最初に外側側副靱帯が損傷される．

ステージ2：徐々に後外側方向へのずれが大きくなり，前方の関節包が損傷される．

ステージ3：最後に，内側側副靱帯の後方線維が損傷され，最終的に内側側副靱帯の全線維が損傷され完全脱臼が起こる．

術中所見による報告では，肘関節脱臼のほぼ100％に内側側副靱帯損傷が発生したという報告もある．ステージ3はさらに3つのカテゴリーに分類される．3Aでは内側側副靱帯の前方線維は

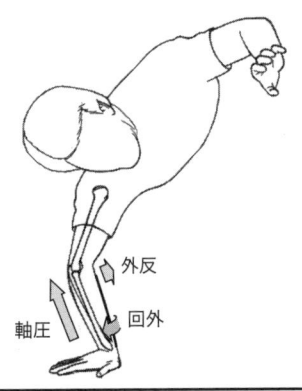

図12-1 肘関節脱臼の代表的な受傷機転（文献1より作図）
床面に手をついた際に発生することが多い．

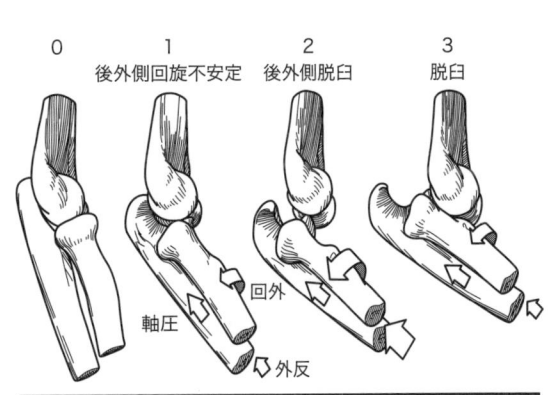

図12-2 肘関節脱臼のステージ分類（文献1より作図）

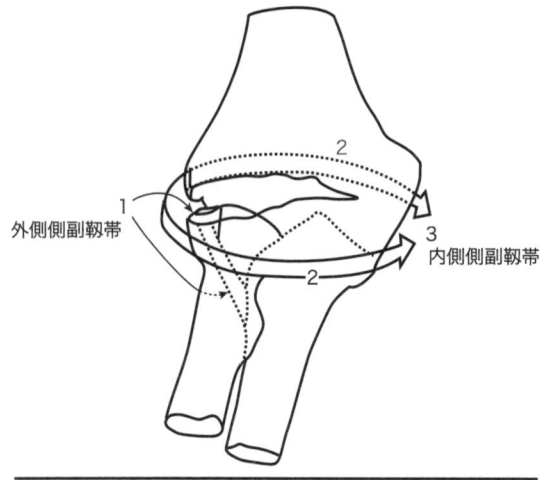

第4章 肘関節脱臼

図12-3 Ring of instability（文献1より作図）
外側側副靱帯，関節包，内側側副靱帯の順に損傷が起こる。

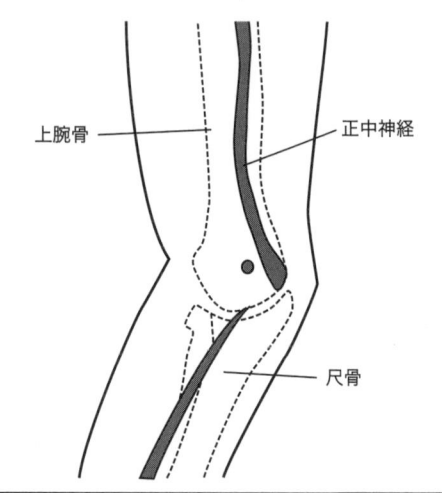

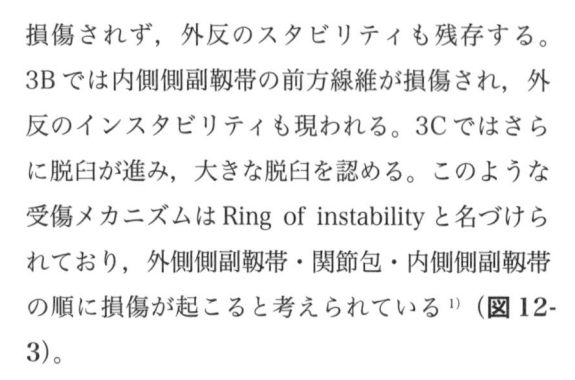

図12-4 正中神経損傷（文献6より作図）
上腕骨と尺骨に挟まれ，正中神経が損傷される。

損傷されず，外反のスタビリティも残存する。3Bでは内側側副靱帯の前方線維が損傷され，外反のインスタビリティも現れる。3Cではさらに脱臼が進み，大きな脱臼を認める。このような受傷メカニズムはRing of instabilityと名づけられており，外側側副靱帯・関節包・内側側副靱帯の順に損傷が起こると考えられている[1]（図12-3）。

脱臼が完成すると，尺骨の鉤状突起が肘頭窩にはさみこむような形になる[2]。しかし術中所見や，生体力学的な実験より，脱臼時に外側側副靱帯・内側側副靱帯が損傷するかどうかは議論の余地がある。肘関節脱臼時の損傷形態に関しては，臨床所見や力学的な検討が不足しているため，1つの受傷機転では表現できないものであり，さまざまな組織の損傷形態があると推測された[3]。

C. 病　態

1. 内側顆・外側顆の剥離骨折

内側顆・外側顆の剥離骨折は肘関節脱臼の12％程度にみられ，内側側副靱帯および外側側副靱帯の牽引力によって発生する[4]。

2. 尺骨鉤状突起骨折

尺骨鉤状突起の骨折は10％程度にみられる[2,4,5]。

3. 橈骨頭および頸部骨折

5〜10％に橈骨および橈骨頸部骨折が発生する[4]。

4. 骨軟骨損傷

後方脱臼のほぼ100％に骨軟骨損傷がみられていると記されており，多くの場合，何らかの軟骨病変があることが予想される[5]。

5. 正中神経損傷

正中神経は脱臼時に内側顆の骨折や内側に付着する筋の損傷などに伴って後方へ回り込み，整復される際に挟み込まれる[6]（図12-4）。

6. その他

その他，合併症として橈骨動脈損傷，尺骨神経障害やコンパートメント症候群などを起こすことがある[7〜13]。

12. 肘関節脱臼の病態・診断・評価

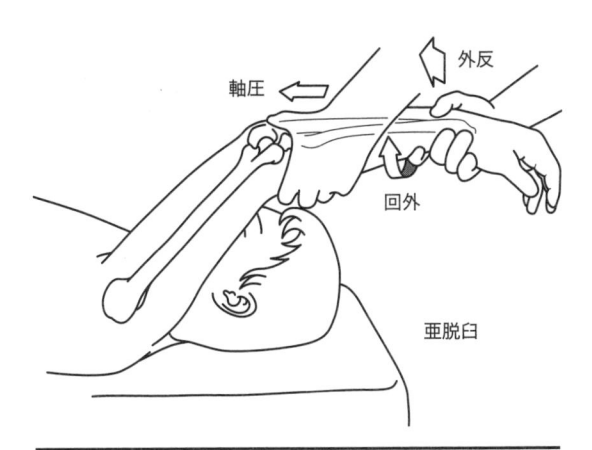

図 12-5 lateral pivot shift apprehension test（文献 14 より作図）
外反ストレスをかけて回外させる。亜脱臼を起こし、不安感を訴えると陽性。

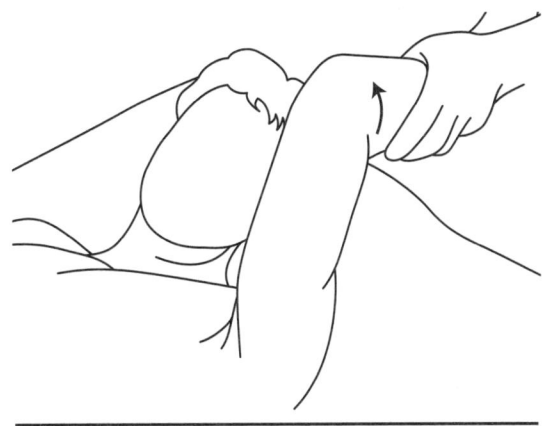

図 12-6 posterolateral rotatory apprehension test（文献 15 より作図）
前腕を回内させる。亜脱臼が確認でき、不安感を訴えれば陽性。

D. 診断と評価

1. 診 断

受傷機転や疼痛の部位を確認し、感覚異常などを確認した後、まず神経・血管の損傷を疑う必要がある。次に単純X線により脱臼の方向や骨折の有無を確認する。もし骨折が複雑な場合や小骨片が疑われる場合にはCTを、さらに靱帯損傷や軟骨病変を確認するためにはMRIを行う必要がある。

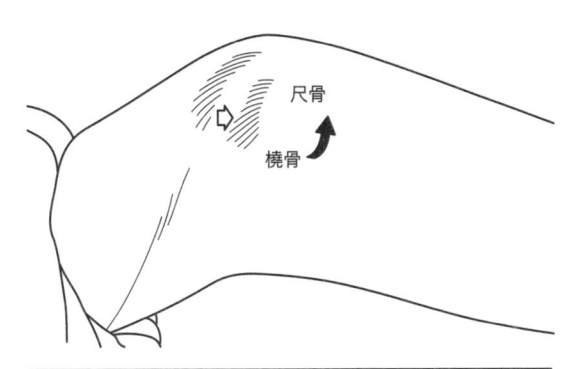

図 12-7 lateral pivot test（文献 16 より作図）
橈骨と尺骨が上腕骨から離れる方向に力を加える。くぼみがみられ、屈曲させていくと40°以上で整復される。

2. 評 価

1) lateral pivot‐shift apprehension test（ラテラルピボットシフトテスト）

背臥位で腕を挙上させて、前腕に回外・外反・圧縮力を加える。肘が屈曲するときに約40〜70°にて亜脱臼が起こり、さらに屈曲させて整復されるときに不安感を生じる。ステージ1にて陽性を示す[14]（図 12-5）。

2) posterolateral rotatory apprehension test（後外側回旋不安定性テスト）

背臥位にて上肢をリラックスさせる。検者は前腕を回内させると、橈骨と尺骨が回旋を起こし、亜脱臼が確認できる。また、そのときに患者は不安感を訴える[15]（図 12-6）。

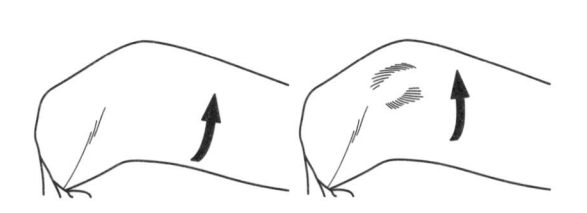

図 12-8 posterolateral rotatory drawer test（文献 16 より作図）
回旋方向に力を加える。関節にくぼみがみられる。

101

第4章 肘関節脱臼

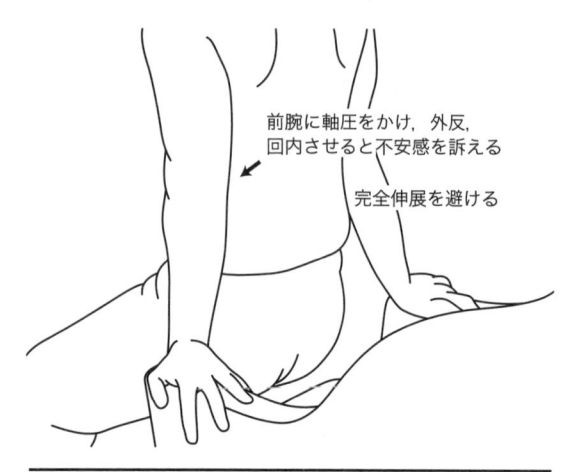

図 12-9 chair sign（文献 17 より作図）
座位として，肘屈曲位で前腕に軸圧をかけ，外反・回内させると不安感を訴え，完全伸展を避けようとする。

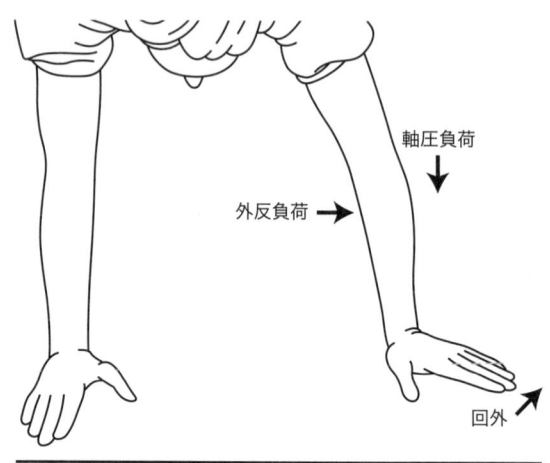

図 12-10 push sign（文献 17 より作図）
肘 90°屈曲，前腕回外にて上腕を外旋させ軸圧を加えると不安感を訴える。

表 12-1 肘関節不安定性の分類

ステージ		損傷部位	テスト	愁訴
1	後外側回旋不安定	外側側副靱帯	ピボットシフト	不安定
2	後外側脱臼	1＋橈側側副靱帯と関節包	1＋内反	1±反復性亜脱臼
3a	後方脱臼	2＋内側側副靱帯後方線維	2＋外反（回内位にて安定）	2±反復性脱臼
3b	後方脱臼	3a＋内側側副靱帯前方線維	3a＋不安定性	3a＋反復性脱臼

±：出現することもあり。

3) lateral pivot test（ラテラルピボットテスト）

背臥位にて上肢をリラックスさせる，橈骨と尺骨が上腕骨から離れる方向に力を加えると，橈尺関節にくぼみがみられる。徐々に屈曲させていくと屈曲 40°以上にて整復される感覚が感じられる[16]（図 12-7）。

4) posterolateral rotatory drawer test（後外側回旋落ち込みテスト）

膝のラックマンテストに似ている。整復された状態から，回旋方向に力を加える。内側側副靱帯を軸として回旋が起こり，関節にくぼみがみられる[16]（図 12-8）。

5) chair sign（チェアサイン）

患者は座位をとり，肘関節は 90°屈曲位にて前腕を回外させ，上腕を外転させておく。その後，軸圧を加えながら荷重し，前腕をさらに回外し，外反させると不安感を訴える[17]（図 12-9）。

6) push sign（プッシュサイン）

腕立てのような姿勢をとり，肘 90°屈曲・前腕回外にて上腕を外転させ軸圧を加えると，不安感を訴える[17]（図 12-10）。

これらのテストを行うことによって，表 12-1 のように診断を行うことができる。標準的な内反や外反のストレステストも組み合わせることによって診断の精度は上がってくるものと思われる。

しかし，その評価方法についての精度を検証した報告は少なく，1つの文献には精度はあまり高くないと記されている[1]。

E. まとめ

1. すでに真実として承認されていること
- 肘関節脱臼の多くは後方脱臼であり，病態は複雑である。

2. 議論の余地はあるが，今後の重要な研究テーマとなること
- 肘関節脱臼に関する力学的検討・臨床所見とも報告が少ないため，今後の検討課題である。

3. 真実と思われていたが，実は疑わしいこと
- さまざまな評価方法が確立されているが，その方法は難しく，評価方法の精度に関する報告は少ない。

文 献

1. O'Driscoll SW, Morrey BF, Korinek S, An KN. Elbow subluxation and dislocation. A spectrum of instability. *Clin Orthop Relat Res*. 1992: (280): 186-97.
2. Ring D, Jupiter JB. Current concepts review: fracture-dislocation of the elbow. *J Bone Joint Surg Am*. 1998; 80: 566-80.
3. Sheps DM, Hildebrand KA, Boorman RS. Simple dislocations of the elbow: evaluation and treatment. *Hand Clin*. 2004; 20: 389-404.
4. Kuhn MA, Ross G. Acute elbow dislocations. *Orthop Clin North Am*. 2008; 39: 155-61, v.
5. Durig M, Muller W, Ruedi T, Gauer E. The operative treatment of elbow dislocation in the adult. *J Bone Joint Surg Am*. 1979; 61: 239-44.
6. Matev I. A radiological sign of entrapment of the median nerve in the elbow joint after posterior dislocation. A report of two cases. *J Bone Joint Surg Br*. 1976; 58: 353-5.
7. Cohen MS, Hastings H 2nd. Acute elbow dislocation: evaluation and management. *J Am Acad Orthop Surg*. 1998; 6: 15-23.
8. Hobgood ER, Khan SO, Field LD. Acute dislocations of the adult elbow. *Hand Clin*. 2008; 24: 1-7.
9. Martin BD, Johansen JA, Dwards SG. Complications related to simple dislocations of the elbow. *Hand Clin*. 2008; 24: 9-25.
10. McKee MD, Schemitsch EH, Sala MJ, O'Driscoll SW. The pathoanatomy of lateral ligamentous disruption in complex elbow instability. *J Shoulder Elbow Surg*. 2003; 12: 391-6.
11. Mehlhoff T, Noble P, Bennett J, Tullos H. Simple dislocation of the elbow in the adult. Results after closed treatment. *J Bone Joint Surg Am*. 1988; 70: 244-9.
12. Morrey BF, An K-N. Articular and ligamentous contributions to the stability of the elbow joint. *Am J Sports Med*. 1983; 11: 315-9.
13. Ross G, McDevitt ER, Chronister R, Ove PN. Treatment of simple elbow dislocation using an immediate motion protocol. *Am J Sports Med*. 1999; 27: 308-11.
14. O'Driscoll S, Bell D, Morrey B. Posterolateral rotatory instability of the elbow. *J Bone Joint Surg Am*. 1991; 73: 440-6.
15. O'Driscoll SW. Elbow instability. *Hand Clin*. 1994; 10: 405-15.
16. O'Driscoll SW. Classification and evaluation of recurrent instability of the elbow. *Clin Orthop Relat Res*. 2000; (370): 34-43.
17. Regan W, Lapner PC. Prospective evaluation of two diagnostic apprehension signs for posterolateral instability of the elbow. *J Shoulder Elbow Surg*. 2006; 15: 344-6.

〔佐藤　孝二〕

13. 肘関節脱臼の手術療法と保存療法

はじめに

肘関節脱臼はスポーツ選手において比較的まれな外傷である。転倒時に手をつくこと（outstretched hand）により後方脱臼する場合が多い[1〜3]。治療は一般的に保存療法が選択され、治療成績は良好とされている[1, 4〜9]。しかし、長期成績では50％の患者で何らかの愁訴が残存し[10]、活動の支障となる後遺症では伸展制限が33〜65％と最も多い[9〜11]。したがって、伸展制限を少なくすることが肘関節脱臼の治療の鍵であり、早期可動訓練が近年のトピックとなっている[8, 9, 12]。しかし、広範な軟部組織の損傷による重度な不安定性を呈する肘に対しては、保存療法では長期の固定が必要となり、早期可動訓練の開始は困難で、手術療法のほうが早期の可動訓練が可能とされている[8, 9, 13]。そこで本項では、①肘関節後方脱臼における保存療法と手術療法の適応、②スポーツ復帰を含めた治療成績、③リハビリテーションに関する内容、についてまとめた。

A. 文献検索方法

文献検索にはPubMedを使用し、対象文献を英語に限定した。キーワードは「elbow AND dislocation」で1,559件だった。これを基本として、「AND posterior」で210件、「AND simple」で90件、「AND posterior AND surgery」で148件だった。その中から手術療法と保存療法の適応や治療成績、リハビリテーションに関係する内容を含む文献を抽出し、さらに文献中の引用などを加えて46文献をまとめた。

B. 手術療法と保存療法の適応

肘関節後方脱臼の保存療法と手術療法を比較した唯一の無作為化臨床試験によれば、保存療法に対して手術療法は有益性がないと報告され[4]、保存療法が第一選択であるというコンセンサスが得られている。手術療法が必要な場合として整復時、整復後急性期、慢性期に分けられる。

1. 整復

一般的に肘関節脱臼受傷後の整復は非麻酔下で徒手的に行われる場合が多かった。しかし近年は、①整復が容易に行えるため二次的な軟部組織や軟骨損傷が防げる、②整復後の詳細な不安定性の評価が行える、などの理由により、局所麻酔や全身麻酔下での整復が推奨されている[1, 5〜9]。前方脱臼や分散脱臼では観血的整復術が施行されることが多い[9]。後方脱臼で観血的整復術となる場合は、①関節裂隙での骨軟骨片や軟部組織、正中神経が嵌入していることによる整復困難、②脱臼後亜急性期や慢性期の脱臼放置、が原因としてあげられる[9, 14]。

2. 急性期の手術療法の適応

後方脱臼では保存療法を第一選択とすることでコンセンサスが得られており、急性期に手術療法が必要とされる場合は少ない。Josefssonら[15]は全身麻酔下で整復した31名の急性後方脱臼患者

のうち，軽度屈曲位で9名が容易に再脱臼したと報告した．その31名の術中所見では全例で内側側副靱帯および外側側副靱帯の断裂が確認され，再脱臼の傾向は前腕屈筋腱や円回内筋腱，前腕伸筋腱の上腕骨起始部での損傷の程度と関係していた[15]．Shepsら[9]は，整復後に求心性のとれていない肘関節では関節炎が強くなるため，長期成績は不良となると述べた．したがって，急性期の治療法は整復後の肘関節の不安定性の程度により決定される．

整復後の麻酔下での評価について，Hobgoodら[1]は伸展位で不安定であっても前腕完全回内位で不安定性が解消される症例は，完全回内位保持の装具固定による保存療法が推奨されると述べた．O'Driscollら[16]は，整復後の求心性の保持に30〜45°以上の伸展制限が必要な不安定肘では手術療法が考慮されると述べた．Hildebrandら[5]，Kuhnら[8]，Shepsら[9]は，装具では60°以上の伸展制限をつけることが困難なため，伸展60°未満で求心性の保持が困難な症例は手術適応とした．特に野球の投手など競技レベルの高い投球動作を要するスポーツ選手では，靱帯機能不全による外反不安定性の残存が問題となるため，急性期から靱帯の修復術や再建術が適応とされているが[2]，その適応基準は明らかではない．整復後早急な手術療法が必要なものとしては，急性コンパートメント症候群や上腕動脈損傷，重度な神経損傷などの重大な合併症があげられる[9,17]．

3．慢性期の手術療法の適応

保存療法の長期成績についての研究によると，後遺症的な反復性脱臼の発生率は0〜2%と少ない[10,11,18]．外反不安定性の残存率に関して，Josefssonら[10]は15%，Mehlhoffら[11]は35%とし，Shepsら[9]は50%の患者では不安定性までいかないゆるみがあったが，いずれも手術が必要なほどではないと報告した．一方，O'Driscollら[19]が後外側回旋不安定性（posterolateral rotational instability：PLRI）の概念を提唱し，それ以前の研究では不安定性の見逃しの可能性があるとした[20]．後方脱臼の徒手整復後に3週間のキャスト固定したプロトコルによる近年の研究がある[21]．テロスSE（ストレステスト用固定器）によるストレスX線による評価で，41名中15名（37%）が中等度（開大＜3 mm），3名（7%）が重度（開大＞3 mm）の外反不安定性を呈し，pivot shiftテストによる後外側回旋不安定性は6名（14%）が陽性だった．慢性期の手術適応は，反復性脱臼を呈する症例以外は患者の愁訴の程度によるところが大きい[22]．また，スポーツ選手では手術適応となる場合が多いとされるが[2]，慢性の不安定性の程度と手術適応の関係は明らかではない．instabilityやlaxityのような不安定性を表わす用語や程度の統一が曖昧であること，評価方法に統一性がないことが慢性の不安定性の残存率を不明瞭にしていると考えられる．

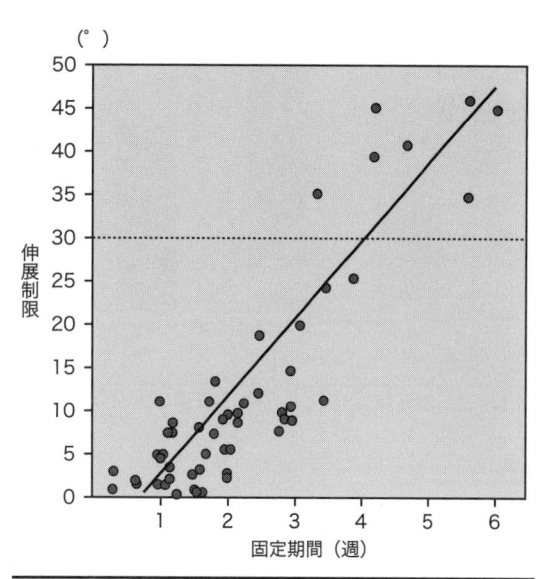

図13-1　固定期間の長さと伸展制限の関係（文献11より引用）
固定期間と伸展制限角度に有意な相関が認められる．相関係数は未記載，p＜0.001．

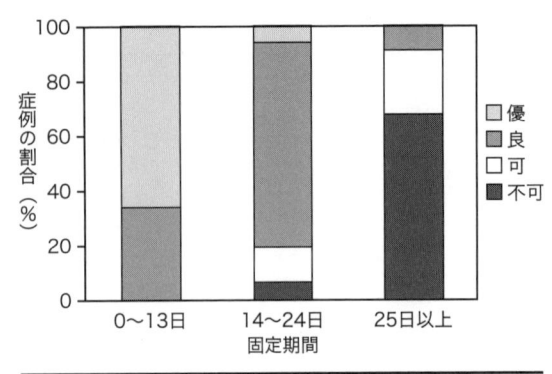

図13-2 固定期間の長さと臨床成績の関係①（文献11より引用）
固定期間が短いほど治療成績は良好である。

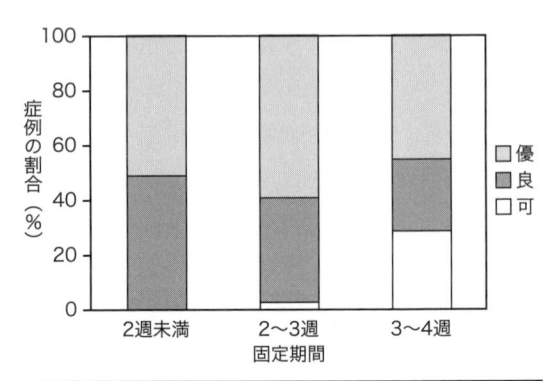

図13-3 固定期間の長さと臨床成績の関係②（文献23より引用）
固定期間3週以上の群は成績が不良であるが，2週未満の群と2〜3週の群では統計学的有意差はない。

表13-1 早期可動群と2週固定群の臨床成績の比較（文献26より引用）

	早期可動群 (n = 22)	2週固定群 (n = 20)	p値
MEPS（平均）	96.5	83.8	< 0.05
DASH（平均）	2.7	12.8	< 0.05
休職期間（週）	3.2	6.6	< 0.01

MEPS：Mayo Elbow Performance score, DASH：Quick Disabilities of the Arm, Shoulder and Hand。

C. 治療成績

1. 保存療法

単純後方脱臼に対する保存療法の成績評価にはさまざまな評価スケールが使用されているが，近年ではMayo Elbow Performance scoreが多く使用されている。保存療法の結果として成績良好群（優，良）が80〜90%，成績不良群（可，不可）が10〜20%と，おおむね良好な成績である[1, 9, 22〜24]。従来は，肘関節の急性脱臼後の保存療法として，整復後に肘関節90°屈曲，回内位で3〜6週間の固定が推奨されていたが，伸展制限の残存率が高かった[18, 24]。Mehlhoffら[11]は固定期間と伸展制限角度に有意な相関を認め（図13-1），固定期間が短いほど治療成績が良好であることを示した（図13-2）。Protzman[25]は固定期間が5日以内の症例は可動域制限がなかったと報告した。固定期間が短くても疼痛や不安定性を増大せず，2週間以上固定した群では著明に成績良好群が減少したことから，これらの報告では2週間以上の固定を危惧し，早期の可動開始を推奨した[11, 25]。

近年では，整復後に安定した後方脱臼では，可及的早期からの積極的な理学療法が推奨されてきた[8, 12, 26]。Rossら[12]は後方脱臼を受傷した海軍士官学生20名を対象に，受傷後1日目から積極的な消炎鎮痛処置と自動運動を開始するプロトコールを実施し，受傷後平均19日で関節可動域制限がなくなったと報告した。また1年の経過観察で再脱臼や不安定性を呈した症例はなかった[12]。Maripuriら[26]は受傷後平均2週間の固定を行った固定群と痛みの範囲内で可及的に自動運動を開始した早期可動群を後方視的に比較した。その結果，最低2年の経過観察で，早期可動群のほうが有意にMayo Elbow Performance scoreが良好であり，能力障害の程度を表わすQuick Disabilities of the Arm, Shoulder and Hand（DASH）が低く，休職期間が少なかった（表13-1）。しかし，これらの研究では整復後固定が必要な症例は

除外されており，比較的軟部組織の損傷が少ない対象に限定された。Schippingerら[23]は，重症度がさまざまな肘関節脱臼患者45名を対象とした研究を実施し，固定期間が3週以上の群では不良な成績だったが，2週未満の群と2〜3週の群では統計学的有意差はなかったと報告した（図13-3）。また，疼痛や腫脹の軽減のため，整復後の固定は最低1週間は必要であるとした[23]。

肘関節後方脱臼の保存療法では，不必要な長期の固定が不良成績につながるというコンセンサスが得られている。固定期間に関しては2週間前後が最も多いが，近年は固定期間を設けない報告もあり，軟部組織の損傷程度と固定の必要性および期間については明確な定義がない。

2．手術療法

肘関節脱臼に対する手術療法は靱帯修復術と靱帯再建術に分けられる[9]。急性期の手術適応は軟部組織の損傷が大きく，整復後も継続する不安定肘であるため，靱帯のほかに屈筋腱，回内筋腱，伸筋腱，関節包を解剖学的位置に修復することが推奨されてきた[1,5,9]。Dürigら[27]は28例（複雑脱臼11例を含む）の修復術を施行し，受傷早期の手術例ほど成績が良好だったことから一次修復術の有効性を報告した。Micicら[28]は整復後も45°以上の伸展制限が必要な不安定肘を呈した単純後方脱臼20例を対象に，受傷後3週間以内の早期に一次修復術を行った。その結果，平均20ヵ月の経過観察でMayo Elbow Performance scoreは平均93.2点，伸展制限は平均14.3°（0〜45°）で再脱臼はなく，明らかな不安定性を呈した症例はなかった。

肘関節脱臼後の慢性靱帯不全に対する手術療法について，近年では後外側回旋不安定性に対する研究[21]が注目されている。Sanchez-Soteloら[29]は慢性反復性後外側回旋不安定性を呈する44名における外側側副靱帯複合体の靱帯修復術（12名）と再建術（32名）の成績を報告した。その結果，平均6年の経過観察で再発は修復術で3名，再建術で2名であり，Mayo Elbow Performance scoreは修復術が平均76.8点，再建術が平均87.3点と有意に再建術のほうが良好だった。Olsenら[30]は初回脱臼後保存的治療を行い，慢性反復性後外側回旋不安定性（脱臼，亜脱臼を含む）を呈した18例に対して再建術を行った。その結果，平均44ヵ月の経過観察でMayo Elbow Performance scoreは平均92点，5°以上の伸展制限は3名（10〜15°）で再脱臼はなくpivot shift testでは4例が陽性だったが，機能障害となる不安定性を呈したのは1例だけだった。急性期の不安定肘に対する修復術と慢性期の靱帯不全に対する再建術の短期成績は概ね良好であるが，まだ報告が少ない。

3．スポーツ復帰

肘関節後方脱臼のスポーツ復帰は73〜100％であり[12,21,23]，一般的には良好である。Rossら[12]は海軍士官学生20名を対象として積極的な早期可動訓練を行った結果，全例が受傷前のレベルでスポーツ復帰可能だったと報告した。Eygendaalら[21]は，競技レベルが高くない対象41名中11名がスポーツ活動時に疼痛を訴え，うち8名がスポーツ種目の変更が必要だったと報告した。

スポーツ復帰時期について，保存療法では詳細に時期が設定された報告はなかったが，手術療法では術後6〜9ヵ月に復帰を許可した報告が多かった[30〜32]。競技レベルの高いスポーツ選手の症例報告では，早期可動訓練により良好な治療成績とテーピングなどを使用した早期スポーツ復帰が報告されてきた[13,33〜35]。Verrall[33]の症例報告では，オーストラリアンフットボール選手3名が受傷後7〜21日目に試合に復帰した。Uhiら[34]は，ディビジョンIの大学アメリカンフットボール選手が受傷後19日目に復帰したと報告した。

第4章 肘関節脱臼

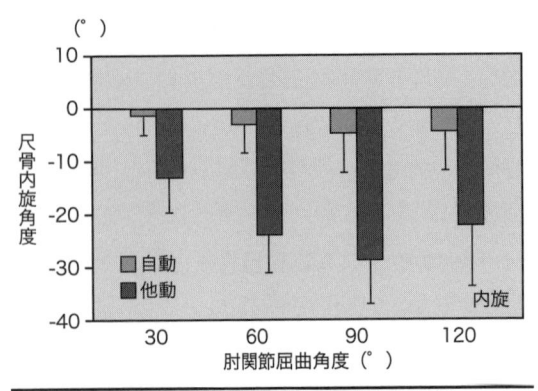

図13-4 内側側副靱帯断裂肘の屈曲運動時における尺骨内旋角度（文献39より引用）
全角度で$p < 0.0001$。

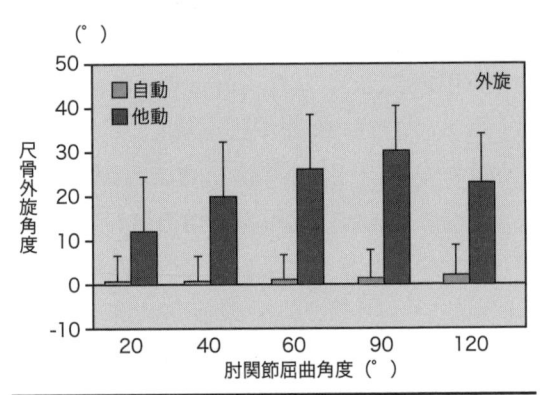

図13-5 外側側副靱帯断裂肘の屈曲運動時における尺骨外旋角度（文献40より引用）
全角度で$p < 0.0001$。

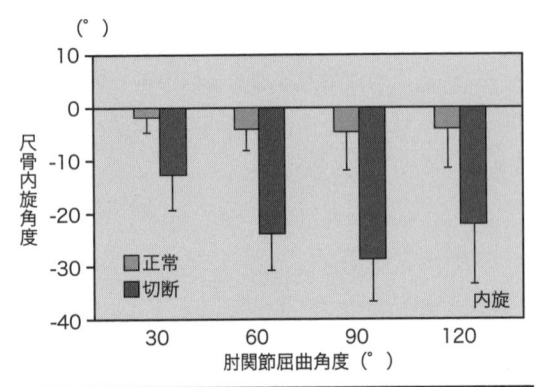

図13-6 内側側副靱帯正常肘と断裂肘における他動運動時の尺骨内旋角度（文献39より引用）
全角度で$p < 0.0001$。

Blackardら[35]はスキーナショナルチームの女性で受傷後45日目に大会復帰したと報告した。Syedら[36]の報告では、両側の肘関節を脱臼した国際レベルの女性体操選手が受傷後8週で関節可動域の制限がなくなり、5ヵ月で大会に復帰した。Inoueら[13]は受傷後、非麻酔下で著明な不安定性を呈したスポーツ選手5名を対象に一次修復術を施行し、1週間の固定後から可及的な自動運動による可動域訓練を実施した。その結果、全例が術後3ヵ月で受傷前のスポーツレベルに復帰を果たしたと報告した。

D. リハビリテーション

1. 早期可動訓練および自動運動の有効性

Morreyら[37]は in vitro の研究で、肘関節の外反安定性への貢献度は骨構造のみで30％、内反安定性は55～75％あり、肘関節は生得的に安定した関節であることを立証した。また、肘関節周囲筋群の収縮による合力はいずれも上腕に対して前腕を後方に引き込み、骨構造（特に鉤状突起と橈骨頭）により関節の適合性はさらに向上すると報告した[38]。内側側副靱帯、外側側副靱帯断裂肘モデルでの自動運動と他動運動シミュレーションによる腕尺関節の不安定性を比較した実験[39,40]では、いずれも他動運動より自動運動のほうが内外旋への不安定性が少なく、正常肘と比較しても有意差がなかった（図13-4、図13-5）。O'Driscollら[41]は正常肘と比較して完全脱臼整復肘では、シミュレーション上、自動屈曲中の外反不安定性の増加はなかったと報告した。近年は麻酔下での整復後の詳細な安定性の評価が推奨されているが[1,5～9]、これは安全な伸展域を評価することで、不安定となる伸展角度を伸展ブロックつき装具を使用して回避しながら早期可動域訓練を行うことを目的としている。

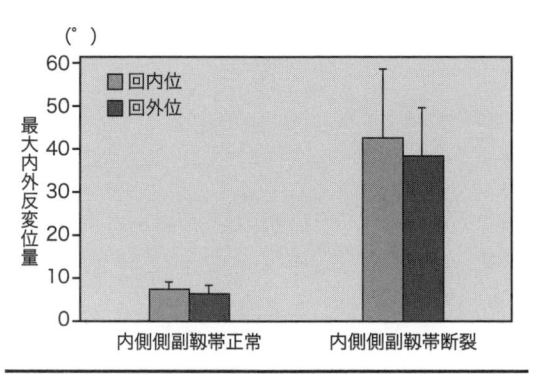

図13-7　内側側副靱帯正常肘と断裂肘における他動運動時の最大内外反変位量（文献39より引用）
回内位 vs. 回外位はいずれも有意差なし，正常 vs. 断裂はいずれも p＜0.0001。

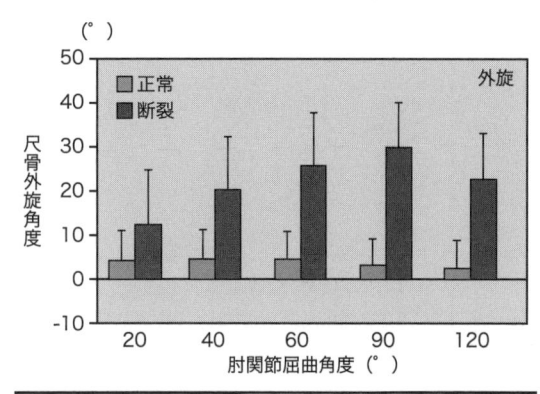

図13-8　外側側副靱帯正常肘と断裂肘の他動運動時における尺骨外旋角度（文献40より引用）
全角度で p＜0.0001。

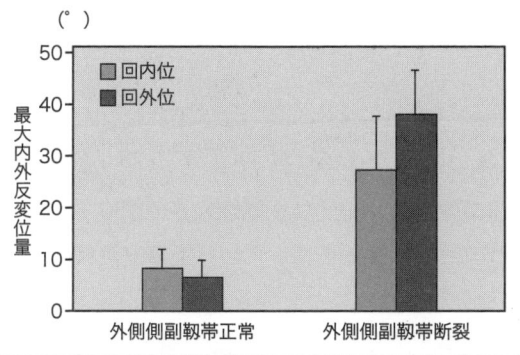

図13-9　外側側副靱帯正常肘と断裂肘の他動運動時における最大内外反変位量（文献40より引用）
正常 回内位 vs. 回外位：有意差なし，断裂 回内位 vs. 回外位：p＜0.01，正常 vs. 断裂はいずれも p＜0.0001。

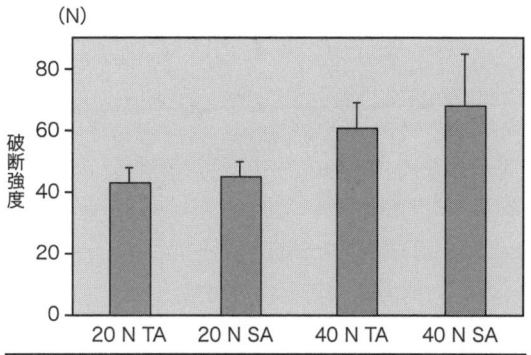

図13-10　内側側副靱帯一次修復術における初期張力と術式の違いによる破断強度の比較（文献42より引用）
TA：trans-osseous suture，SA：suture anchor。
TA vs. SA：有意差なし，20 N vs. 40 N：p＜0.05。

2. 前腕の回内と回外

　前腕の回内，回外と肘関節の安定性の関係については，内側側副靱帯，外側側副靱帯断裂肘モデルを用い，他動運動中の腕尺関節の不安定性の比較が報告されてきた。Armstrongら[39]は内側側副靱帯断裂肘において，前腕回外位では正常肘と120°屈曲位以外で有意差がなかったが，前腕回内位では全可動範囲で有意な内旋の増加を報告した（図13-6）。また，他動運動中の最大内外反変位量は内側側副靱帯断裂肘では前腕の回内位，回外位の間で有意差がなかったが，いずれも正常肘より有意に変位量が大きかった（図13-7）。

Dunningら[40]は外側側副靱帯断裂肘において，前腕回内位では正常肘と有意差がなかったが，前腕回外位では全可動範囲で有意な外旋の増加を報告した（図13-8）。外側側副靱帯断裂肘の他動運動中の最大内外反変位角度は前腕回外より回内位で有意に低下するが，いずれも正常肘よりは有意に不安定だった（図13-9）。以上より，内外側の靱帯損傷の損傷程度により，固定時や可動時の前腕の肢位を考慮する必要があると考えられる。

3. 手術療法とリハビリテーション

　肘関節脱臼の保存療法において，早期可動訓練

第4章　肘関節脱臼

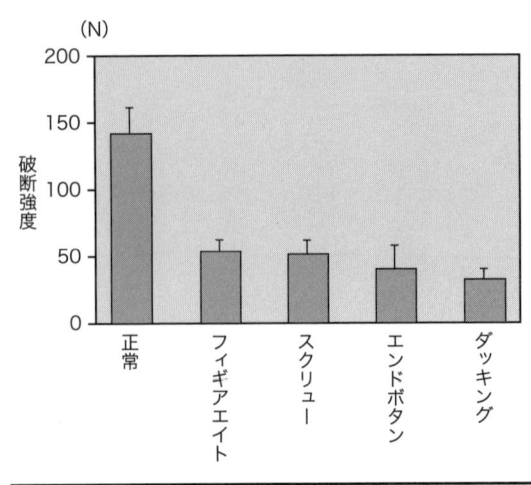

図13-11 内側側副靱帯再建術における術式の違いによる破断強度の比較（文献45より引用）
正常 vs. その他の術式 $p < 0.001$。

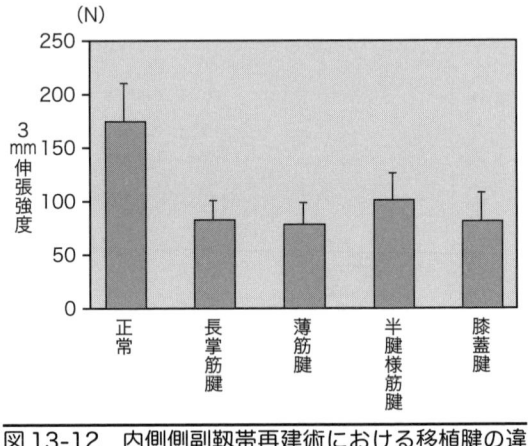

図13-12 内側側副靱帯再建術における移植腱の違いによる強度の比較（文献46より引用）
正常 vs. その他の術式 $p < 0.0001$。

が最近の話題であるが，手術療法においても不必要に長期の固定期間を設けることは危惧されている[9, 22]。靱帯修復術や靱帯再建術においては，*in vitro*で初期固定張力や術式の違いによる靱帯の初期強度の実験結果が報告されてきた。Pichoraら[42]は内側側副靱帯修復術の初期強度は術式（trans-osseous suture：TA，suture anchor：SA）による差はないが，初期張力は20 Nよりも40 Nのほうが強度が強く，適切な初期張力で修復されれば早期可動訓練が可能であることを報告した（**図13-10**）。一方，内側側副靱帯および外側側副靱帯修復術での初期張力が60 Nで施行されたときは屈曲運動中の関節運動軌跡が正常から逸脱し，術後の変形の可能性が示唆された[43, 44]。臨床研究では，修復術の固定期間は1～2週間で，固定期間中も自動介助運動を実施し，固定除去後6～8週間は装具による内外反制動下での自動運動が推奨された[9, 13, 28]。

靱帯再建術について，術式と再建靱帯の種類による比較が報告されてきた。Armstrongら[45]は長掌筋腱を使用した4つの固定方法による初期破断強度を比較し，いずれも正常内側側副靱帯より有意に破断強度が弱いとした（**図13-11**）。Prud'hommeら[46]は4種類の移植腱による術式の3 mm伸張強度がいずれも正常内側側副靱帯より有意に低いことを報告した（**図13-12**）。靱帯再建術においては，ある程度の固定期間が必要であると結論づけられる。臨床研究では固定期間は2～6週間，装具の装着は2～3ヵ月間が推奨されてきた[29～32]。

E. まとめ

1. すでに真実として承認されていること

- 肘関節後方脱臼において，手術療法の適応はかぎられており，保存療法が第一選択ということでコンセンサスが得られている。
- 長期間の固定は保存療法においても手術療法においても不良な臨床成績につながる。
- 他動運動より自動運動のほうが肘関節周囲筋群の安定化作用により肘関節の安定性が向上するため，早期から自動運動による可動が推奨される。

2. 議論の余地はあるが，今後の重要な研究テーマとなること

- 肘関節脱臼時の組織損傷の程度と，固定の必要性および固定期間の関係について。
- 競技レベルの高い投球動作を要するスポーツ選手における急性期からの手術適応と保存療法との比較について。
- スポーツ選手の肘関節脱臼後のスポーツ復帰は良好で，比較的早期に可能となっているが，症例報告レベルであること。

3. 真実と思われていたが，実は疑わしいこと

- 肘関節脱臼後の反復性脱臼や不安定性の残存は少ないとされていたが，後外側回旋不安定性などの肘不安定症の病態の解明が不十分である。

文献

1. Hobgood ER, Khan SO, Field LD. Acute dislocations of the adult elbow. *Hand Clin*. 2008; 24: 1-7.
2. Burra G, Andrews JR. Acute shoulder and elbow dislocations in the athlete. *Orthop Clin North Am*. 2002; 33: 479-95.
3. Retting AC. Elbow, forearm and wrist injuries in the athlete. *Sports Med*. 1998; 25: 115-30.
4. Josefsson PO, Gentz CF, Johnell O, Wendeberg B. Surgical versus non-surgical treatment of ligamentous injuries following dislocation of the elbow joint: a prospective randomized study. *J Bone Joint Surg Am*. 1987; 69: 605-8.
5. Hildebrand KA, Patterson SD, King GJ. Acute elbow dislocation. *Orthop Clin North Am*. 1999; 30: 63-79.
6. Cohen MS, Hastings H. Acute elbow dislocation: evaluation and management. *J Am Acad Orthop Surg*. 1998; 6: 15-23.
7. Ball CM, Galatz LM, Yamaguchi K. Elbow instability: treatment strategies and emerging concepts. *Instr Course Lect*. 2002; 51: 53-61.
8. Kuhn MA, Ross G. Acute elbow dislocations. *Orthop Clin North Am*. 2008; 39: 155-61.
9. Sheps DM, Hildebrand KA, Boorman RS. Simple dislocations of the elbow: evaluation and treatment. *Hand Clin*. 2004; 20: 389-404.
10. Josefsson PO, Johnell O, Gentz CF. Long-term sequelae of simple dislocation of the elbow. *J Bone Joint Surg Am*. 1984; 66: 927-30.
11. Mehlhoff TL, Noble PC, Bennett JB, Tullos HS. Simple dislocation of the elbow in the adult: results after closed treatment. *J Bone Joint Surg Am*. 1988; 70: 244-9.
12. Ross G, McDevitt ER, Chronister R, Ove PN. Treatment of simple elbow dislocation using an immediate motion protocol. *Am J Sports Med*. 1999; 27: 308-11.
13. Inoue G, Kuwahata Y. Surgical repair of traumatic medial disruption of the elbow in competitive athletes. *Br J Sports Med*. 1995; 29: 139-42.
14. Mehta JA, Bain GI. Elbow dislocations in adults and children. *Clin Sports Med*. 2004; 23: 609-27.
15. Josefsson PO, Johnell O, Wendeberg B. Ligamentous injuries in dislocations of the elbow joint. *Clin Orthop*. 1987; 221: 221-5.
16. O'Driscoll SW, Jupiter JB, King GJ, Hotchkiss RN, Morrey BF. The unstable elbow. *Instr Course Lect*. 2001; 50: 89-102.
17. Ball CM, Galatz LM, Yamaguchi K. Elbow instability: treatment strategies and emerging concepts. *Instr Course Lect*. 2002; 51: 53-61.
18. Linscheid RL, Wheeler DK. Elbow dislocation. *JAMA*. 1965; 194: 113-8.
19. O'Driscoll SW, Bell DF, Morrey BF. Posterolateral rotatory instability of the elbow. *J Bone Joint Surg Am*. 1991; 73: 440-6.
20. O'Driscoll SW. Elbow instability. *Hand Clin*, 1994; 10: 405-15.
21. Eygendaal D, Verdegaal SH, Obermann WR, van Vugt AB, Pöll RG, Rozing PM. Posterolateral dislocation of the elbow joint: relationship to medial instability. *J Bone Joint Surg Am*. 2000; 82: 555-60.
22. Charalambous CP, Stanley JK. Posterolateral instability of the elbow. *J Bone Joint Surg Br*, 2008; 90: 272-9.
23. Schippinger G, Seibert FJ, Steinböck J, Kucharczyk M. Management of simple elbow dislocations: does the period of immobilization affect the eventual results? *Langenbecks Arch Surg*. 1999; 384: 294-7.
24. Neviaser JS, Wickstrom JK. Dislocation of the elbow: a retrospective study of 115 patients. *South Med J*. 1977; 70: 172-3.
25. Protzman RR. Dislocation of the elbow joint. *J Bone Joint Surg Am*. 1978; 60: 539-41.
26. Maripuri SN, Debnath UK, Rao P, Mohanty K. Simple elbow dislocation among adults: a comparative study of two different methods of treatment. *Injury*, 2007; 38: 1254-8.
27. Dürig M, Müller W, Rüedi TP, Gauer EF. The operative treatment of elbow dislocation in the adult. *J Bone Joint Surg Am*. 1979; 61: 239-44.
28. Micic I, Kim SY, Park IH, Kim PT, Jeon IH. Surgical management of unstable elbow dislocation without intra-articular fracture. *Int Orthop*. 2009; 33: 1141-7.
29. Sanchez-Sotelo J, Morrey BF, O'Driscoll SW. Ligamentous repair and reconstruction for posterolateral rotatory instability of the elbow. *J Bone Joint Surg Br*. 2005; 87: 54-61.
30. Olsen BS, Søjbjerg JO. The treatment of recurrent posterolateral instability of the elbow. *J Bone Joint Surg Br*. 2003; 85: 342-6.
31. Lee BPH, Teo LHY. Surgical reconstruction for posterolateral rotatory instability of the elbow. *J Shoulder Elbow Surg*. 2003; 14: 476-9.
32. Yadao MA, Savoie FH III, Field LD. Postelateral rotato-

ry instability fof the elbow. *Instr Course Lect*. 2004; 53: 607-14.
33. Verrall GM. Return to Australian-rules football after acute elbow dislocation: a report of three cases and review the literature. *J Sci Med Sports*. 2001; 4: 245-50.
34. Uhi TL, Gould M, Gieck JH. Rehabilitation after posterolateral dislocation of the elbow in a collegiate football player: a case report. *J Athl Train*. 2000; 35: 108-10.
35. Blackard D, Sampson JA. Management of an uncomplicated posterior elbow dislocation. *J Athl Train*. 1997; 32: 63-7.
36. Syed AA, O'Flanagan J. Simultaneous bilateral elbow dislocation in an international gymnast. *Br J Sports Med*. 1999; 33: 132-3.
37. Morrey BF, An KN. Articular and ligamentous contributions to the stability of the elbow joint. *Am J Sports Med*. 1983; 11: 315-9.
38. Morrey BF, An KN. Stability of the elbow: osseous constraints. *J Shoulder Elbow Surg*. 2005; 14: 174-8.
39. Armstrong AD, Dunning CE, Faber KJ, Duck TR, Johnson JA, King GJ. Rehabilitation of the medial collateral ligament-deficient elbow: an *in vitro* biomechanical study. *J Hand Surg [Am]*. 2000; 25: 1051-7.
40. Dunning CE, Zarzour ZDS, Patterson SD, Johnson JA, King GJW. Muscle forces and supination stabilize the lateral collateral ligament deficient elbow. *Clin Orthop*. 2001; 388: 118-24.
41. O'Driscoll SW, Morrey BF, Korinek S, An KN. Elbow subluxation and dislocation: a spectrum of instability. *Clin Orthop Relat Res*. 1992; (280): 186-97.
42. Pichora JE, Furukawa K, Ferreira LF, Faver KJ, Johnson JA, King GJW. Initial repair strength of two methods for acute medial collateral ligament injuries of the elbow. *J Orthop Res*. 2007; 25: 612-6.
43. Pichora JE, Fraser GS, Ferreira LF, Brownhill JR, Johnson JA, King GJW. The effect of medial collateral ligament repair tension on elbow joint kinematics and stability. *J Hand Surg [Am]*. 2007; 32: 1210-7.
44. Fraser GS, Pichora JE, Ferreira LF, Brownhill JR, Johnson JA, King GJW. Lateral collateral ligament repair restores the initial varus stability of the elbow: an *in vitro* biomechanical study. *J Orthop Trauma*. 2008; 22: 615-23.
45. Armstrong AD, Dunning CE, Ferreira LM, Faber KJ, Johnson JA, King GJW. A biomechanical comparison of four reconstruction techniques for the medial collateral ligament-deficient elbow. *J Shoulder Elbow Surg*. 2005; 14: 207-15.
46. Prud'homme J, Budoff JE, Nguyen L, Hipp JJ. Biomechanical analysis of medial collateral ligament reconstruction grafts of the elbow. *Am J Sports Med*. 2008; 36: 728-32.

〔佐藤　正裕〕

第5章
肘関節疾患に対する私の治療
－臨床現場からの提言－

　本書の1～4章において，肘関節に関する文献レビューを入念に実施した結果，野球肘，テニス肘，肘関節不安定症についての知識が整理された。しかしながら，これらの知識を得たうえであっても，われわれがスポーツ現場や臨床現場で直面する肘関節にかかわる問題が解消されたとは言い難い。これに対し，このSPTSシリーズ第5巻では，科学的知見を臨床に活かすうえで何らかのヒントを得るべく，いくつかの治療概念を紹介する本章を加えさせていただいた。以下の3項では「臨床現場からの提言（肘関節疾患に対する私の治療）」と題し，臨床現場で多数の肘関節疾患の治療にあたっておられる先生に執筆を依頼した。それぞれを2～4章と併読していただくことにより，肘関節治療の現状についてより深い示唆が得られるであろう。

　本章の第1項では，飯田博巳氏に「野球肘」の評価とリハビリテーションについて執筆していただいた。特に，相対的に肘関節に病変が起こりやすく，さらには離断性骨軟骨炎といった骨軟骨病変が起こりやすい少年期の野球肘に絞った記述となっている。野球肘は投球動作における運動連鎖の破綻に起因する場合が多いことから，肘関節のみではなく，ボールの握り，肩関節機能，体幹・下肢機能，投球フォームなどの問題も加味して対応すべきであることが強調されている。また，独自に作成されたチェックシートを用いて可動域，筋機能，投球フォームなどを包括的に評価しておられ，確実に病態を把握し，統一的なアドバイスを行っておられる点は大いに参考にすべきである。

　第2項では，坂田　淳氏に「テニス肘」の評価とリハビリテーションについて執筆していただいた。テニス肘の原因として，野球肘と同様に全身の運動連鎖の問題が関与する例が多いことを踏まえつつも，肘関節そのものに起こるマルアライメントやそれを助長する筋のタイトネスや機能不全について詳細に記述されている。肘関節のマルアライメントについてのエビデンスは不十分ではあるが，臨床的に着目されるべき重要なポイントが記載されている。今後，肘関節の臨床および研究を進めるうえで一石を投じる概念として，まずはご一読いただきたい。

　第3項では，岡田　亨氏に「器械体操における肘外傷」についてご執筆いただいた。器械体操選手の肘関節は，荷重と懸垂という特徴的な役割を担う必要があり，その競技特性を踏まえた治療プランの重要性が強調されている。荷重と懸垂はいずれも手が固定されるため，前腕の回内外と肩関節の内外旋，さらには肩甲胸郭機構の運動を組み合わせた運動連鎖が求められる。肘外傷後の肘関節の伸展制限は上肢の他の部位の代償を要求する一方，肩甲胸郭機構などの機能低下が回復過程の肘関節機能の回復を阻害する原因となる。肘関節外傷からの回復過程では，肘関節の安定性，可動域，そして競技動作が要求する上肢機能を確実に再獲得させることが重要である。

第5章編集担当：蒲田　和芳

14. 野球肘に対する私の治療

はじめに

　投球動作は下肢の並進運動にはじまり，骨盤の回転運動，体幹の回転・前傾運動，さらに上肢のスイングといった一連の運動連鎖からなる全身の関節運動であるとされている。この動作において下肢や体幹で蓄積されたエネルギーは，投球側の上肢を通じ，最終的にボールへと伝達される。そのため，下肢や体幹の機能障害や投球動作に技術的な問題があると，投球における合理的な運動連鎖が破綻し，ひいては肘関節や肩関節に障害をまねく可能性が高くなると考えられる。

　投球による肘・肩関節障害に限定した当院の受診状況について，2006年1月から2008年9月までの期間のリハビリテーション診療者数は263名であった。これを小学生・中学生・高校生・大学生・その他の年代別に分類してみると，野球による肘関節障害の症例数は小・中学生において多く，高校生以降では肩関節障害と逆転していることがわかる（**図14-1**）。このような結果を踏まえて，本項では，主に成長期の野球肘に対する治療について，他関節の機能や投球動作との関連から述べる。

A. 成長期の投球障害の要因

　成長期特有の危険因子として，骨端軟骨板の存在，下肢・体幹柔軟性の低下，ボールの握り方，過密なスケジュールなどがあげられる。成長期のなかでも growth spurt の時期は，身長の増加速度が最大となる。このとき骨の長軸方向への成長の割に，筋・腱などの軟部組織の成長速度は遅い。下肢や体幹はこの成長率の差の影響を顕著に受け，柔軟性の低下が生じやすい。下肢や体幹の柔軟性低下は投球動作における運動連鎖の破綻をもたらすことがあり，その結果生じる上肢優位の投球は投球障害の要因になると考えられる。

　子どもの手は，大人の手と比べて小さく，当然握力も弱い。そのため軟式球にはA，B，C，D号とサイズの違いが設けられているが，投球時にボールを握る際，大人よりも相対的に強く握るこ

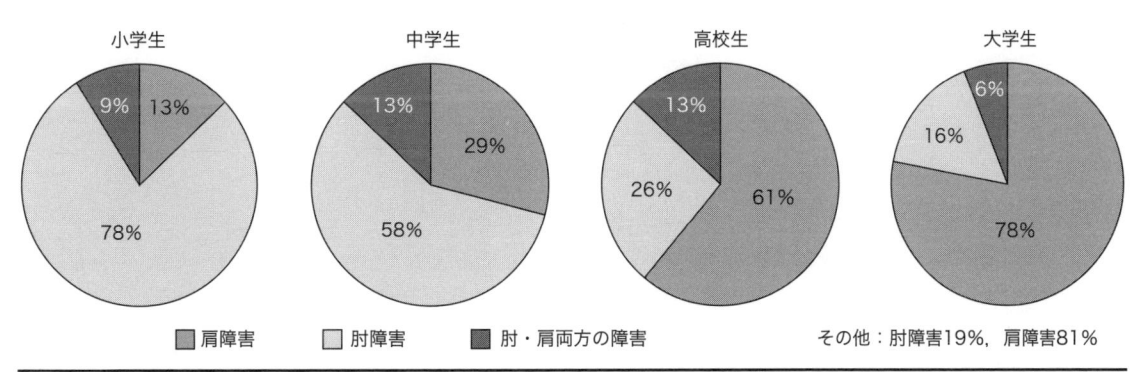

図14-1　当院における野球障害（肩，肘障害に限定した263名）の受診状況（2006年1月〜2008年9月）

小学生：肩障害9%，肘障害78%，肘・肩両方の障害13%
中学生：肩障害13%，肘障害58%，肘・肩両方の障害29%
高校生：肩障害26%，肘障害61%，肘・肩両方の障害13%
大学生：肩障害16%，肘障害78%，肘・肩両方の障害6%
その他：肘障害19%，肩障害81%

第5章 肘関節疾患に対する私の治療

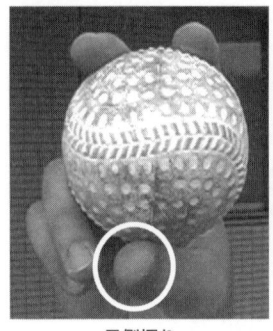

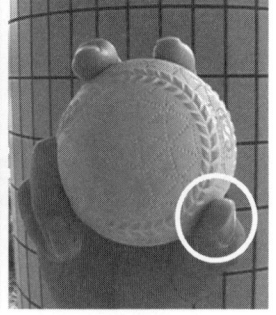

図14-2 ボールの握り方の違い
子どものボールの握り方は，指腹握りである傾向が多い。

とが求められる。また握り方として，指腹握りである傾向が強いと報告された[1]（図14-2）。この影響により，コッキング前期終末に前腕中間位，手関節背屈位でロックされた状態になり，コッキング後期終末では肘下がり，加速期以降では肩関節の内旋運動主体の投げ方，いわゆる"内旋投げ"になりやすい（図14-3）。このようにボールの握り方は投球動作に影響を及ぼすことがあり，肘関節への外反モーメントを増す要因と考えられる。

前述した成長期特有の危険因子に加え，練習や試合が週末に集中してしまう環境により，連投を余儀なくされ，オーバーユースに陥りやすい。また，小・中学生では学校の野球部とクラブチームに重複して所属している場合があり，オフシーズンもなく野球を行っていることもある。さらに野球経験の乏しい父親がコーチとして指導に当たることも多く，そのため練習内容が不適切になることがある。

B. 投球による肘障害の概要

野球肘とは，投球動作によって生じる肘関節周囲の疼痛性障害の総称であるとされている。Slocum[2] は，その障害部位と発生機序を，内側の tension overload（過緊張），外側の compression injury（圧迫損傷），後側の extension injury（伸展損傷）に大別した。これらのうち内側の障害が最も多く認められ，成長期における内側上顆の骨端および骨端線障害は，リトルリーグ肘としてよく知られている。野球肘の発症頻度について，柏口ら[3] は，少年野球選手の約20％に出現すると報告した。外側障害のなかでは，上腕骨小頭部離断性骨軟骨炎が代表的な障害であり，岩瀬ら[4] は，少年野球におけるその発症頻度は2％であると報告した。後側障害に関して，成長期では骨端を中心とした骨軟骨障害や骨端線の離開，閉鎖遅延などがあるが，その発症頻度や程度はそれほど高くはない。肩関節障害の発症時期と

A：コッキング前期終末
　　前腕中間位，手関節背屈位

B：コッキング後期終末
　　肘下がり

C：加速期以降
　　上肢スイングは内旋運動主体，いわゆる内旋投げ
　　左：手掌は上向き，右：手掌は下向き

図14-3 指腹握りの選手にみられる投球フォーム

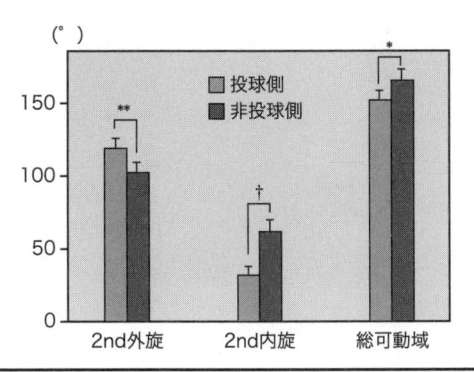

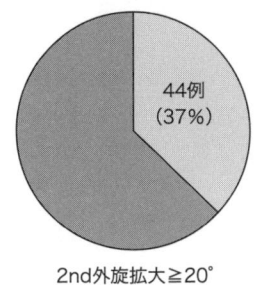

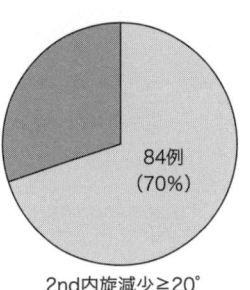

図14-4 野球肘障害120例における肩関節可動域
2nd外旋：肩関節90°外転位での外旋，2nd内旋：90°外転位での内旋，総可動域：2nd外旋と2nd内旋の和。
平均±標準偏差，Welch's t-test，＊ $p < 0.05$，＊＊ $p < 0.01$，† ： $p < 0.0001$。

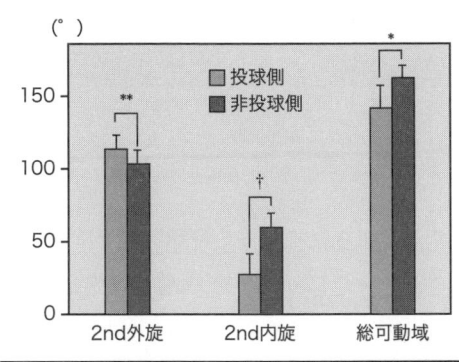

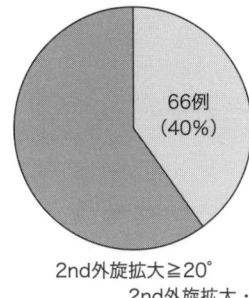

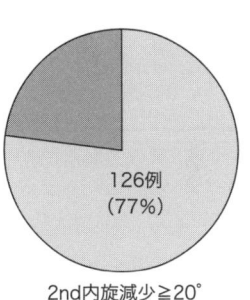

図14-5 野球肩障害164例における肩関節可動域
2nd外旋：肩関節90°外転位での外旋，2nd内旋：90°外転位での内旋，総可動域：2nd外旋と2nd内旋の和。
平均±標準偏差，Welch's t-test，＊ $p < 0.05$，＊＊ $p < 0.01$，† ： $p < 0.0001$。

比べ，野球肘は小・中学生など成長期に発症することが多い。

C. 投球障害例にみられる身体的特徴

野球肘・肩障害の発生にかかわる危険因子として，投球側肩関節後方構成体の伸張性低下[5〜10]や下肢・体幹筋の柔軟性低下[6,11]があげられてきた。野球肘・肩障害のために当院を受診した少年野球選手の肩関節可動域や下肢・体幹の柔軟性を測定した結果，肩関節後方構成体の伸張性低下を反映する投球側肩90°外転位での内旋（2nd内旋）と内外旋総可動域の減少，下肢伸展挙上角（straight leg raising：SLR），踵部殿部間距離（heel buttock distance：HBD），指床間距離（finger floor distance：FFD）の減少による下肢・体幹筋の柔軟性低下を認めた[12]。

1. 肩後方筋群の伸張性低下

野球肘障害120例における肩関節可動域の調査結果では，投球側2nd内旋は有意に減少していた。さらに，肘障害患者において，投球側肩の内旋制限が非投球側と比較して20°以上の選手が70％にも及んでいた（図14-4）。野球肩障害患者164例においてもこれらとほぼ同様の結果が得られた（図14-5）。

投球障害例の投球側肩後方筋群の伸張性について，肩甲骨を固定した肩90°屈曲位内旋（いわ

第5章 肘関節疾患に対する私の治療

投球側　　　非投球側
外転

投球側　　　非投球側
3rd内旋

投球側　　　非投球側
2nd内旋

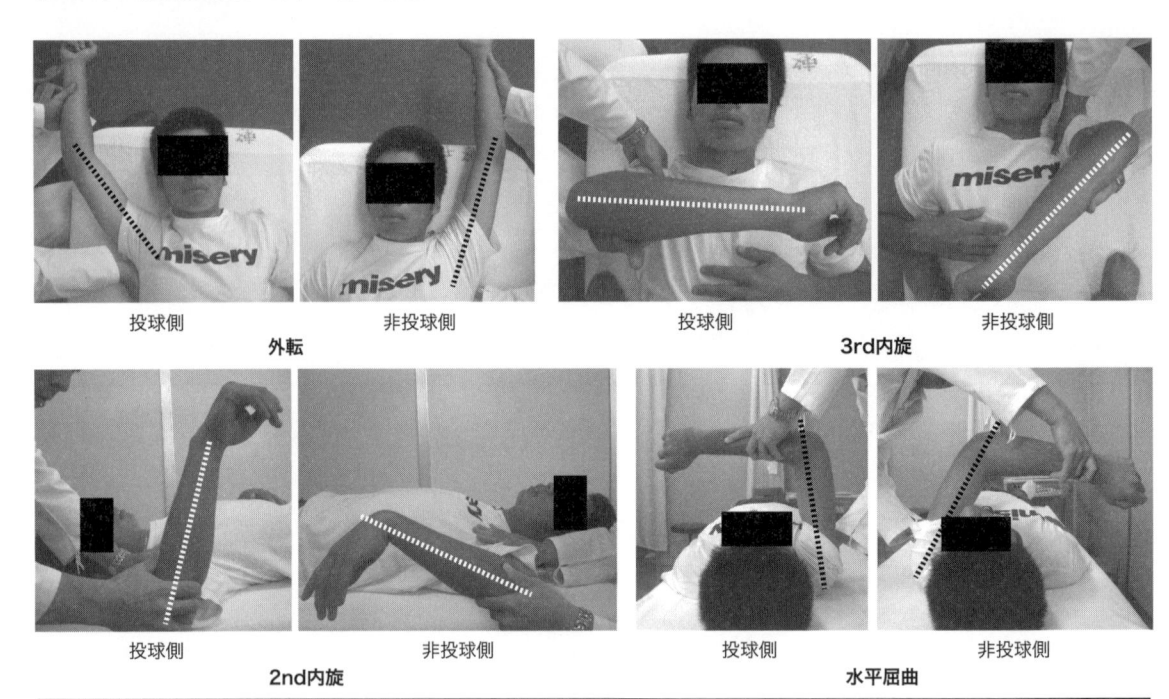

投球側　　　非投球側
水平屈曲

図14-6 肩後方筋群の伸張性低下の例

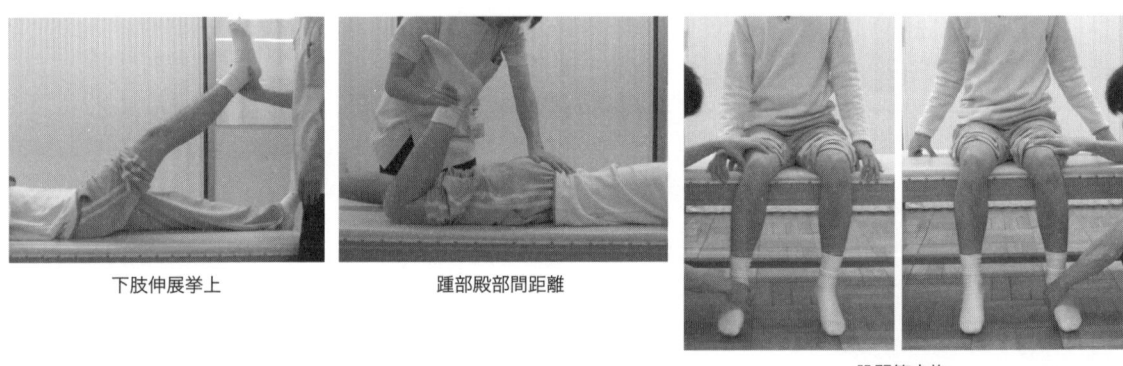

下肢伸展挙上

踵部殿部間距離

股関節内旋

体幹回旋

長座体前屈

図14-7 下肢・体幹筋群の伸張性低下の例

14. 野球肘に対する私の治療

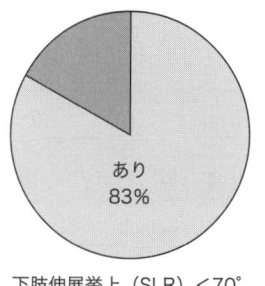

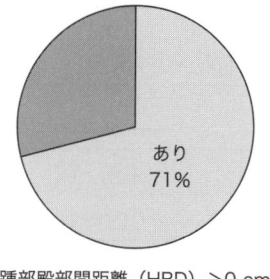

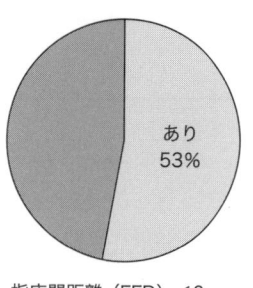

あり 83%
下肢伸展挙上（SLR）＜70°

あり 71%
踵部殿部間距離（HBD）＞0 cm

あり 53%
指床間距離（FFD）＜0 cm

図14-8　少年野球選手の肩・肘障害142例における下肢・体幹筋柔軟性低下

ゆる3rd内旋），90°外転位内旋（いわゆる2nd内旋），水平屈曲が非投球側と比較して減少している例が多い（図14-6）。

2. 下肢・体幹筋群の伸張性低下

成長期の影響もあってSLR，HBD，股関節内旋可動域など，下肢の可動域制限を多くの少年野球選手に認める。また，体幹の可動域制限を認める選手も同様に多数存在する（図14-7）。野球肘・肩障害の少年野球選手142例において，SLRが70°未満の選手は約8割，HBDで骨盤の代償運動を許さない条件下で踵が殿部に届かない選手は約7割，FFDが0 cm未満の選手は約5割であった。すなわち，肩・肘障害の野球選手の下肢筋および体幹筋の伸張性は低下していた（図14-8）。

3. 前腕回内屈筋群の伸張性低下

投球動作における前腕回内屈筋群の役割としては，①加速期で肘にかかる外反ストレスに抗する，②ボールリリースにかけてリストのスナップをきかせる，の2つがあげられる。野球肘・肩障害の少年野球選手142例に対し，投球側前腕回内屈筋群の伸張性をみるために，前腕回外・肘関節伸展位での他動手指伸展テストを行った。その結果，58％の選手の投球側において伸張感の違いを伴う明らかな可動域差を認めた。

D. 治療方針

野球肘に対する治療方針の詳細は，病態に応じて個別のものとなるので割愛するが，肘・肩障害全般に対する治療の流れは大筋において同様である。まず，障害部位局所に対する治療や安静処置を行い，治癒状態に応じたストレッチや筋のトレーニングなどの機能障害に対するアプローチ，そして全身の機能調整を行う。また，障害に影響を及ぼすと考えられる投球の技術的問題や投球動作の調整，再学習などの指導へと進めていく。投球再開後のパフォーマンスレベルの設定は，痛みを誘発させない範囲で徐々に上げていく。塁間を50％程度で投球できる時期になったら投球動作をチェックし，投球動作の調整が必要な場合には指導する。全力での投球は以上の過程を経たうえで許可する。また，再発予防のためには，選手本人だけでなく親，そして可能であればチームの監督やコーチに対して，まず投球障害に対する認識をもたせることが重要である。すなわち，練習時間や量の調整，投球過多なのであれば投球数や登板試合数の是正を促していく必要がある。

E. 理学療法の実際

本項では，リハビリテーションを進めていくうえでわれわれが特に注目している評価とそのアプローチのポイントについて述べる[13, 14]。われわれ

第5章 肘関節疾患に対する私の治療

投球障害肩・肘チェックシート   No.

《基本情報》   記載者：（   ）

氏　名：	性　別：男・女	年　齢：　　歳
診断名：	投球側：右・左	学　年：　　年生
所　属：	軟式・硬式	ポジション：

《理学的検査》（　年　月　日）　（初期・最終）

		右	左			右	左
肩	2nd外旋			股	内旋		
	2nd内旋				内転		
	3rd内旋			下肢 体幹	SLR		
	水平屈曲				HBD		
	外転				FFD		
肘	屈曲				体幹回旋		
	伸展			その他			
前腕	回内						
	回外						

《投球動作チェック》（　年　月　日）（　回目）（　m　　％）

球速				

痛み：なし・あり（部位：　　　　　　　, phase：　　　　　　　）

		wind-up	early cocking	acceleration	follow through
姿勢・四肢体幹の相対的位置	上肢		ボールと頭部の距離（　） 投球側の肘の位置（　） グローブの位置（　）	投球側の肘の位置（　） グローブの位置（　）	投球側の手の位置（　）
	体幹	体幹の傾斜（　）	体幹の傾斜（　）	骨盤の回旋（　） 体幹の回旋（　）	体幹の回旋（　） 体幹の前傾（　）
	下肢	軸足の方向（　） ステップ脚の挙上（　）	ステップの方向（　）	ステップ脚の膝の方向（　）	ステップ脚の膝の方向（　）
運動連鎖		並進運動（上肢・下肢の使い方）（　）→ 　　　　骨盤・体幹の回旋（　）→ 　　　　　　体幹の前傾＋上肢のスイング（　）→			

－問題点－

－指導点－

図14-9　投球障害肩・肘チェックシート

14. 野球肘に対する私の治療

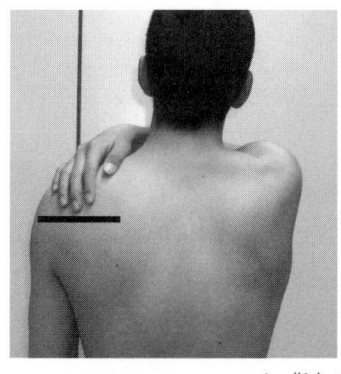

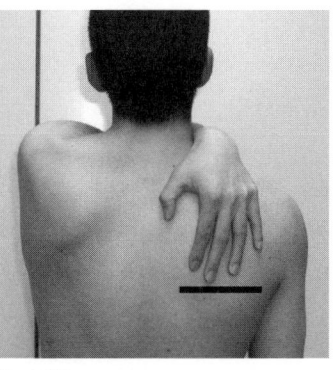

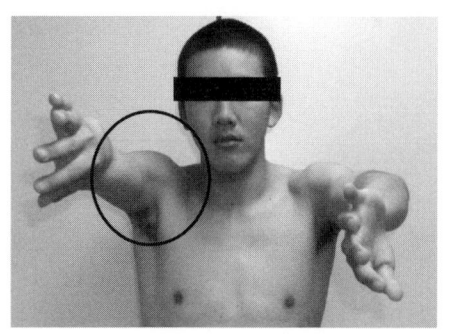

A：指尖のリーチ①

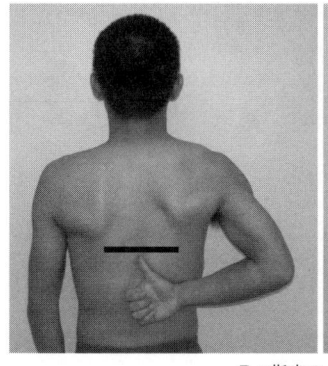

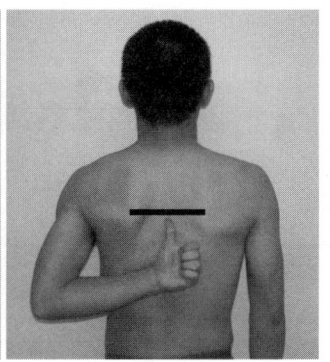

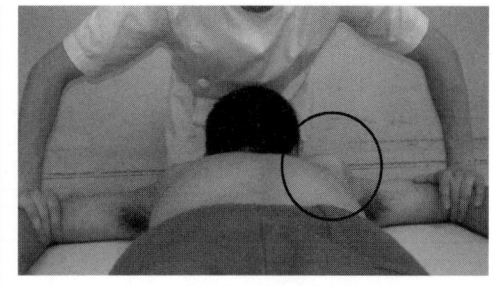

B：指尖のリーチ②

C：上肢前挙での内旋

D：腹臥位での肩90°外転
肘を床に押しつけると肩甲骨下角が浮き上がる。

図14-10　肩後方タイトネスの簡便なセルフチェック法
いずれも投球側は右である。

は，初診時と終了時のコンディションチェックに独自のチェックシート（図14-9）を用いて選手への説明を行っている。内容は肩関節をはじめとした上肢の可動域，下肢・体幹の柔軟性や可動性の評価が中心である。さらに投球動作の評価を加えることで，問題点の有無や原因を把握し，指導後の変化の確認にも役立てることができる。

1. 肩甲上腕関節の運動

　肩甲上腕関節の可動性の測定は，肩甲骨を固定して実施することが重要である。肩甲骨の固定がないと投球側と非投球側の可動域差が減少し，肩甲上腕関節における可動性低下の存在が過小評価される。肩後方タイトネスの簡単なチェック方法としては図14-10に示すようなものがあり，選手にもセルフチェックの方法として指導してい

る。肩後方のタイトネスの対策として，同部位を選択的に伸張させるためのストレッチを行う[15]（図14-11）。選手にはこれらを積極的にコンディショニングの1つとして取り入れるようにその必要性を説明し，方法を具体的に指導する。

　肩甲上腕関節の動的安定化機構としての腱板筋機能は，各肢位において徒手抵抗に対する筋力を疼痛出現や代償運動の有無によって評価する。用具を用いた腱板筋のトレーニングを実施する際は，肩甲骨の運動がみられない範囲の強度を確認し，その強度の範囲内とするよう指導する。腱板筋の機能低下が明らかで，上記のトレーニングを有効に行えない場合は，クローズド・キネティック・チェーン（CKC）のトレーニング（図14-12）を選択すると効果が得られやすい。

第5章 肘関節疾患に対する私の治療

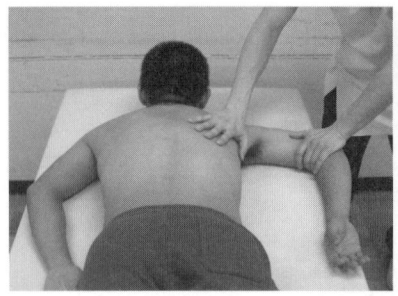

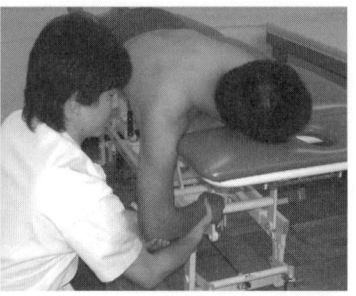

A：パートナーストレッチ
突出した肩甲骨下角を胸郭へ押しつける[15]。

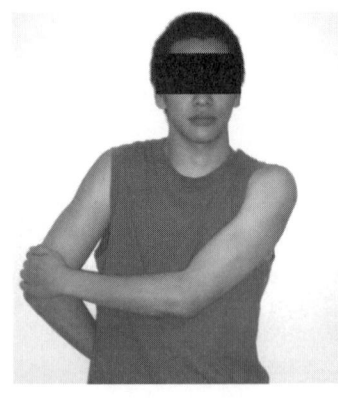

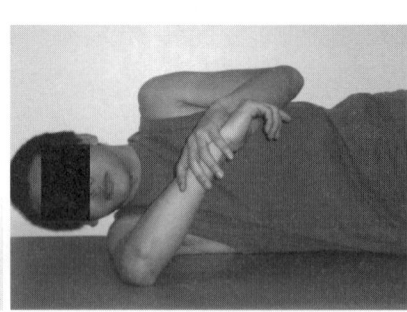

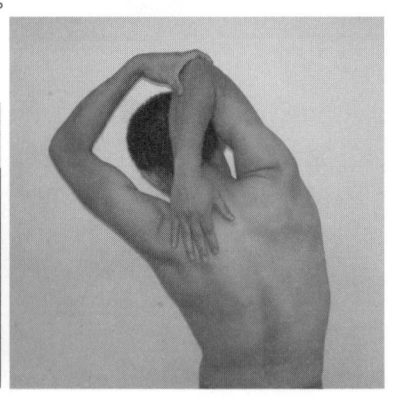

B：セルフストレッチ

図14-11 肩後方に対するストレッチの例
いずれも投球側は右である。

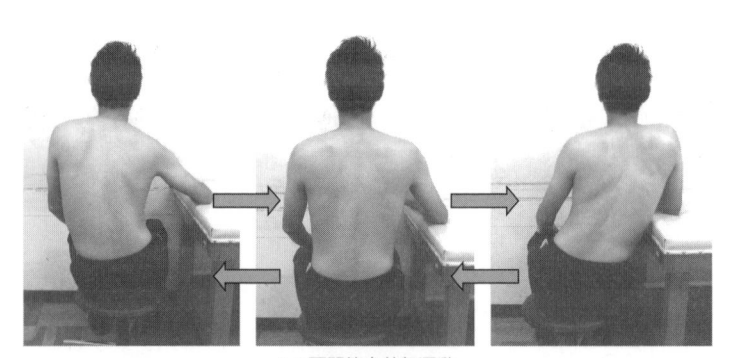

A：肩関節内外転運動

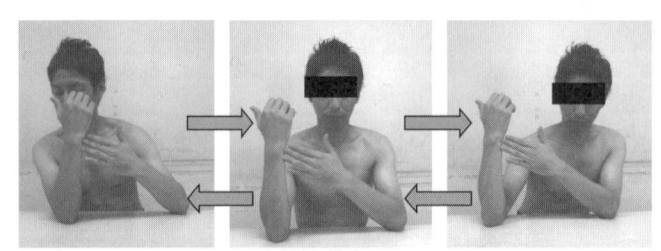

B：肩関節外旋運動

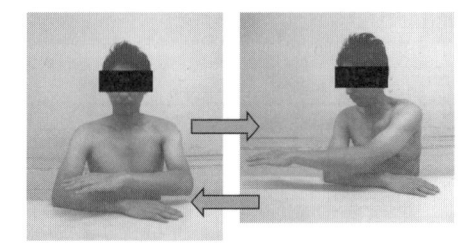

C：肩関節内旋運動

図14-12 クローズド・キネティック・チェーンでの腱板筋トレーニング

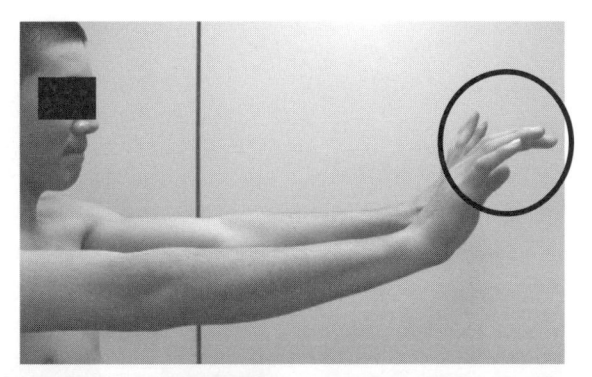

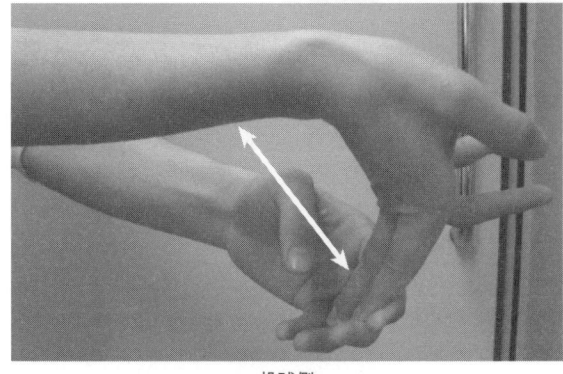

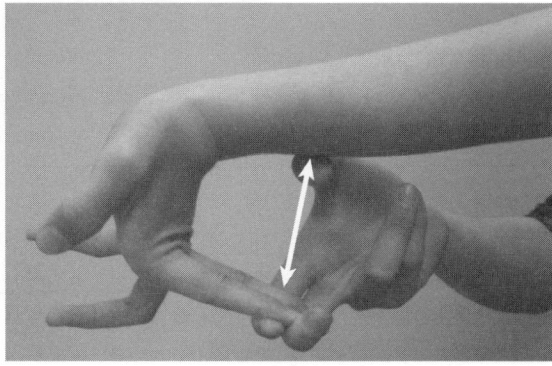

投球側　　　　　　　　　　　　　　　　非投球側

図14-13　前腕屈筋および回内屈筋群の簡便なセルフチェック法

2. 肩甲胸郭関節の運動

　野球肘・肩障害の選手では，肩甲骨の随意的な運動性や固定性が損なわれていることがしばしば確認される。そのチェックの方法としては，一般的な関節可動域の測定や徒手筋力検査が有用で，肩甲骨の運動を注意深く観察しながら実施するとよい。この際，肩甲上腕関節からの疼痛を誘発しないよう，抵抗をかける部位と肩関節の肢位に留意する。

　投球側の肩甲骨の運動性や固定性が非投球側と比べて低下している場合，もしくはその運動が自覚できていない場合など，その状態に応じて他動運動，自動介助運動，自動運動，抵抗運動へと段階的に進めていく必要がある。また，脊柱や胸郭の可動性低下が肩甲骨の運動性に影響している場合があるので，それらのチェックも併せて行い，トレーニングの実施も考慮する。

3. 前腕筋群の運動

　回内・屈筋群の伸張性は，投球動作における役割遂行のために低下しやすく，また圧痛を生じることが多い。前腕伸筋群においても伸張性の低下を認めることがある。屈筋群および回内屈筋群タイトネスの簡便なチェック法を図14-13に示す。

　前腕筋群のタイトネスに対しては図14-14のように肢位に変化を与えてより全体をストレッチする。筋力強化の初期には，抵抗の弱いゴムバンドや重量の軽い鉄アレイなどを用いて，特に前腕回内屈筋群や手背屈筋群を強化する。

4. 下肢・体幹の柔軟性

　成長期の選手では，下肢筋や体幹の柔軟性が低下していることが多い。柔軟性の評価としてはSLR，HBD，FFDを用いる。その他，股関節内旋・内転，体幹回旋についての可動域も測定する。股関節外旋筋群や体幹回旋筋のタイトネスをチェ

第5章　肘関節疾患に対する私の治療

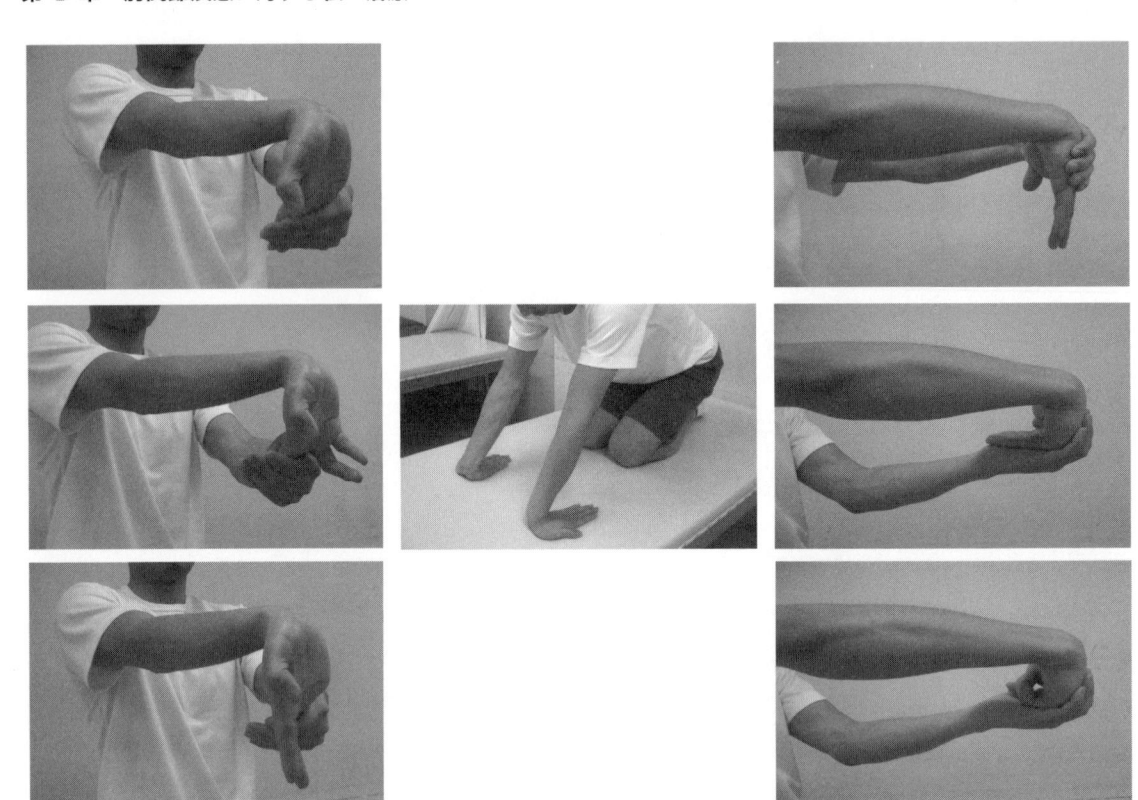

図14-14　前腕筋群のストレッチの例

ックする簡便な方法として図14-15に示す方法を用いることもある。

　下肢および体幹筋のタイトネスに対しては図14-16, 図14-17に示すようなストレッチを行う。肩後方や前腕に対するストレッチと並行してこれらを積極的に実施するよう指導する。われわれは選手自身による自己管理の意識向上と確実な実施を定着させるために，ストレッチについては実施状況の記録用紙と実施方法を図示したプリントを配布し，コンディショニングに対する啓発も行っている。

5. 投球動作における運動連鎖

　投球動作を評価する際は，その障害部位が肘または肩であることにかかわらず，いわゆる"手投げ"や"内旋投げ"といった上肢優位の投球動作に注目すべきである。投球動作を観察するうえでのポイントは，一連の運動連鎖からなる投球動作を相（フェイズ）ごとに分析するが，各相の特徴的な肢位の良し悪しだけでなく，各相をつなぐ運動はどうなっているか，運動連鎖に破綻をきたしていないかをチェックする必要がある。すなわち，各相における特徴的な肢位や運動を把握すること，そしてその状態がどの相から起き，どのようにつながっているのかを観察することが，投球動作を踏まえたトレーニングを実施するうえで重要である[16]。以下に，われわれが特に重要視しているチェックポイントをあげる。

1) ワインドアップ～コッキング早期において，軸脚股関節の内旋運動とともにはじまる並進運動，テイクバック動作で肩甲帯と上腕の協調した運動があるなど。
2) foot plant時に投球側の肘下がりや体幹の後傾がない，投球側および非投球側の肩甲帯と上腕が相対的に適切な肢位にあるなど。
3) 加速期において，ステップ側股関節の内旋運

14. 野球肘に対する私の治療

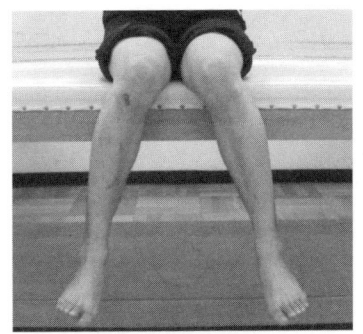

A：股関節内旋

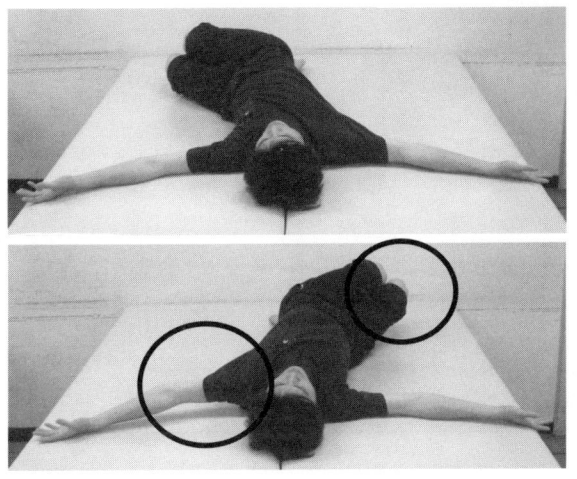

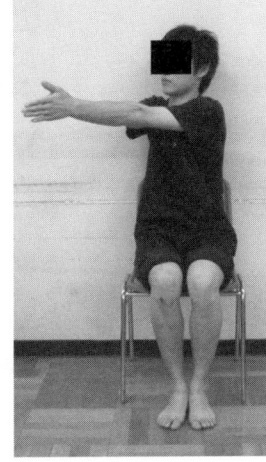

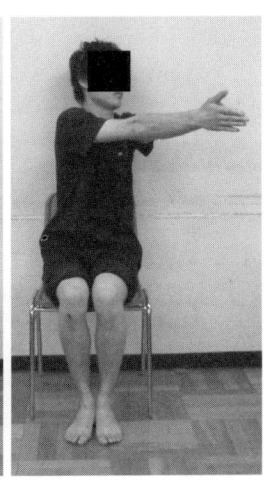

B：体幹の回旋① B：体幹の回旋②

左右の可動域の差を自覚することができる。

図 14-15　股関節内旋および体幹回旋タイトネスのセルフチェック法

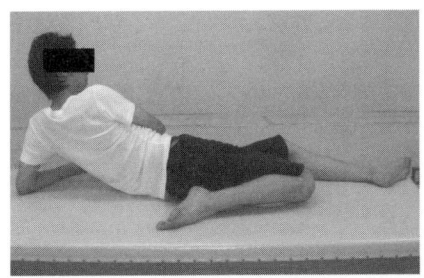

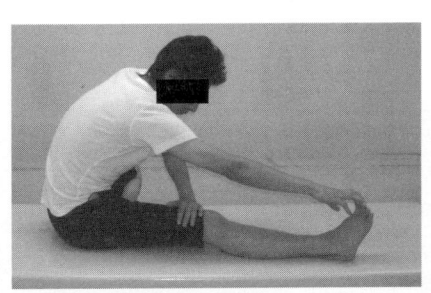

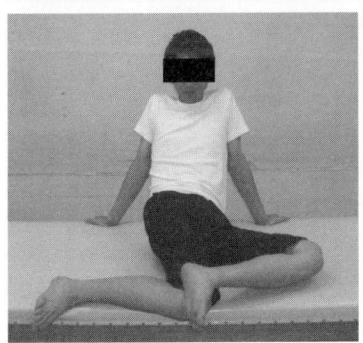

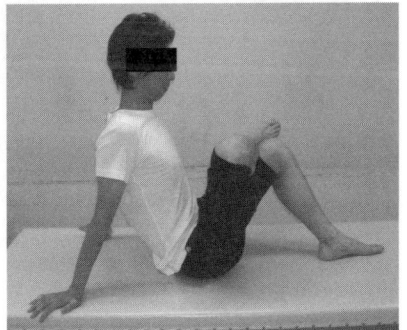

図 14-16　下肢のストレッチの例

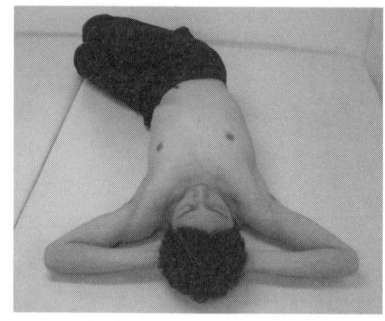

図14-17 上肢・体幹のストレッチの例

図14-18 投球動作の運動要素ごとの調整

動を伴う体幹の前方回旋があるなど．

観察された問題点に対するアプローチとしては，**図14-18**に示すように投球動作の運動要素における姿勢や肢位，および身体の使い方を学習するために各相における運動別に動作トレーニング（**図14-19**）を行い，一連の投球動作につなげていくようにすすめる．

F. まとめと今後の課題

投球障害に対する治療は，その発症要因についての理解を深めることからはじまる．特に成長期の投球障害には，成長期特有の危険因子も含めた理解が必要となる．評価と治療に際しては，肘関節局所だけでなく，その他の身体部位の機能，投球動作の技術も評価し，それらに対して多角的にアプローチする．今後の課題は，障害発症を予防するための啓発を選手だけでなく，指導者を含めた環境因子に対しても行っていくことである．

文　献

1. 水谷仁一, 川尻貴大, 横地正裕, 飯田博己, 矢澤浩成, 岩本　賢, 加藤貴志, 井坂昌明, 岩堀裕介, 花村浩克.

14. 野球肘に対する私の治療

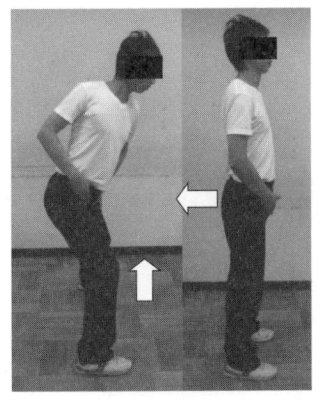

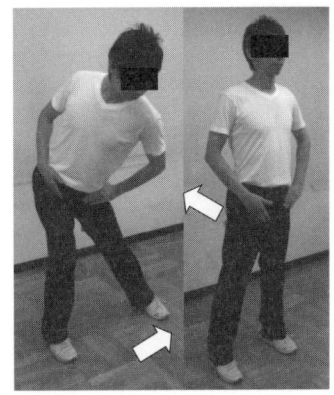

A：並進運動の練習
軸脚股関節の内旋運動とともにステップを開始する。

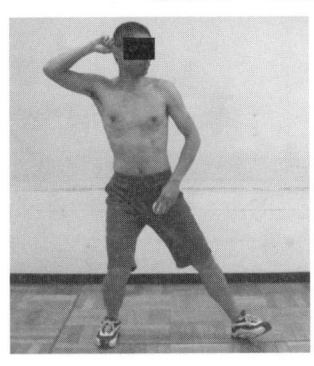

B：骨盤・体幹回旋の練習
ステップ脚股関節での内旋運動を意識する。

図14-19 動作トレーニング例

ボールの握り方が投球動作に及ぼす影響について. 東海スポーツ傷害研究会会誌. 2008; 25 : 14-7.
2. Slocum DB. Classification of elbow injuries from baseball pitching. Tex Med. 1968; 64: 48-53.
3. 柏口新二, 井形高明, 岩瀬毅信. 成長期野球肘の自然経過と治療. 関節外科. 1989; 8: 1357-65.
4. 岩瀬毅信, 井形高明. 肘関節の外傷と疾患, 上腕骨小頭骨軟骨障害. 整形外科 Mook. 1988; 54: 26-44.
5. Morgan CD. Throwing acquired posterior inferior capsular contracture with GIRD (Glenohumeral Internal Rotation Deficit): recognition, prevention, non-surgical and surgical treatment. 22nd San Diego Shoulder Annual Meeting. 2005; 292-303.
6. 三原研一, 筒井廣明. 少年野球による肘障害の検討. 日肘会誌. 2001; 8: 115-6.
7. Brown LP, Niehues SL, Harrah A, Yavorsky P, Hirshman HP. Upper extremity range of motion and isokinetic strength of the internal and external shoulder rotators in major league baseball players. Am J Sports Med. 1988; 16: 577-85.
8. 末永直樹, 鈴木克憲, 三浪明男. 野球選手における肩関節可動域と肩障害の関連について. 肩関節. 1994; 18: 77-81.
9. Harryman DT 2nd, Sidles JA, Clark JM, Matsen FA. Translation of the humeral head on the glenoid with passive glenohumeral motion. J Bone Joint Surg Am. 1990; 72: 1334-43.
10. Burkhart SS, Morgan CD, Kibler WB. The disabled throwing shoulder: spectrum of pathology part III: the SICK scapula, scapular dyskinesis, the kinetic chain, and rehabilitation. Arthroscopy. 2003; 19: 404-20.
11. 岩堀裕介, 加藤 真, 佐藤啓二. 投球肘障害症例の身体特性と治療成績. 日肘会誌. 2003; 10 : 63-4.
12. 飯田博己. 少年野球選手の地域支援. 福井 勉, 小柳磨毅 編. 理学療法 MOOK 9 スポーツ傷害の理学療法. 三輪書店, 東京, 2009; 371-85.
13. 飯田博己, 岩堀裕介. 肩関節のリハビリテーション. 投球障害肩. MB Med Reha. 2006; 73 : 60-9.
14. 飯田博己, 岩堀裕介. リトルリーグ肩. 成長期のスポーツ障害とリハビリテーション. MB Med Reha. 2008; 96: 1-11.
15. Johansen RL, Callis M, Potts L, Shall LM. A modified internal rotation stretching technique for overhand and throwing athletes. J Orthop Sports Phys Ther. 1995; 21: 216-9.
16. 山口光國. 投球動作の分析と投球動作を踏まえたトレーニング. 筒井廣明, 山口光國 編. 投球障害肩こう診てこう治せ. メジカルビュー社, 東京, 2004; 112-43.

(飯田 博己)

15. テニス肘に対する私の治療

はじめに

テニス肘は上腕骨外側上顆炎とも呼ばれ，上腕骨外側上顆に起始をもつ手関節および指伸筋群のうち，特に短橈側手根伸筋（ECRB）の腱付着部症とする説が一般的である．テニス肘の治療の第一選択は保存療法である．保存療法では，安静，短橈側手根伸筋のストレッチ，遠心性トレーニング，予防的装具が処方される．しかし，これらはテニス肘の病態を深く考慮したものとはいえない．また，テニス肘は再発が多く，症状を完全に消失させるのに難渋する場合もある．そういった経験から，テニス肘患者の肘・前腕機能を詳細に評価すると，テニス肘は短橈側手根伸筋の単なるタイトネスではなく，より複雑な病態を含んでいることがわかってきた．以下に，テニス肘の病態・評価・理学療法を，臨床的視点で整理する．

A. テニス肘の病態と発生要因

1. テニス肘の病態

テニス肘の圧痛部位は，通常短橈側手根伸筋の付着部である外側上顆より1～2 cm遠位にある．手術に移行するような重症例では，鏡視下での術中所見において，関節内より短橈側手根伸筋腱の損傷が観察される．また超音波所見によりテニス肘での外側側副靱帯の退行性変性を指摘した報告[1]や，短橈側手根伸筋の橈骨頭レベルでの肥厚が観察されたという報告もある[2]．

これらは，enthesis（腱・靱帯の骨への付着部）への牽引ストレスだけで起こりうるものではない．Kumaiら[3～5]は，enthesopathy（enthesisの病変・障害）の病態を以下のように考察した．まず，enthesisでの過負荷による器質的変化があげられる．さらに，enthesis organ（enthesis近傍に存在する腱・靱帯・骨膜・関節軟骨・滑液包・脂肪体などの組織構造）の構成要素である腱・靱帯深層の種子状線維軟骨と，近隣する骨表面にみられる骨膜性線維軟骨が衝突することにより，両組織の表層に層状変性や脱落が生じ，二次的に滑液包などの炎症を起こす病態を報告した．

橈骨頭は正常でも最大回外から最大回内にて，前方に約2 mm偏位すると報告された[6]．実際に超音波を用い，テニス肘患者の短橈側手根伸筋を橈骨頭レベルで描出し，前腕回内を行うと，橈骨頭が短橈側手根伸筋腱の方向に大きく偏位するのが観察される場合がある（図15-1）．また，肘関節の伸展に伴い，肥厚した短橈側手根伸筋が橈骨頭に乗り上げて外側にスナップするような現象を触知することもある．このような橈骨頭の異常運動により，橈骨頭前方を走行する短橈側手根伸筋腱や外側側副靱帯，輪状靱帯と橈骨頭の摩擦が生じる可能性がある（図15-2）．テニス肘の病態の本態には，このような橈骨頭の異常運動が背景にある可能性がある．

2. 短橈側手根伸筋の機能解剖

短橈側手根伸筋は腕橈関節近位部にある外側上顆に付着し[7,8]，肘90°屈曲位では上腕骨小頭の前外側を走行する[7]．肘伸展に伴い外側に偏位し，完全伸展位では小頭外側に乗り上げる．超音波を

15. テニス肘に対する私の治療

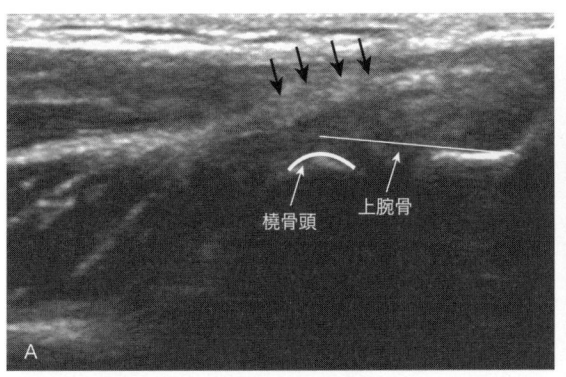

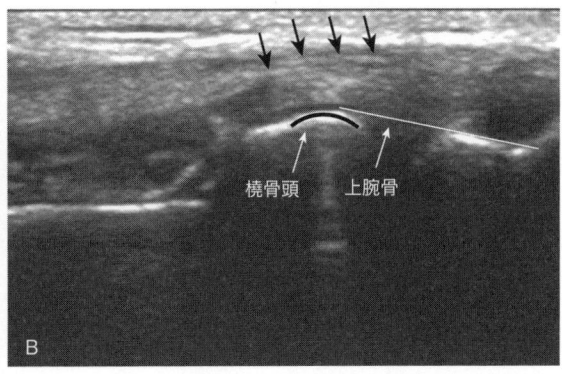

図15-1 前腕回内外時の短橈側手根伸筋腱と橈骨頭の偏位
A：前腕回外位，B：前腕回内位，黒矢印：短橈側手根伸筋。

用いて観察すると，橈骨頭レベルでも同様の走行の変化が観察される（**図15-3**）。すなわち，短橈側手根伸筋は上腕骨小頭から橈骨頭にかけて肘屈曲位では前方を走行し，伸展に伴い外側に偏位する。前腕回内外時にも走行が変化し，回内位にて内側，回外位にて外側に偏位するという解剖学的特徴をもつ[7]。手関節部では橈骨の外側を走行する。手関節の回旋軸は尺側にあるとされており（**図15-4**）[9]，短橈側手根伸筋は手関節の回内・外により，伸張・短縮が生じる構造を有する。

短橈側手根伸筋は手関節の背屈に作用するほか前腕回内外でも重要な役割を担う。O'Sullivanら[10]は，グリップを行った際の回内外運動時の

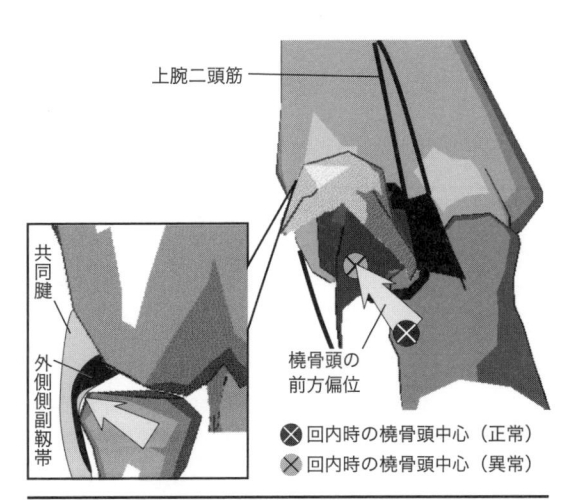

図15-2 回内時の橈骨の異常運動とenthesis organ機能不全
回内時の異常な橈骨頭前方偏位により，橈骨頭と共同腱，外側側副靱帯の摩擦が起こる可能性がある。

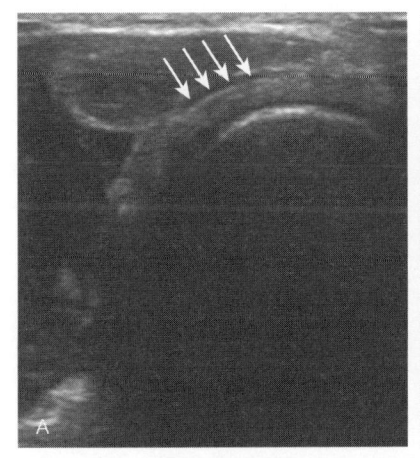

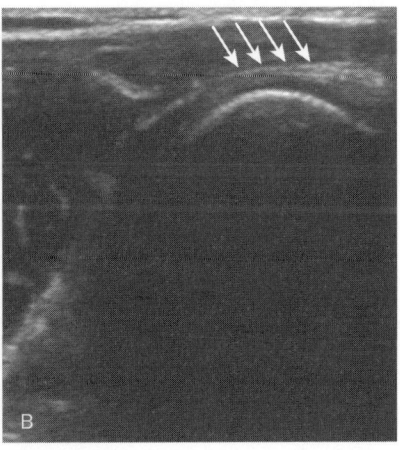

図15-3 橈骨頭レベルでの短橈側手根伸筋・総指伸筋共同腱（短軸）
A：肘屈曲位，B：肘伸展位，矢印：共同腱。

第5章 肘関節疾患に対する私の治療

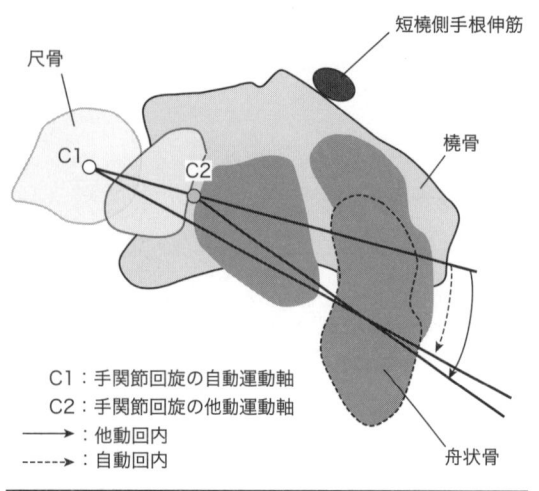

図15-4 手関節回旋軸と短橈側手根伸筋遠位部の走行（文献9より作図）

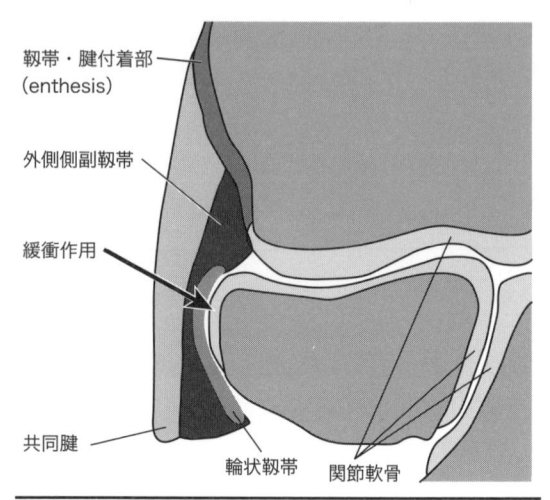

C1：手関節回旋の自動運動軸
C2：手関節回旋の他動運動軸
→：他動回内
⇢：自動回内

図15-5 短橈側手根伸筋のenthesis organ

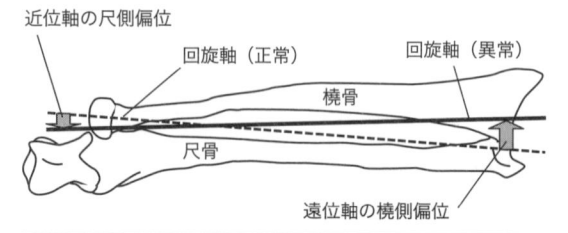

図15-6 前腕の回内外運動軸（文献15より改変）
テニス肘患者では，回内外軸が偏位し，橈骨まわりの尺骨の運動が起こる。

短橈側手根伸筋の筋活動について報告した。それによると，短橈側手根伸筋は前腕回内時には回内屈筋群が活動するために手関節の安定化作用として機能し，前腕回外時にはその主動作筋として活動したという。短橈側手根伸筋は橈骨頭上を後外側-前内側と走行を変え，ラケットを握った際の手関節の安定性やボールを打つための主動作筋として，常に活動していると推測される。

3. 短橈側手根伸筋のenthesis organ

腱・靱帯の骨への付着部にみられるenthesis構造の多くは，線維軟骨層を含む特徴的な4層の組織からなる。その周囲には，症候の要因となりうる豊富な血管，神経組織，滑膜組織を含む滑液包や脂肪性結合組織などがみられる。

臨床での病理を考えるうえでは，enthesis organの理解が重要である[11]。Milzら[12]は，短橈側手根伸筋のenthesis organ構造について以下のように報告した。短橈側手根伸筋と総指伸筋（EDC）の共同腱と外側側副靱帯は外側上顆において共同の付着部をもつ。これにより付着部は拡大され，enthesisへのストレスは減弱される。一方，外側側副靱帯は輪状靱帯にも付着する。橈骨頭の関節軟骨と輪状靱帯が接触することで，二次的に付着部の面積が増加し，enthesisへの直接的なストレスが分散される可能性がある[12]（図15-5）。以上より，短橈側手根伸筋のenthesis organは外側上顆への局所的なストレスの集中を，広範囲に分散させる機能を有していると推測される。

4. 肘関節マルアライメント

正常な肘関節の屈伸運動は，腕橈関節と腕尺関節の複合運動である。肘関節は伸展に伴って生理的に外反し[13,14]，その際，橈骨頭は上腕骨小頭上を後方にすべる[13]。正常な回内外の運動軸は，橈骨頭と尺骨頭を結んだライン上にある（図15-6）[15]。一方で，テニス肘患者の多くは肘外反，前腕回内・手関節内旋アライメントを呈している。また，肘伸展時や前腕回内外時の異常運

動も観察される。しかしながら，その詳細は十分に解明されていない。エビデンスは不足しているものの，運動学的な異常の解明とその改善なくしてテニス肘の治療は進めることができないことから，以下に筆者の臨床的観察に基づく私見を述べる。

肘関節のマルアライメントに関して，肘関節伸展位での生理的外反は，純粋な前額面の外反ではなく，注意深い触診により尺骨の内旋を伴うことが確認される。さらに注意深く腕橈関節を触診すると，橈骨頭が前方に偏位しているように感じられる場合がある。すなわち，生理的外反とは尺骨の内旋・外反，橈骨頭の前方偏位を伴うアライメントパターンとして捉えられる。

生理的外反に加えて，肘関節屈曲位でみられる肘関節外反がある。これは屈曲90°において，内側上顆と外側上顆を結ぶ直線の垂線に対して，尺骨長軸が外反方向に最大で20～25°程度傾斜していることにより確認される。このようなマルアライメントは健常者にもみられ，通常は内側側副靱帯損傷を伴うものではない。その原因は尺骨に対する橈骨の遠位偏位（長軸方向のずれ）によると推察され，手関節を橈屈させつつ橈骨を近位方向に押し込むことにより外反角減少が得られることによって裏づけられる。

肘関節外反による腕橈関節の圧の上昇は，その運動の異常（減少）をもたらすと推測される。テニス肘患者では回外可動域が制限され，回内外時の尺骨頭を回転軸とした遠位の橈骨の運動が減少している。軸の遠位は橈側に偏位し，橈骨を軸とした尺骨頭の運動が起きる。この際，回内外軸の近位は橈骨頭の尺側に偏位し（図15-6），結果として，橈骨頭の外側が大きく前後に動くようになると推察される。

5. 肘関節マルアライメントに及ぼす筋の影響

以上のようなマルアライメントや異常運動が生

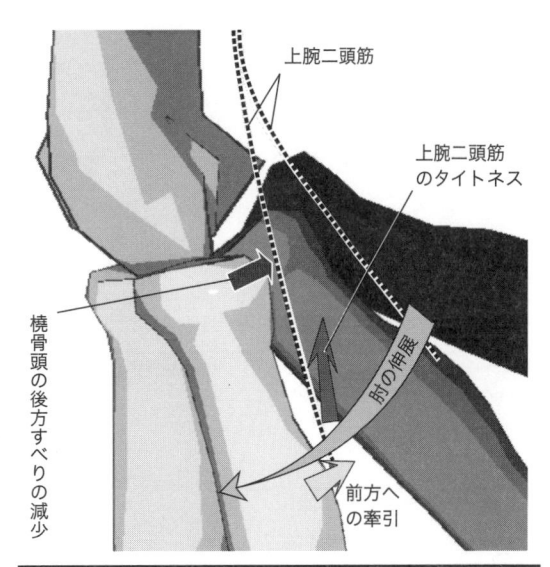

図15-7 上腕二頭筋・回外筋タイトネスによる橈骨頭の前方偏位
上腕二頭筋のタイトネスにより肘伸展時の橈骨頭の後方すべりが減少する。

じる原因としては，テニス動作の反復による外反ストレスや上腕二頭筋や腕橈骨筋など上腕および前腕の外側にある筋のタイトネスなどが考えられる。さらに，橈骨に付着する上腕二頭筋，腕橈骨筋，短橈側手根伸筋，円回内筋，橈側手根屈筋[16]にはタイトネスが生じやすく，これらの筋の影響を無視できない。また，フォアハンドストロークやサーブによる肘外反ストレスの繰り返しにより，外反制動機能を有する尺側手根屈筋（FCU）や浅指屈筋（FDS）[17]の筋力低下が好発すると考えられる。円回内筋や橈側手根屈筋などの回内屈筋群のタイトネスは前腕・手関節の回内アライメントを形成する。上腕二頭筋のタイトネスは橈骨頭を前方に牽引し，肘伸展時の橈骨頭の後方へのすべりを制限する（図15-7）。また，橈側に付着する筋のタイトネスは尺骨まわりの橈骨の運動を阻害し，結果として前述したような回内外時の異常運動を起こすことになる。これらに，バックハンドの反復などによる短橈側手根伸筋のタイトネスが加わり，肘の外反アライメントが増強，あるいは改善が困難な状態に陥るものと推測される。

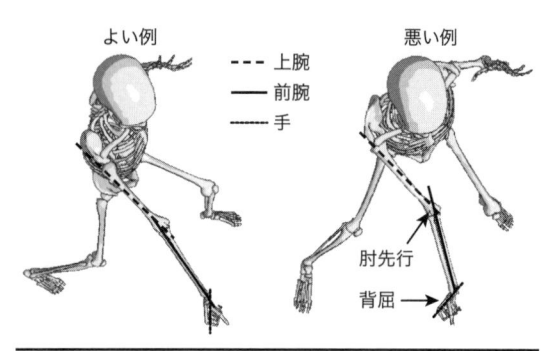

図15-8 フォアハンドストロークにおける危険なインパクトの肢位

6. 肩甲胸郭機構の機能不全

　肩甲胸郭機構の機能不全として，マルアライメントと安定性の低下があげられる．テニス肘患者の多くは，肩甲骨は外転・前傾している．これは，利き腕側の胸郭の下制が根底にあり，さらに菱形筋の機能不全，大胸筋・小胸筋・上腕二頭筋短頭・烏口腕筋などの筋タイトネスなどが原因としてあげられる．サーブ動作では，そのフォロースルー時に，利き腕側の肩甲骨が同側の胸郭を押し下げるように外転する．この動作の反復は胸郭の非対称アライメントの一因であると推測される．さらに，加齢や競技歴の長さによって進む胸椎後弯や非対称性の増強は，このアライメントの修復を困難なものにする．肩甲骨が前傾すると上腕骨頭は前方に偏位し，結節間溝での上腕二頭筋の緊張を増大させ，橈骨頭の異常運動の誘発にも関連すると考えられる．

　テニス動作において，肩甲骨の固定は非常に重要な機能である．サーブやフォアハンドストロークでの繰り返しの肩甲骨外転運動は，菱形筋などの機能不全を引き起こし，肩甲骨の安定性を低下させる．肩甲骨機能の低下により，インパクト時の上肢遠位部での固定が強いられ，上腕や前腕の筋の過活動を引き起こす．

7. テニス動作の不良

　テニス肘とバックハンドストロークとの関連についての報告が散見される．しかし，女性テニスプレーヤーの多くは，ダブルハンドでのバックハンド動作を行うため，必ずしもバックハンドのみがテニス肘の原因ではない．患者の多くは，フォアハンドストローク，サービス，ボレーなどで痛みを訴える場合もあり，その症状は多様である．

1）フォアハンドストローク

　前述したマルアライメントの多くは，テニスのフォアハンドストロークやサーブにより形成されると考えられる．Kellyら[18]は，典型的なテニス肘患者のフォアハンドストロークでは，手に対して肘が先行し，手関節背屈位からインパクト付近での急激な掌屈，前腕回内運動を行うと結論づけた（図15-8）．前述のように，短橈側手根伸筋は回内時に手関節の安定化作用として作用する．肘が先行するいわゆる"手打ち"の結果起こる急激な掌屈・回内は，短橈側手根伸筋の遠心性収縮による過活動を引き起こす．

　理想的なフォアハンドストロークの動作は，テイクバックで軸足の下肢が安定し，打つ方向に対し両肩のラインが平行か，さらに軸足方向に回旋する．インパクト時には踏み込み脚が安定し，骨盤は支持基底面の中心かやや踏み込み脚側にあり，フォロースルーにおいては両肩のラインがテイクバック時と左右入れ替わるほどの回旋が行われるのが理想である（図15-9A）．

　"手打ち"である不良動作のパターンは，大きく3つある．第1のパターンは，ストローク時の体幹・骨盤の回旋量自体が小さい場合がある（図15-9B）．第2のパターンとして，テイクバック時の軸足の安定性低下により，早期に踏み込み脚に荷重が偏位し，身体が早く開いてしまい，インパクト付近で体幹の回旋運動が減少する場合があげられる（図15-9C）．第3のパターンとして，加えて踏み込み脚の安定性が低下していると，骨盤は側方に過度に偏位する．これにより，骨盤の

15. テニス肘に対する私の治療

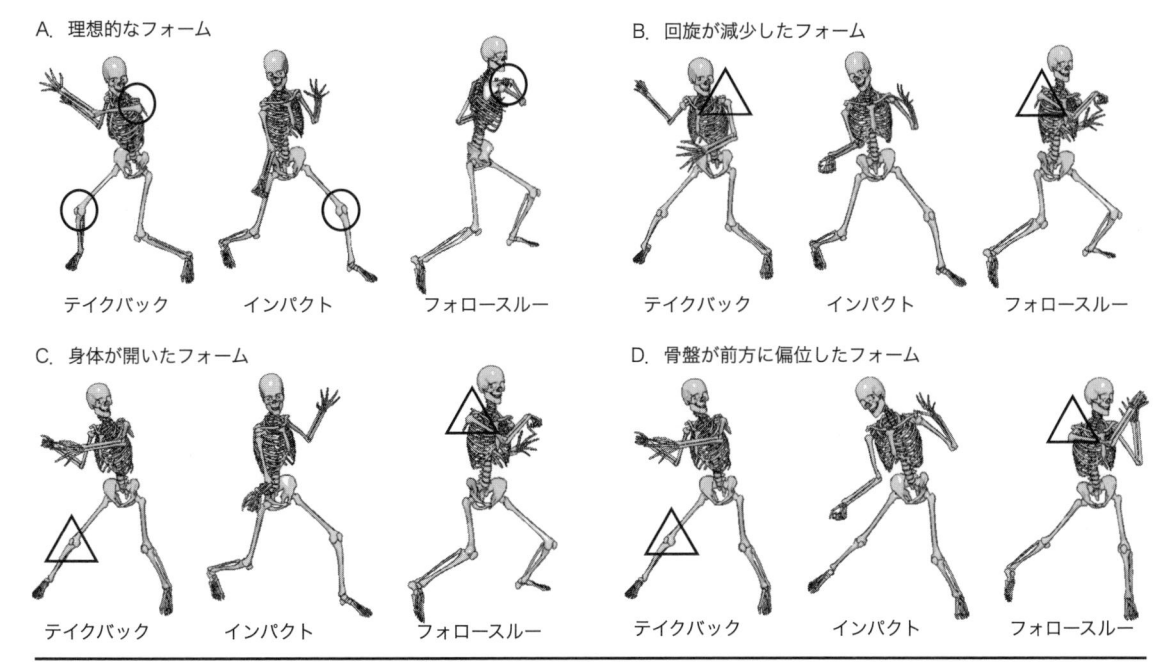

A. 理想的なフォーム　　　　　　　　　　B. 回旋が減少したフォーム

テイクバック　インパクト　フォロースルー　　テイクバック　インパクト　フォロースルー

C. 身体が開いたフォーム　　　　　　　　D. 骨盤が前方に偏位したフォーム

テイクバック　インパクト　フォロースルー　　テイクバック　インパクト　フォロースルー

図15-9　フォアハンドストロークの動作異常
○：評価するポイント，△：動作の不良．

回旋がうまく行えない場合にも，肘先行のフォームとなる（**図15-9D**）。この場合，骨盤が偏位することでインパクトのポイントと身体の位置が近づき，さらに回旋運動も減少することから，最も危険なフォームといえる。

2）バックハンドストローク

　技術レベルの低い選手のバックハンドストロークのインパクトは手関節屈曲・尺屈位で行われることが多く，短橈側手根伸筋の張力が増大する可能性がある[10]。テニス肘患者においても同様の傾向がある。インパクトで手関節屈曲・尺屈位になる原因には，インパクトの位置が通常より後方になることがあげられる（**図15-10**）。

　バックハンドの理想的なフォームとしては，フォアハンド同様，テイクバックで軸足が安定し，打球方向に両肩のラインが平行になる。インパクトでは骨盤が支持基底面の中心かやや踏み込み脚側にあり，フォロースルーにて打球方向に体幹が正面を向くほどの回旋が行われるのが理想である

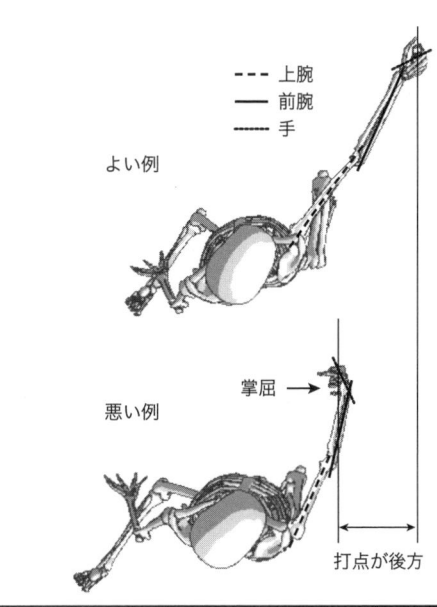

よい例　---上腕　―前腕　‥‥手

悪い例　掌屈

打点が後方

図15-10　バックハンドストロークにおける危険なインパクトの肢位

（**図15-11A**）。

　不良例として，インパクトの位置が後方になる原因は，フォアハンドストローク同様，全体の回旋量の減少により上肢に頼ったフォームになる場

第5章 肘関節疾患に対する私の治療

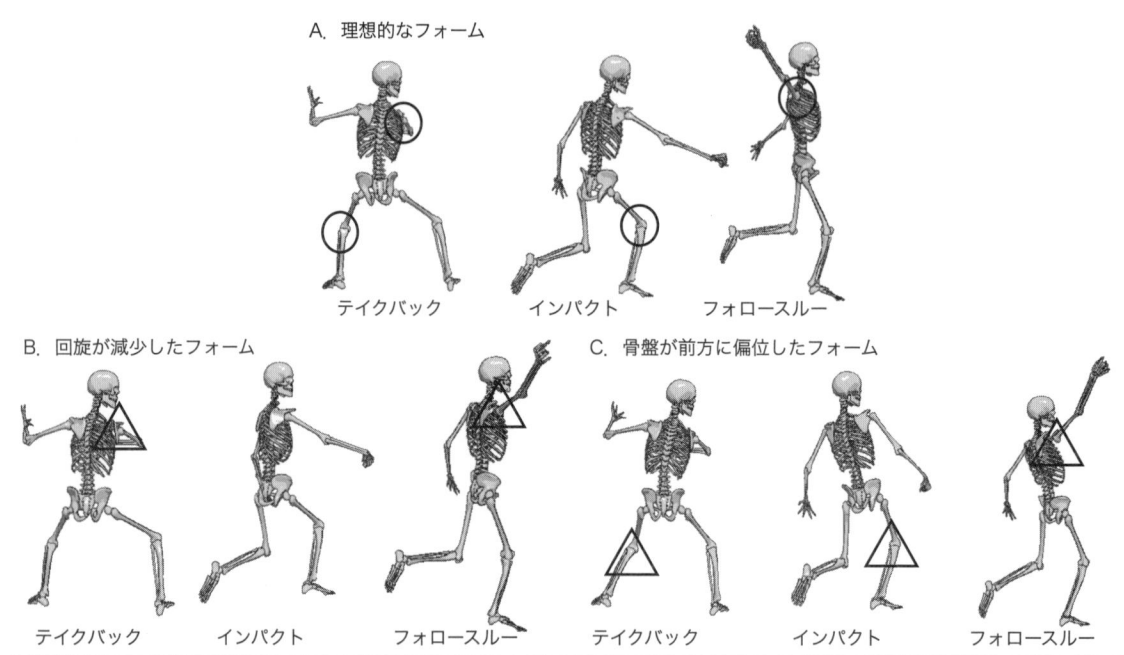

図15-11 バックハンドストロークの動作異常
○：評価するポイント，△：動作の不良．

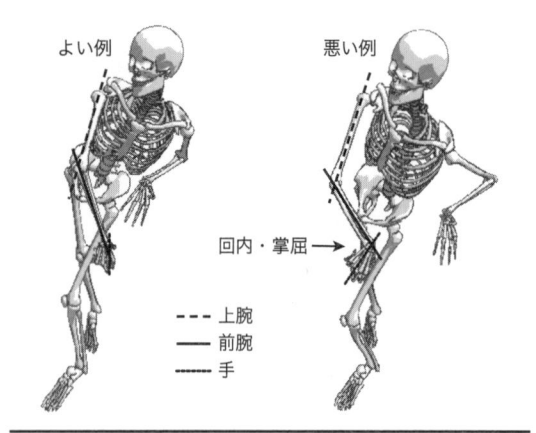

図15-12 サービスにおける危険なフォロースルー

合（図15-11B）や，両下肢安定性の低下による骨盤の前方偏位により，インパクトが後方となる場合があげられる（図15-11C）．

3) サービス

サービスとテニス肘との関連をみた報告は少ない．臨床的に，痛みの出るフェーズはインパクトからフォロースルーである．その際，肩関節の回旋を十分用いず，前腕の回内と手関節の掌屈を強く行っていることが多いように感じられる（図15-12）．これによりフォアハンドストローク同様，短橈側手根伸筋の遠心性収縮による過活動を引き起こすことが疼痛の原因と推測される．

理想的なサーブ動作では，トスアップ時にすでに重心が前方に移動しているため，踏み込み脚での下肢の安定が重要となる．サーブの理想的なフォームとして以下のポイントを指摘する．トスアップ時に踏み込み脚が安定し，両肩のラインが打球方向に平行か，さらに回旋する．インパクトでは踏み込み脚と上肢が一直線となり，フォロースルーではテイクバックのときと両肩の位置が入れ替わるほどの回旋が行われている（図15-13A）．

不良例では体幹の回旋が十分に行われず，スイングを上肢に頼る部分が大きくなり，"手打ち"になることで症状を呈する場合がある（図15-13B）．また踏み込み脚の安定性が低下し，骨盤が過度に前方に偏位し，肩甲骨の固定や十分に体幹の回旋が起きていない場合がある（図15-13C）．

15. テニス肘に対する私の治療

A. 理想的なフォーム

テイクバック（トスアップ）　インパクト　フォロースルー

B. 回旋が減少したフォーム

テイクバック　インパクト　フォロースルー

C. 骨盤が前方に偏位したフォーム

テイクバック　インパクト　フォロースルー

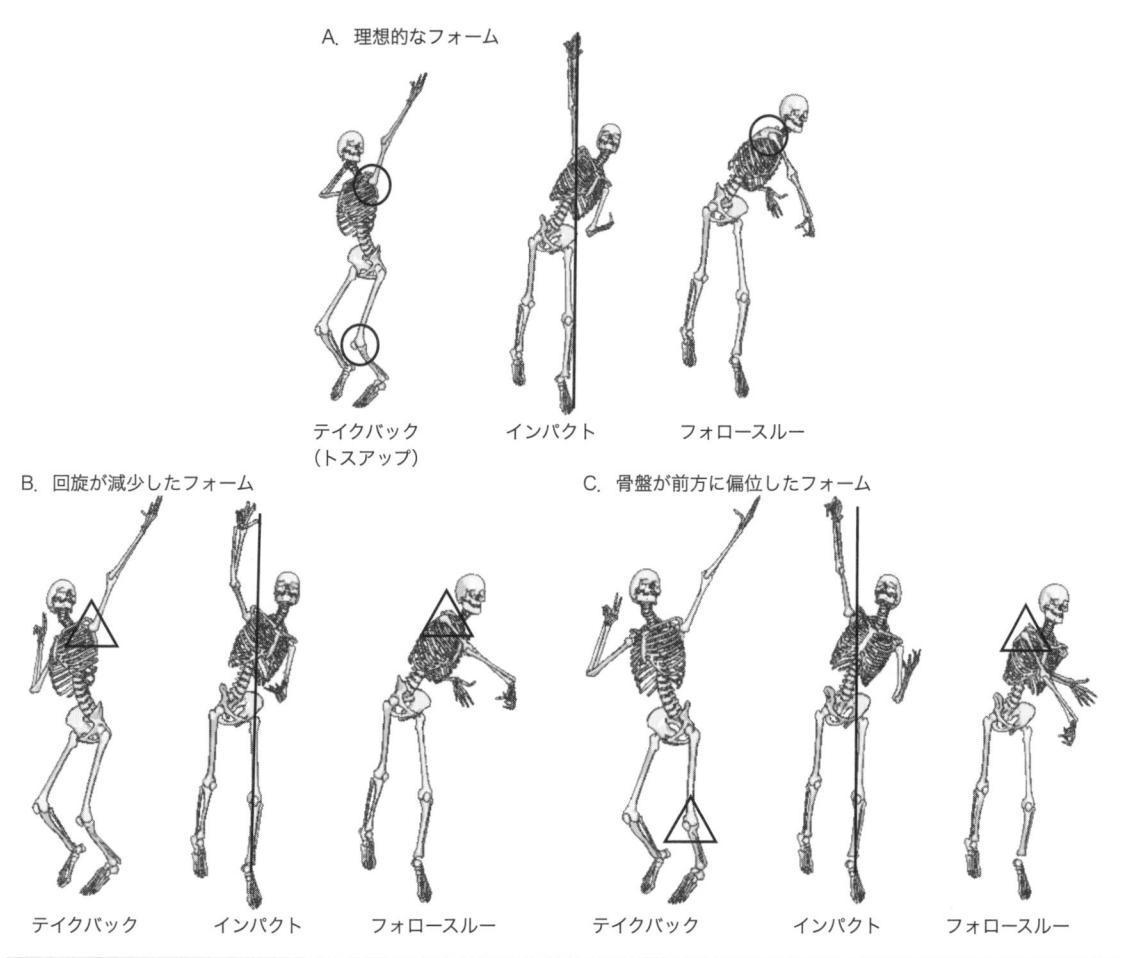

図15-13　サービスの動作異常
○：評価するポイント，△：動作の不良。

B. テニス肘の評価

1. 炎症所見

　上腕骨外側上顆周囲の腫脹の評価には，必ず左右を比較する。肘関節内の腫脹は肘頭外側と橈骨頭の間で触知することができる。テニス肘では，外側上顆や橈骨頭周囲の滑液包由来の腫脹が確認されることが多い（**図15-14**）。同時に短橈側手根伸筋腱の変性の有無をみる。変性や炎症が強い場合には腱の正常な緊張が低下する場合がある。

　疼痛の評価結果は，部位の鑑別や治療の効果判定，復帰の指標に用いられる。圧痛は外側上顆から短橈側手根伸筋・長橈側手根伸筋（ECRL）・

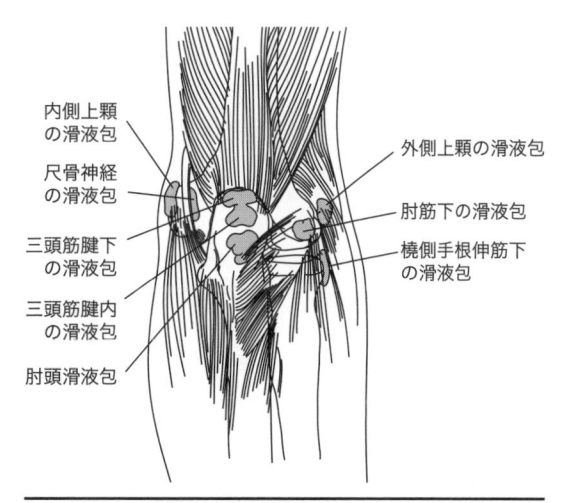

内側上顆の滑液包
尺骨神経の滑液包
三頭筋腱下の滑液包
三頭筋腱内の滑液包
肘頭滑液包
外側上顆の滑液包
肘筋下の滑液包
橈側手根伸筋下の滑液包

図15-14　肘関節周囲の滑液包

第5章　肘関節疾患に対する私の治療

手指屈曲位で疼痛増強　　　　　　　　手指伸展位で疼痛増強

総指伸筋

中指で疼痛（＋）　　　　　示指で疼痛（＋）

短橈側手根伸筋　　　　　　長橈側手根伸筋

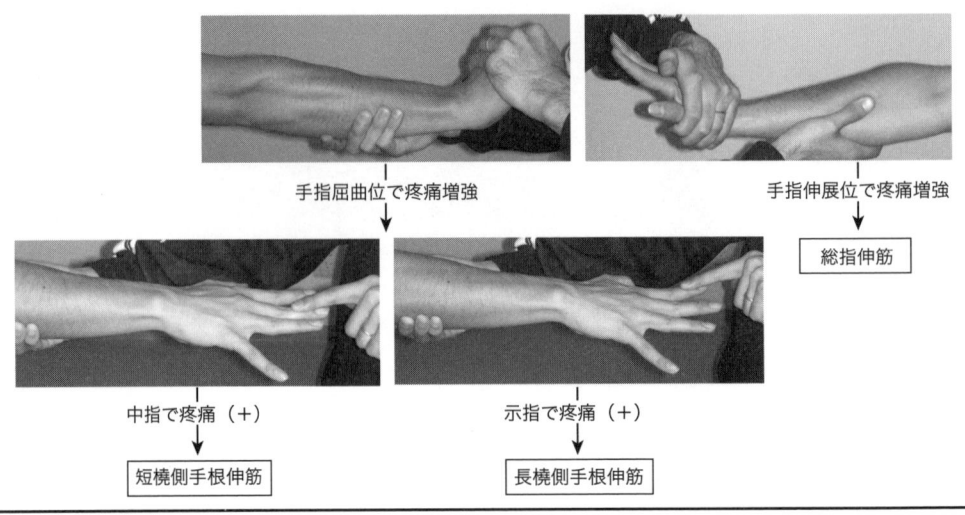

図15-15　患部の鑑別

総指伸筋を遠位部にたどる。また，腕橈関節面（上腕骨小頭・橈骨頭）や橈骨粗面の圧痛も合わせて評価する。圧痛で責任病巣をある程度絞り込み，抵抗運動時痛により主訴との照合を行う（**図15-15**）。手関節背屈時に疼痛があり，手指を伸展して疼痛が増悪した場合，総指伸筋が本態である可能性が高い。手指屈曲位で疼痛が強い場合は，示指・中指伸展での疼痛を比較し，示指伸展時が強い場合は長橈側手根伸筋，中指伸展時が強い場合は短橈側手根伸筋が本態であると考えられる。治療効果の判定や経過観察の方法には握力の計測を行う。握力計を握り，疼痛を感じたところの数値を記録する方法は，客観的な指標として有用である。また，復帰の基準としての疼痛の評価には，インパクトの肢位でのラケットへの抵抗や素振りを行い，疼痛を確認する。

2．肘関節の機能評価

はじめに肘伸展位での機能的外反アライメントを観察する。次に，肘屈曲位での肘外反アライメントと，肘を内反方向に誘導しつつ他動伸展運動時に肘外反がはじまる肘屈曲角を左右差で評価する。橈骨の運動について，橈骨頭の前方偏位の有無（後方すべりの減少）を確認する。

肘外反アライメントに加え，前腕や手関節の過回内アライメントの有無を評価する。前腕の異常運動の評価として肘90°屈曲位にて前腕回内外自動運動を行う。回内外時の橈骨頭の異常運動については，他動回内運動時に橈骨頭を触診する。橈骨の前方偏位を確認し，腕橈関節のクリックの有無を触知する。

異常なアライメントと関節運動を把握した後，その原因となる筋タイトネスを評価する。前腕筋のタイトネスは，筋自体の触診に加え，前腕の回内外制限と手関節の掌背屈を評価する。尺側手根屈筋・浅指屈筋の筋力評価は，回外位での手関節屈曲抵抗や環指近位指節間関節を握力計で評価する[19]（**図15-16**）。さらに，各筋の位置関係に異常がないかを詳細に確認する。

3．他関節の機能とフォームの評価

疼痛を訴える動作のフォームについて，素振りやネットなどにボールを打つことで評価する。全体の回旋量，インパクトの肢位，テイクバック，フォロースルーの順に評価を行う。前述したフォームの異常がないかどうかを確認し，体幹・股関節の柔軟性，下肢の安定性など，問題となりうる機能の異常を評価する。また，ラケット面に抵抗

15. テニス肘に対する私の治療

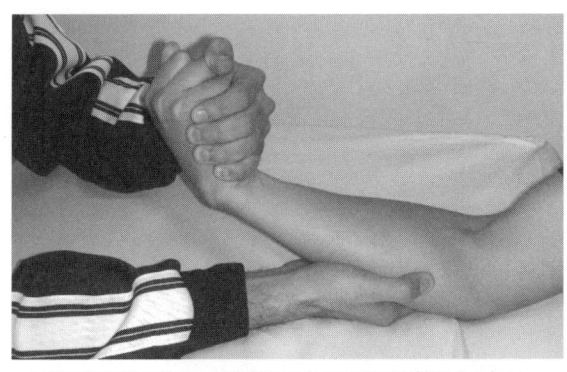

尺側手根屈筋：前腕・手関節回外位にて掌屈抵抗運動を行い，抵抗感を評価

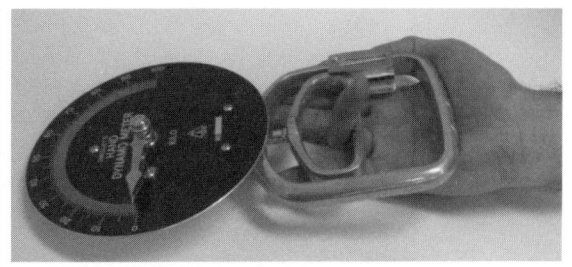

浅指屈筋：握力計に第4指のみをかけ，近位指節間関節を屈曲し数値を計測（他の手指は伸展位）

図 15-16　尺側手根屈筋・浅指屈筋の機能評価

表 15-1　テニス肘のリハビリテーションの流れと活動制限

レベル	週	肘・前腕機能	肩・肩甲帯機能	体幹・下肢機能
テニス休止	1週	腕橈関節アライメント 肘外反アライメント 前腕過回内アライメント		
	2週	尺側手根屈筋・浅指屈筋機能 （非荷重から重錘へ）	肩甲骨可動性・安定性 肩内旋可動域	胸郭アライメント 腹圧
	3週	グリップ下での前腕回内外 （非荷重からラケットへ）		体幹回旋可動域 股内旋可動域
	グリップ時・インパクト時の疼痛（－），十分な回旋を伴った動作獲得⇒素振りへ			
素振り	1～2週	アライメント，筋機能	アライメント，筋機能	片脚立位 サイドホップ
	軸足・踏み込み足が安定した動作の獲得⇒その場のラリーへ			
その場のラリー	1～2週	アライメント，筋機能	アライメント，筋機能	フットワーク
	安定したフットワークの獲得⇒ゲームへ			

を加えた際の肩甲骨のウィンギングの有無を確認し，肩甲骨の安定性の評価も行う。テイクバックの姿勢をとり，軸足の安定性について評価する。

C. テニス肘の治療

テニス肘の治療全体の一般的な流れを**表 15-1**に示す。

1. 除痛

まず関節内や滑液包の熱感・腫脹がみられた場合には，アイシングを施行する。また，腫脹が強い場合や病巣腱の圧痛が強い場合，ストレッチ痛がみられる場合には，同部への高電圧療法も有効である。

2. マルアライメントの矯正

次に肘のマルアライメントを改善し，腕橈関節の過度の圧迫を軽減させ，短橈側手根伸筋への持続的なストレスを減弱させる。まず最初に腕橈関節のマルアライメントを改善する。若年者や軽症例では，橈骨頭を掌側（前方）より圧迫し，前腕の回内外を繰り返すことで，橈骨頭の前方偏位が改善される場合がある（**図 15-17**）。次に手関節

第5章　肘関節疾患に対する私の治療

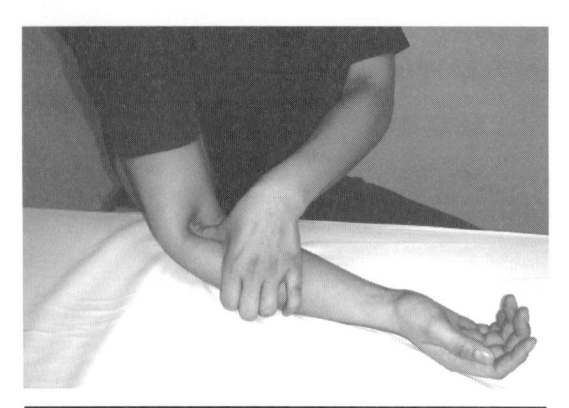

図15-17　橈骨頭前方偏位アライメントの改善
橈骨頭を掌側（前方）より圧迫し，前腕の回内外を繰り返す。

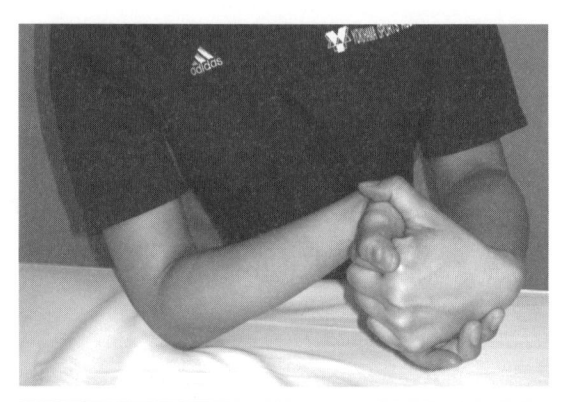

図15-18　肘外反アライメントの改善
手関節を橈屈させつつ橈骨を近位方向に押し込み，肘関節内反方向に誘導する。

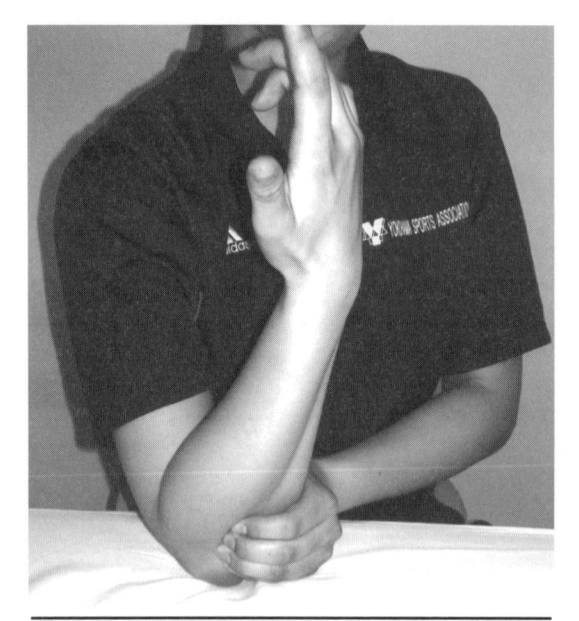

図15-19　尺骨内旋アライメントの改善
尺骨近位部橈側を把持しながら，前腕回外運動を行う。

を橈屈させつつ橈骨を近位方向に押し込み，肘関節内反方向に誘導することで，肘屈曲位での外反角を減少させる（図15-18）。これらを行うだけでも，疼痛の評価としての握力の改善が得られるケースを多く経験する。尺骨の内旋が強い場合には，尺骨近位部橈側を把持しながら，前腕回外運動を行うことで，尺骨の外旋を誘導することができる（図15-19）。以上のアライメント変化は疼痛の軽減をもたらすが，その効果は一時的である。効果を持続させるには，以下の柔軟性および筋機能の改善が必要である。

3．柔軟性・筋機能

　上腕二頭筋の付着部やその筋腹，回外筋をストレッチすることで橈骨頭の前方偏位を減少させ，enthesis organの修復と，短橈側手根伸筋への張力の減弱を試みる。次に，橈側手根屈筋や円回内筋，長母指屈筋のストレッチを行い，前腕や手関節の過回内アライメントを改善させ，短橈側手根伸筋の張力を減弱させる。その後，短橈側手根伸筋や総指伸筋の柔軟性を改善させることでさらに疼痛の軽減を図る。この際，注意点として，責任病巣の圧痛の強い部分は避けることが重要である。緊張が強くストレッチのみでは柔軟性を回復できない場合は，筋間，皮下組織，筋と靱帯などの組織間のリリースを行う。

　マルアライメントを改善した後，肘や手関節の安定に寄与する浅指屈筋や尺側手根屈筋の機能を改善させる。スポンジなどを握りつぶすことで浅指屈筋の収縮感を学習した後，前腕回外位にて手関節を屈曲し，尺側手根屈筋を同時にトレーニングする（図15-20）。この際十分に短橈側手根伸筋の柔軟性が獲得されていないと，トレーニング後に過緊張を呈することがあるため注意が必要で

15. テニス肘に対する私の治療

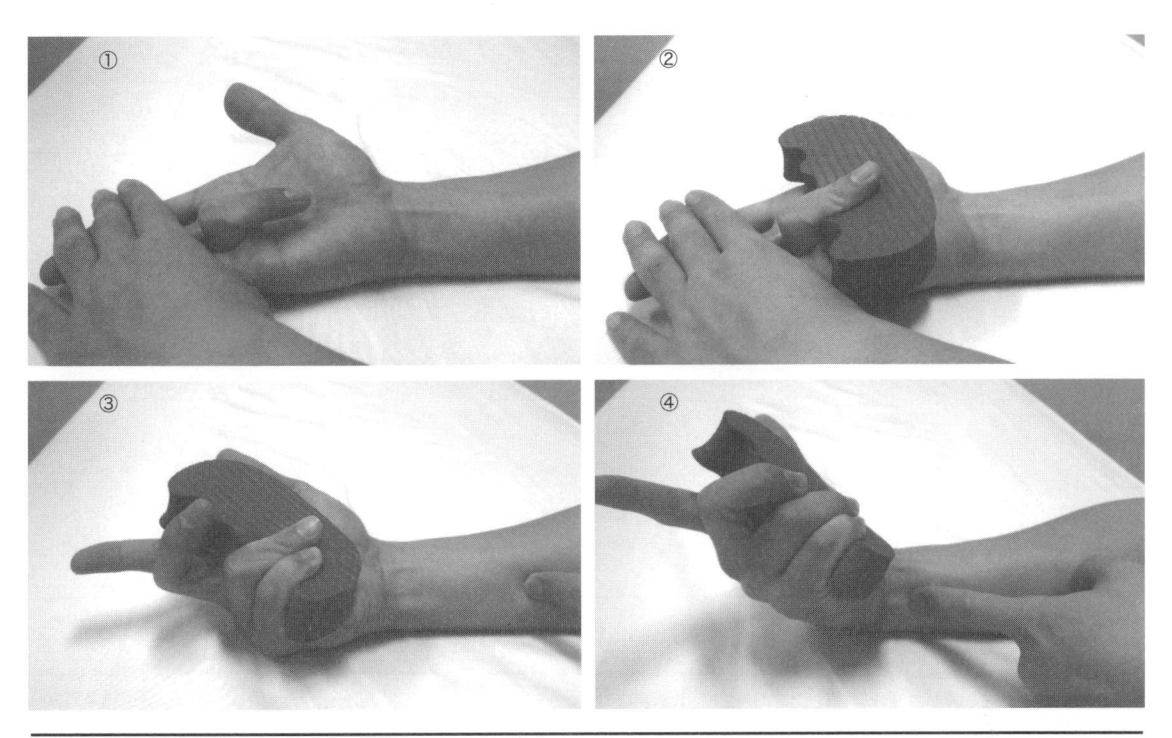

図15-20 浅指屈筋・尺側手根屈筋トレーニング
①：環指近位指節間関節のみを屈曲する，②：スポンジを潰すように①を行う，③：環指，小指近位指節間関節を屈曲する，④：③から掌屈し，尺側手根屈筋腱の浮き上がりを確認する。

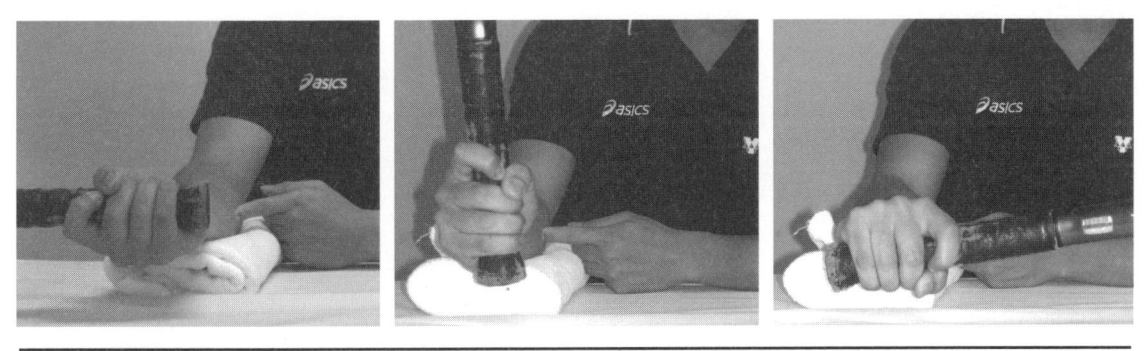

図15-21 前腕回内外トレーニング
環指，小指を強く握るようにラケットを握る。尺側手根屈筋の収縮を確認しながら前腕回内外運動を行う。

ある。伸筋群の収縮不全が認められる場合には，その機能を改善させることも重要である。例えば，日常生活でも短橈側手根伸筋に強い疼痛が生じているような症例では，一時的に短橈側手根伸筋の機能を補うために，総指伸筋や長母指伸筋のトレーニングを行うこともある。屈筋・伸筋の機能が改善した後，環指・小指でラケットなどを握った状態での回内外運動を行う（**図15-21**）。手関節の安定化作用としての短橈側手根伸筋の機能を浅指屈筋で補うことができる。短橈側手根伸筋の過剰収縮を抑制した状態で，回内外運動を行うことで短橈側手根伸筋を安全な範囲で求心性・遠心性にトレーニングすることが可能となる。

4．肩甲骨・体幹・下肢機能の改善

肘の機能を改善した後に，肩甲胸郭機構の機能

139

第5章 肘関節疾患に対する私の治療

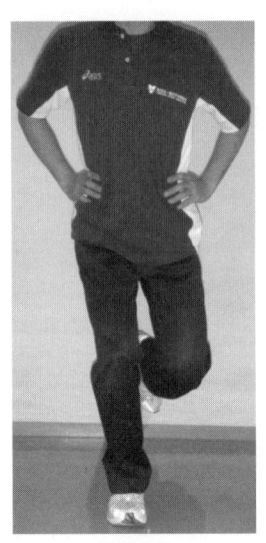

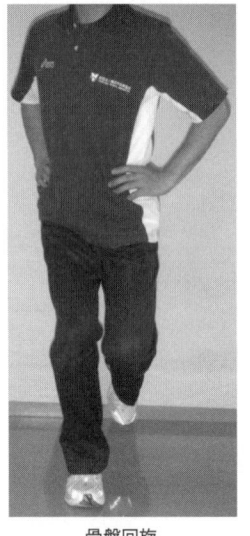

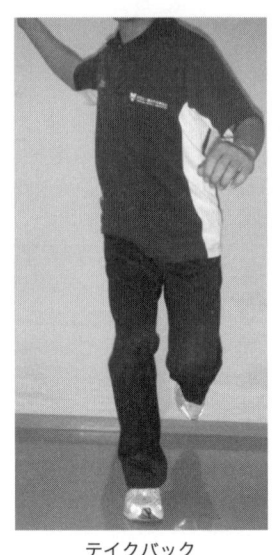

片脚立位　　　骨盤回旋　　　テイクバック　　　不良例

図15-22 片脚支持の安定性
片脚立位から骨盤回旋，上肢の運動を加えたテイクバックを行い，支持性を向上させる．不良例のように，骨盤が傾かないように行う．

A：悪い例
ボールに対し直線的

B：よい例
ボールに対し弧を描く

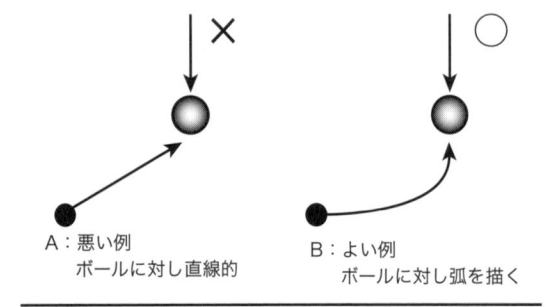

図15-23 フットワーク

を改善させる．肩甲骨のマルアライメントの背景に胸郭の影響がある場合には，胸郭アライメントやモビリティを改善させる．肩甲骨のアライメント改善には胸郭の挙上が不可欠であり，その後，烏口突起に付着する烏口腕筋・上腕二頭筋短頭・小胸筋や，下角に付着する広背筋，上腕骨頭や鎖骨に付着する大胸筋をストレッチまたはリリースする．肩甲骨の可動性が改善した後，肩甲骨の安定性向上によりインパクト時の上肢の固定力を増し，上腕や前腕の過剰な筋活動の抑制を図る．具体的には菱形筋や前鋸筋のトレーニングを行う．また，必要に応じ，肩後方組織のストレッチを行

い，上腕骨頭のアライメントを改善させ，上腕二頭筋長頭の緊張低下を図る．これは，肩内旋可動域の増大にもなり，サーブでの前腕過回内を防ぐことにもつながる．

他関節やフォームの評価で，問題として股関節・体幹の可動性の低下がある場合は，その可動域を改善させる．身体全体として，十分な回旋が得られ，グリップ時やインパクト抵抗時に疼痛がなければ，素振りや手だしのボール打ちから始める．次に，テイクバック時や踏み込み時の下肢の安定性を獲得するため，片脚立位の支持性を向上させる．片脚立位では，足部のアライメントや股関節周囲筋機能，体幹筋機能が重要となる．片脚立位が安定した後，片脚支持下での骨盤回旋（股関節内旋），片脚支持でのテイクバックを練習する（**図15-22**）．軸足荷重下でのテイクバックからインパクトに向けてのスムーズな重心移動と，フォロースルーでの十分な踏み込み脚の安定性が獲得されたところで，その場でのラリーを許可する．さらに，テニスの実際のゲームではサイドの動きが多いため，サイドホップでの着地の安定性

を獲得する。また、ボールへのフットワークの仕方が、直線的に向かうようなステップではボールを点でしか捉えられない（図15-23A）。インパクトの位置が安定せず、身体に近くなると、負担のかかりやすいフォームでストロークをすることになる。ボールを線で捉えるため、弧を描くように迎えるフットワークを指導することで、さまざまなボールに対して柔軟に対応し、常に身体に対して安定したポイントでボールをインパクトすることができる（図15-23B）。このようなフットワークが身についた時点で試合を許可する。復帰に際しては、練習時間のコントロールやウォーミングアップ、クーリングダウンの指導を行う。また、再発予防に向けては、練習内容についても同じストロークの種類を繰り返す練習の回避など、いろいろな方面でのアドバイスを行う。

D. まとめ

テニス肘の病態から評価、治療方法について述べた。テニス肘の治療にあたる際には短橈側手根伸筋のタイトネスに目を奪われがちであるが、詳細に肘・前腕の機能の異常を捉えることで、最適な治療が可能になる。また、肘・前腕のみでなく、肩甲骨や肩関節のアライメントを改善させることで、上腕二頭筋の緊張抑制や上肢の安定性を増大させ、短橈側手根伸筋へのストレスを減弱させることが可能となる。さらに、再発予防を考えると、フォームの改善が必要となり、下肢機能を含めた全身のリハビリテーションを行う必要がある。

文　献

1. Connell D, Burke F, Coombes P, McNearly S, Freeman D, Pryde D, Hoy G. Sonographic examination of lateral epicondylitis. *AJR Am J Roentgenol*. 2001; 176: 777-82.
2. 齋藤　晋, 池田　登, 上尾豊二. 肥厚したECRBにより肘関節の弾発現象を生じた1例. 日肘会誌. 2005; 12: 103-4.
3. Kumai T, Takakura Y, Rufai A, Milz S, Benjamin M. The functional anatomy of the human anterior talofibular ligament in relation to ankle sprains. *J Anat*. 2002; 200: 457-65.
4. Moriggl B, Kumai T, Milz S, Benjamin M. The structure and histopathology of the "enthesis organ" at the navicular insertion of the tendon of tibialis posterior. *J Rheumatol*. 2003; 30: 508-17.
5. Toumi H, Higashiyama I, Suzuki D, Kumai T, Bydder G, McGonagle D, Emery P, Fairclough J, Benjamin M. Regional variations in human patellar trabecular architecture and the structure of the proximal patellar tendon enthesis. *J Anat*. 2006; 208: 47-57.
6. Baeyens JP, Van Glabbeek F, Goossens M, Gielen J, Van Roy P, Clarys JP. In vivo 3D arthrokinematics of the proximal and distal radioulnar joints during active pronation and supination. *Clin Biomech (Bristol, Avon)*. 2006; 21 Suppl 1: S9-12.
7. Bunata RE, Brown DS, Capelo R. Anatomic factors related to the cause of tennis elbow. *J Bone Joint Surg Am*. 2007; 89: 1955-63.
8. Cohen MS, Romeo AA, Hennigan SP, Gordon M. Lateral epicondylitis: anatomic relationships of the extensor tendon origins and implications for arthroscopic treatment. *J Shoulder Elbow Surg*. 2008; 17: 954-60.
9. Gupta A, Al Moosawi NM, Agarwal RP. In vivo CT study of carpal axial alignment. *Surg Radiol Anat*. 2003; 25: 455-61.
10. O'Sullivan LW, Gallwey TJ. Upper-limb surface electromyography at maximum supination and pronation torques: the effect of elbow and forearm angle. *J Electromyogr Kinesiol*. 2002; 12: 275-85.
11. 熊井司二.「腱・靱帯付着部症」について－付着部の構造とその損傷. スポーツメディスン. 2007; 19: 6-25.
12. Milz S, Tischer T, Buettner A, Schieker M, Maier M, Redman S, Emery P, McGonagle D, Benjamin M. Molecular composition and pathology of entheses on the medial and lateral epicondyles of the humerus: a structural basis for epicondylitis. *Ann Rheum Dis*. 2004; 63: 1015-21.
13. Goto A, Moritomo H, Murase T, Oka K, Sugamoto K, Arimura T, Nakajima Y, Yamazaki T, Sato Y, Tamura S, Yoshikawa H, Ochi T. In vivo elbow biomechanical analysis during flexion: three-dimensional motion analysis using magnetic resonance imaging. *J Shoulder Elbow Surg*. 2004; 13: 441-7.
14. Van Roy P, Baeyens JP, Fauvart D, Lanssiers R, Clarijs JP. Arthro-kinematics of the elbow: study of the carrying angle. *Ergonomics*. 2005; 48: 1645-56.
15. Nakamura T, Yabe Y, Horiuchi Y, Yamazaki N. In vivo motion analysis of forearm rotation utilizing magnetic resonance imaging. *Clin Biomech (Bristol, Avon)*. 1999; 14: 315-20.
16. Morris M, Jobe FW, Perry J, Pink M, Healy BS. Electromyographic analysis of elbow function in tennis players. *Am J Sports Med*. 1989; 17: 241-7.
17. Park MC, Ahmad CS. Dynamic contributions of the flexor-pronator mass to elbow valgus stability. *J Bone Joint Surg Am*. 2004; 86: 2268-74.
18. Kelly JD, Lombordo SJ, Pink M, Perry J, Giangarra CE. Electromyographic and cinematographic analysis of elbow function in tennis players with lateral epicondylitis. *Am J Sports Med*. 1994; 22: 359-63.
18. 坂田　淳, 鈴川仁人, 安藤　亮, 赤池　敦, 清水邦明, 中嶋寛之. 内側型野球肘症例の初回臨床所見と投球再開時期との関連. 日肘会誌. 2009; 16: 9-12.

〈坂田　淳〉

16. 体操競技における肘関節損傷のリハビリテーション

はじめに

体操競技とは，男子では6種目，女子では4種目の器械種目で演技を行う採点競技である（**表16-1**）[1]。演技構成は，倒立技・宙返り技・ひねり技・柔軟技といった非日常的な身体操作が必要となる特殊な競技スポーツである。体操競技の大きな特徴は男女ともに上肢への荷重動作がみられることであり，肩関節，肘関節，手関節の外傷・障害の発生が多いという特性をもつ。本項では，筆者自身の競技生活も含め長い間携わっている体操競技選手の肘関節の外傷・障害へのアプローチを紹介する。

A. 体操選手の特殊な上肢機能

1. 特殊な上肢の肢位

体操競技では，種目や技により特殊な上肢肢位をとることが必要とされる[2]。**図16-1**に選手が競技姿勢で必要とされる上肢の支持・懸垂肢位を示す。**図16-1**に示す各肢位において，選手の上肢は回旋力や荷重・牽引力，さらには技の過程に

表16-1 体操競技：器械種目

男子：6種目	女子：4種目
1. ゆか	1. 跳馬
2. あん馬	2. 段違い平行棒
3. つり輪	3. 平均台
4. 跳馬	4. ゆか
5. 平行棒	
6. 鉄棒	

＊非日常的な運動・動作で演技が構成される。
＊男女とも上肢に荷重のかかる競技特性がある。

よる姿勢変化に応じて肢位がめまぐるしく変わることになる。男子の平行棒における棒下逆上がりを**図16-2**に示す[3]。選手の上肢肢位は，技の開始時に上肢に牽引力のかかる内手握りからはじまり，荷重のかかる外手支持倒立となる技の完了肢位へと変化する。高いレベルの選手の上肢機能は，複雑な連鎖と反復練習で築かれた運動学習によって，意識的・無意識的に適切に機能している。

2. 肩甲帯から上肢の特殊な動き

男子の鉄棒，女子の段違い平行棒でみられる**図16-3**のアドラーは，逆手把持による前方車輪からはじまり，バーを把持している両手の間に両脚を通過させる浮き腰回転倒立を行う技である[3]。技の完成肢位である逆手背面支持姿勢時にみられる上肢全体の複合的な回旋は，上腕部の内旋と前腕部の回内角度を合わせて270°に及ぶとされている[4]。肩関節は，技の開始時，屈曲-外旋位にあるが，浮き腰回転倒立の経過で伸展-内旋位へ転移する。体操界の用語では「肩転移」や「肩かえし」といわれる技術である[2]。体操競技の技術は全身的な巧みな連鎖のもとに行われ，アドラー時は肩甲上腕関節のみならず脊椎胸郭を含む肩甲帯，上腕部から前腕部そして手指関節を含むすべての機能を使って技が行われている。

3. 倒立姿勢の特徴

上肢への荷重姿勢のなかで体操競技で最も多くみられる技術は倒立である。体操選手の倒立では，**図16-4**に示すように肩甲骨を挙上・上方回旋さ

16. 体操競技における肘関節損傷のリハビリテーション

支持の肢位

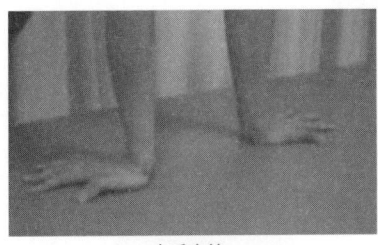

内手支持
ゆかや女子の平均台・跳馬の支持・つき手にみられる肢位。前腕部回内外0°

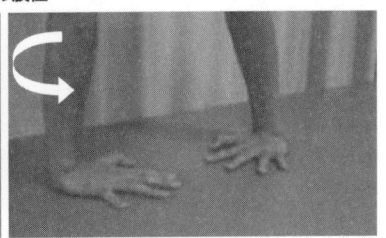

外手支持
ゆかの後転跳びでみられる肢位。前腕部回内180°

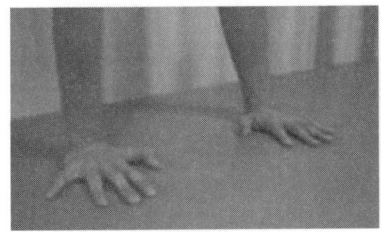

順手支持
ゆかの標準的な倒立でみられる肢位。前腕部回内外90°

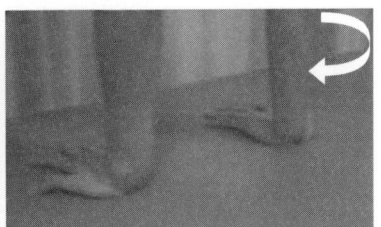

逆手支持
ゆかの特殊な技の支持にみられる肢位。前腕部回外90°

懸垂の肢位

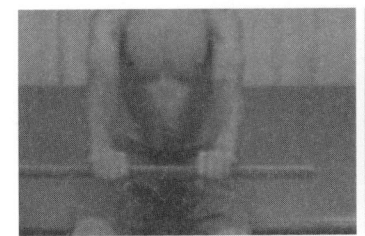

順手握り

逆手握り

大逆手握り
前腕部回内270°

図16-1 体操競技の支持・懸垂肢位

せ，肩甲上腕関節面を床面方向に合わせるように，あたかも関節内に荷重面をつくるかのような肢位をとる[4]。この機能を理解していることが，体操の競技特性を理解していることといえ，選手の上肢の外傷・障害の評価で各受傷部位の機能だけにとどまらず，肩甲帯を含めた機能評価を加えることが可能となる。

B. 体操選手の肘関節外傷・障害の治療におけるポイント

体操選手の上肢機能は基本的な肢位だけでも大変複雑なものである。さらに，それらの上肢肢位は，種目や技によって，また選手の技術や身体機能の特徴によって違いがある。選手の肘関節外傷・障害に関しては，肘関節機能の回復はもちろんのこと，手関節機能，肩関節機能，さらには脊椎，胸郭を含めた肩甲帯機能を総合的に評価し分析することが必要といえる。さらに選手の肘関節外傷・障害は，オリンピック終了時ごとに行われるルール改正や，開発による種目器具の変化の影響を加えて考慮しなければならない[1, 2]。またジュニア選手では，選手自身の未発達な身体機能を要因とした関節軟骨障害の増加に注意が必要であ

第5章 肘関節疾患に対する私の治療

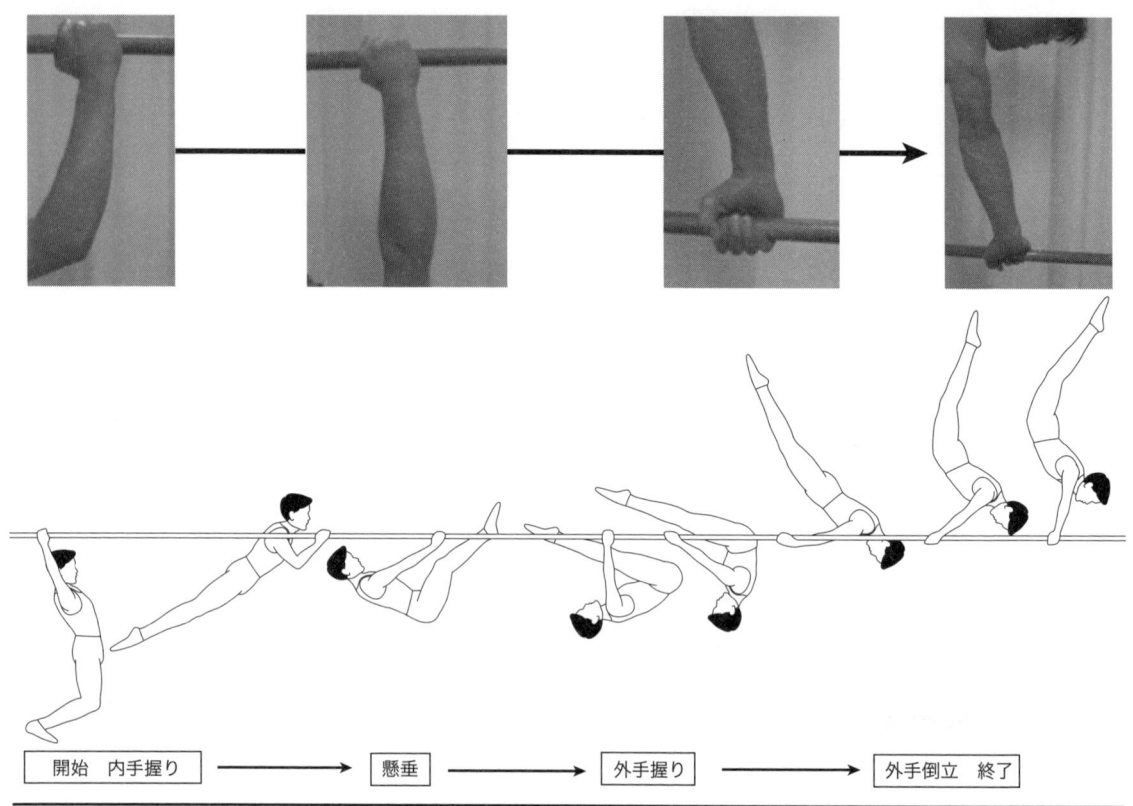

図16-2 男子平行棒棒下逆上がりの上肢肢位の変化
開始 内手握り → 懸垂 → 外手握り → 外手倒立 終了

る。もちろん外傷後も同様といえるが，全身的に筋機能の未熟なジュニア選手に対しては，特に肘関節の支持・安定性を上肢から肩甲帯さらには体幹を含む連鎖的な機能として，治療期間中からそれまでの運動学習の修正や新たな学習を行う必要があることを意識するべきである。

1. 競技特性を考えた評価

競技特性を考慮した理学療法士の評価として工夫すべきことは何かを検討することが重要といえる。体操の競技特性として，先に述べた支持・懸垂姿勢があるが，さらに技の過程によって複合的な可動性や連鎖的な筋力発揮を行わなければならない。理学療法士のアプローチによって，特殊な上肢機能を構築または再獲得させていくイメージを明確にもつことが大切である。

まず基本的な手関節中間位での肘関節の可動性評価に加え，支持・懸垂姿勢でみられる手関節掌屈時の肘関節可動性の評価を加えることや，肘関節の屈曲伸展動作時の上腕骨や肩甲帯の連鎖を十分に観察しつつ，競技動作時の選手の肘関節の状態を予測する。しかし，これはスポーツ選手特有の評価であるかといえば，理学療法士が日頃の診療で症例のニーズに合わせて行うごくあたり前の工夫といえる。スポーツ外傷・障害に対する評価能力の向上は日頃の診療にあることを忘れてはならない。むしろ，一般であろうがスポーツであろうが上肢機能の回復到達地点を十分な機能性の回復に置き，アプローチを検討することがその後のアスレティックリハビリテーションへの準備につながるといえる。

体操競技選手に関して重要なポイントは，肘関

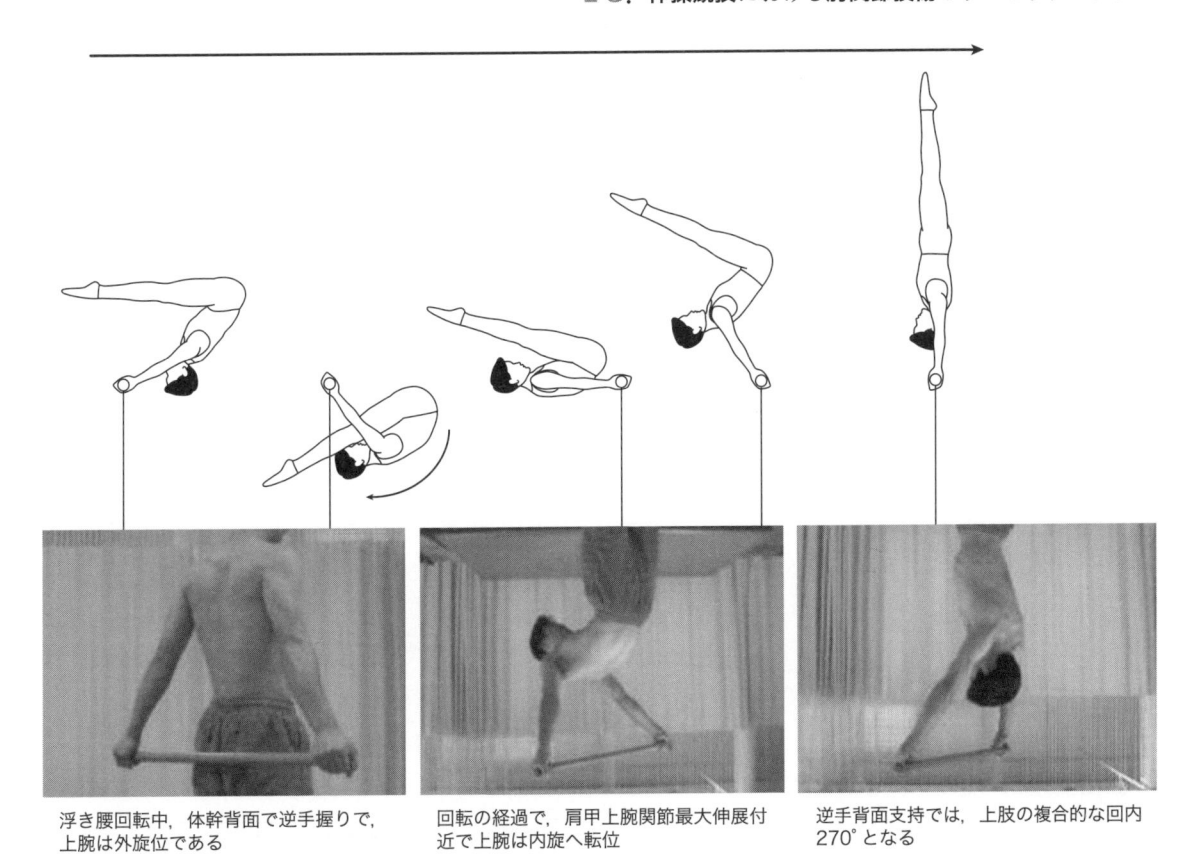

16. 体操競技における肘関節損傷のリハビリテーション

図16-3 男子鉄棒・女子段違い平行棒でみられるアドラー

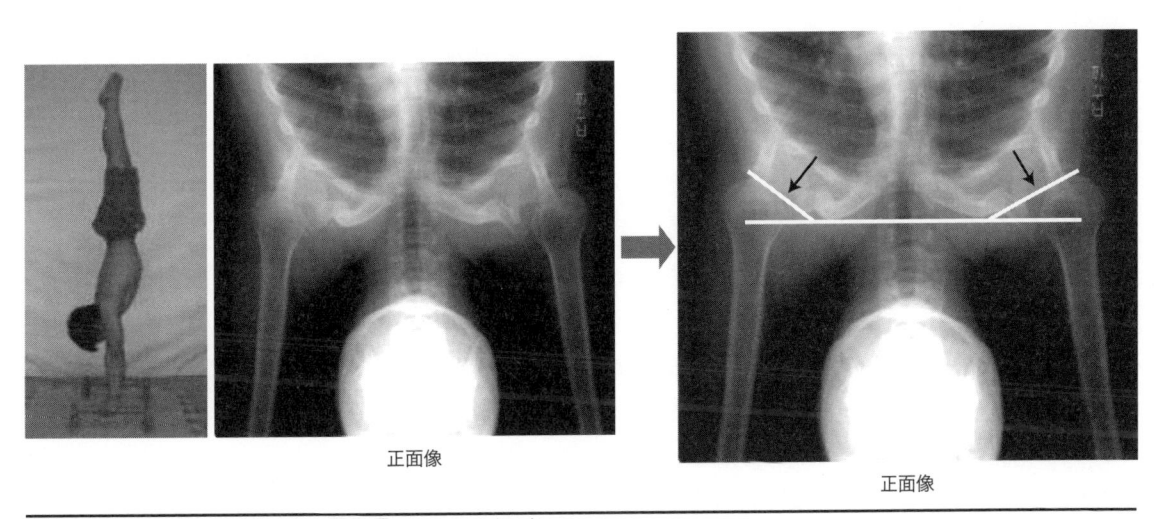

浮き腰回転中，体幹背面で逆手握りで，上腕は外旋位である

回転の経過で，肩甲上腕関節最大伸展付近で上腕は内旋へ転位

逆手背面支持では，上肢の複合的な回内270°となる

図16-4 体操選手の倒立時の肩甲骨のアライメント
体操選手の倒立時の肩甲骨アライメントは，肩甲骨を頭側に押し上げ，肩甲上腕関節を床面に平行近くにもっていき，荷重面をつくっているかのようなアライメントをつくっている。

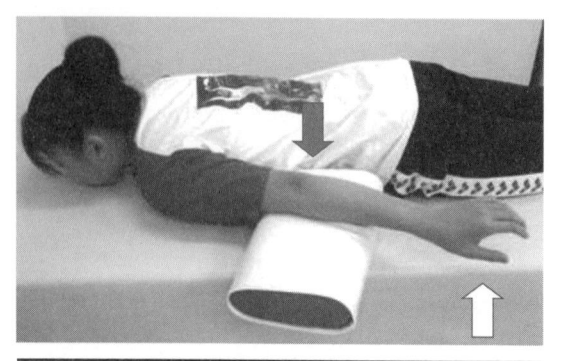

図16-5 上腕三頭筋内側頭を意識したエクササイズ（腹臥位肘伸展，枕つぶしエクササイズ）

節の自動伸展機能であり，さらに体操に必要な支持姿勢時の肘関節伸展が十分に行えることである．免荷する場合もあるが，筆者は必ず四つばい姿勢での肘関節伸展機能を評価している．

2. 上腕三頭筋内側頭の重要性とアプローチ

体操の支持姿勢では，先に述べた肘関節伸展機能が重要となるが，肘関節伸展のためには肩甲骨と上腕骨の連鎖的な機能が必要であることを念頭に置くべきである．例えば，肘関節伸展不足を補うために肩甲骨の外転が強調されたみかけの上肢長差の補塡がみられる場合では，上腕三頭筋機能不全が増長され悪循環の要因となると考える．そのため，上腕三頭筋の機能低下が筋自体の筋力低下であるのか，肩甲骨と上腕骨の位置関係による出力低下であるのかを注意深く評価する必要がある．

上腕三頭筋の機能に関して林ら[5]は，系統解剖実習用遺体8体9肘において，上腕三頭筋内側頭の最深層線維と後方関節包との結合を確認したと報告し，内側頭と肘後方関節包との連結には，肘関節伸展に伴う関節包組織の挟み込み防止機能の存在が考えられたと考察した．また肘関節伸展制限に対しては，後方関節包の長軸方向への伸張性低下に伴う一次的な可動域障害のみならず，横軸方向への伸張性低下に伴う二次的な内側側副靱帯の滑走障害および後斜走線維の伸張障害に由来する可動域障害が危惧されると加えた．筆者自身，選手の肘関節伸展機能の評価とアプローチにおいて，肘関節後方部の疼痛により制限をきたす選手を経験することが少なくない．そのため上腕三頭筋，特に内側頭の機能改善には早期から取り組むことが重要と考えている．

上腕三頭筋内側頭のエクササイズについては，肩関節挙上角度が異なる6肢位における肘関節伸展運動時の上腕三頭筋を，表面筋電図を用いて分析を行った小山らの研究[6]がある．その結果，上腕三頭筋内側頭は，肩関節内転かつ伸展方向で筋出力が高値を示すことが示唆された．筆者が行っている上腕三頭筋内側頭へのアプローチは**図16-5**のように，肩関節軽度伸展位となる腹臥位での枕つぶしエクササイズである．

筆者は選手の肘関節伸展機能の獲得のために，上腕三頭筋内側頭の機能を重視している．さらに体操の支持動作を念頭に置くと，床や器具面に固定される手掌部と，前腕部の相対的な回内外位の調節が上腕骨の内外旋に大きく影響を受ける．この点を考慮し，十分な上腕骨の回旋機能[7]と上腕三頭筋機能が連動して有効に発揮できる肩甲胸郭機能の再獲得と機能向上を合わせて行うように留意している．

C. 選手の肘関節外傷・障害に対するアプローチの実際

肘関節捻挫後の体操選手に対する筆者のアプローチを紹介する．

1. 症例紹介

症例は小学6年生の女子体操選手である．競技レベルは全日本ジュニア選手権で10位以内に毎年入賞するチームの選手で，競技歴は6年目である．受傷機転は，段違い平行棒の練習中，技に失

16. 体操競技における肘関節損傷のリハビリテーション

年齢・性別：小学校6年生の女子体操選手。
受傷機転：段違い平行棒より落下し，安全マットに手をついて受傷。
診断・処置：左肘関節内側側副靱帯損傷と診断され3週間ソフトシーネで固定。
リハビリテーション：4週目より可動域訓練開始。
追加処方：6週目現在で可動性の回復良好。競技復帰へのアスレティックリハビリテーション開始。

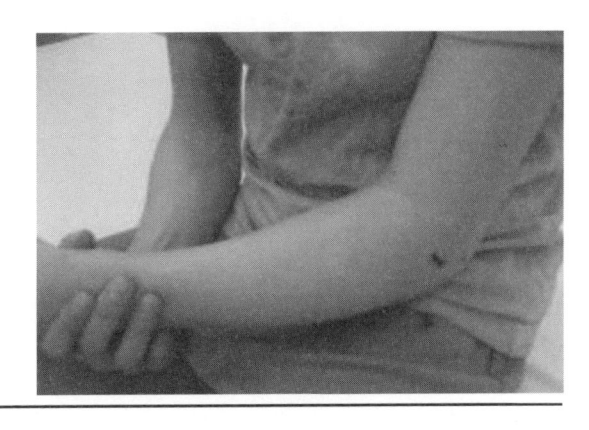

図16-6　症例紹介と経過

医師の評価では機能良好で，アスレティックリハビリテーションの開始が追加処方された

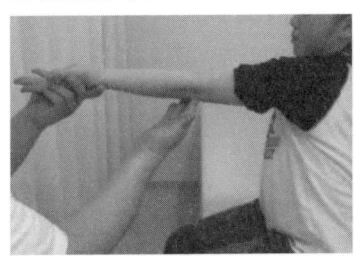

伸展　　　　　屈曲

理学療法士は競技特性に合わせて工夫を行うべきである　　　　　連鎖はどうか

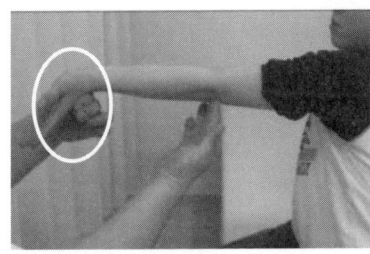

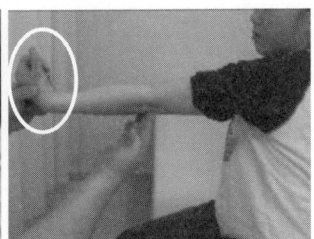

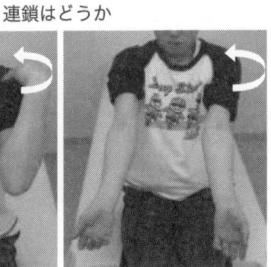

図16-7　医師の評価と理学療法士の工夫

敗して落下し，手を安全マットについて受傷した。診断は左肘内側側副靱帯損傷であった（**図16-6**）。3週間のシーネ固定後，4週目より関節可動域改善と筋機能回復訓練を開始した。6週目現在で，医師の評価により可動域制限なく機能改善良好と診断され，アスレティックリハビリテーション開始の追加指示が出された（**図16-7**）。

2．症例の問題点

　紹介した選手では，非荷重位での肘関節伸展機能はおおむね良好であったが，**図16-8**のように支持姿勢時の機能の低下があり，アスレティックリハビリテーションとしては，競技に必要となる支持姿勢時の肩甲帯から上肢の機能を再獲得することが必要となる。**図16-8**の四つばい姿勢をみると，左肩甲骨は体幹に対して頭側の外側方向へ流れたやや外転位に位置し，左上肢は右上肢に比べ上腕骨内旋位，前腕部は相対的に回外位傾向であることが認められる。つまり肩甲骨を胸郭に安定させる肩甲骨周囲筋群の機能低下または肘伸展

第5章 肘関節疾患に対する私の治療

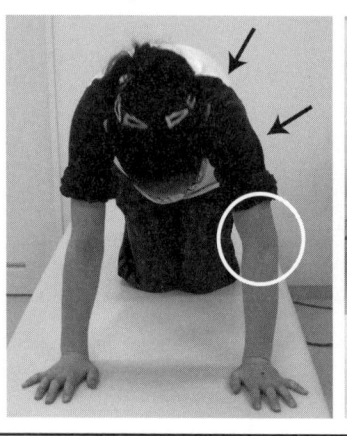

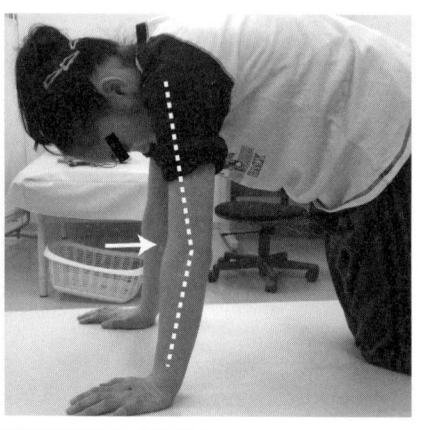

図16-8 四つばい位での評価

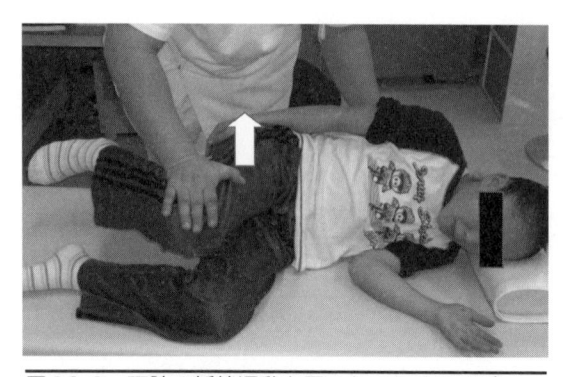

図16-9 下肢の抵抗運動を用いたエクササイズ

制限に対する保証的な肩甲骨の変則的な外転位と考えられる。また，上腕部は内旋が誘発されやすく，外旋のコントロールが行いにくい状態であるため前腕部も影響を受け，肘関節の伸展不全が発生していることが問題点といえる。

3. 機能改善アプローチ

問題点は肘関節の伸展可動性よりむしろ，肩甲帯の機能不全による肘関節伸展機能の低下と考えた。アプローチは，肩甲骨周囲筋の機能向上として，胸郭への肩甲骨安定性向上，合わせて支持姿勢に必要とされる肩甲骨位置での上腕骨の操作性向上，つまり上腕骨の回旋操作性向上を目的とするエクササイズを検討した。加えて，体操選手であることを考慮し，トレーニング的な抵抗運動的

要素ならびに競技動作にみられる上肢，体幹を固定して下肢の操作を行う場面を想定したエクササイズを取り入れた。図16-9に示す患側下の側臥位で，左肩関節屈曲位，肘関節屈曲位でベッドを支えて体幹を固定するように指示し，右下肢の外転運動を抵抗運動で反復させた。このとき体幹の安定性を得るために肩甲骨の胸郭への固定作用が出現し，さらに上肢部は固定のために上腕骨の外旋方向への筋収縮が誘発される。図16-10は，同様の目的で右上肢を使用したエクササイズである。エクササイズは体育館や自宅でできる方法としてチューブを用いた方法も併せて指導した。選手にはトレーニングの意図と骨や筋，特に肩甲骨やその周囲筋のどの部分に緊張や収縮感があるべきかをオリエンテーションし，エクササイズとその効果を十分イメージするように指導した。これらのエクササイズ実施直後の支持姿勢の変化を図16-11に示す。

D. 体操競技選手の肘関節外傷・障害への私のアプローチ

体操競技における肘関節の外傷・障害に対するアプローチは，競技特性を理学療法士の視点から分析し，選手の身体機能をどう改善するのか，ま

16. 体操競技における肘関節損傷のリハビリテーション

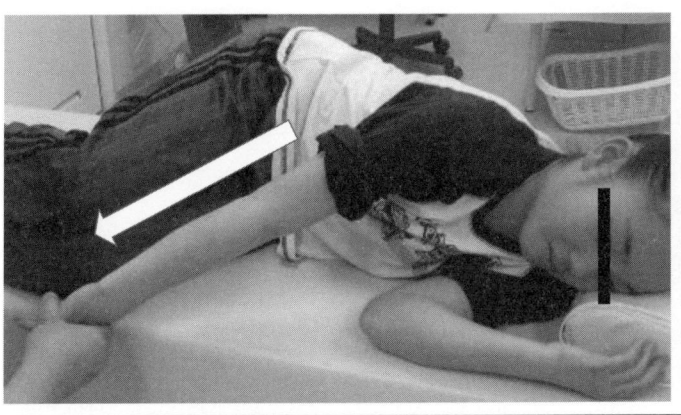

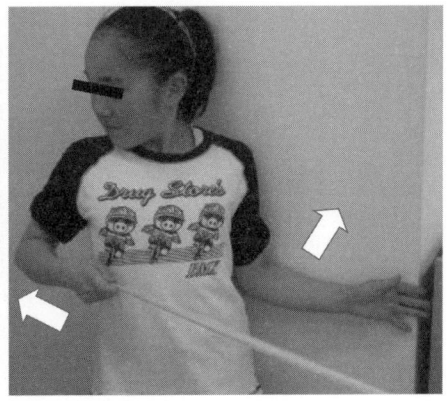

図16-10　上肢の抵抗運動を用いたエクササイズとチューブを用いたホームエクササイズ

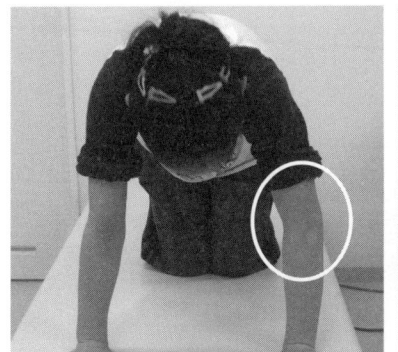

トレーニング前

トレーニング後

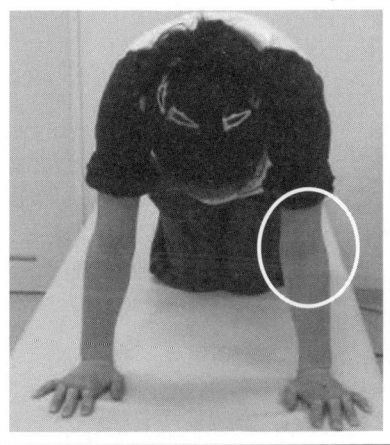

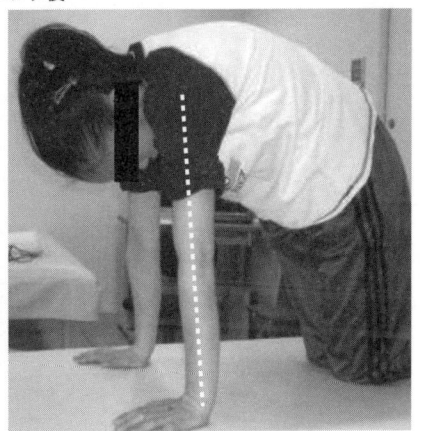

図16-11　トレーニング前後の変化
エクササイズにより段階的に反復し，再学習し，復帰へ．

た競技に必要な動作の構築や再学習をどのように行わせるかが重要である．今回紹介した選手については，先に述べたように競技的に不足していた動作の再学習を院内で行わせ，その後現場のコーチに引き継ぎ，現場でのアスレティックトレーニングを段階的に進め，競技復帰させた．

理学療法士が行うべき点は，まず正常な機能を回復させること，さらに競技特性に合わせた運動機能，身体連鎖をどう見極めるかが重要である．ややもすると活動性の高いエクササイズがアスレティックリハビリテーションと考えられがちであるが，いくら活動性が高いエクササイズでも，競技特性を反映していなければ競技復帰に対するアスレティックリハビリテーションとはいえないと考えている．それは，むしろ一般的にも十分に引き出す必要性があるレベルではないかと考えるためである．理学療法士が競技特性を理解したアプローチを行うということは，競技動作に必要な特殊な身体連鎖を見極め，一度学習されたはずの機能が低下してしまった場合や，保証や代償により本人が気づかずにアンバランスな動作学習をしてしまったものを修正し，選手に再学習を行わせることではないかと考えている．

文　献

1. 岡田　亨，脇元幸一．各論－2（種目別），体操．特集：上肢のスポーツ障害リハビリテーション実践マニュアル．*MB Medical Rehabilitation*. 2003; 33: 63-74.
2. 岡田　亨，澤野靖之，関口貴博，室井聖史．体操選手の傷害と理学療法．特集：アスリートのための理学療法．理学療法ジャーナル．2006; 40: 439-47.
3. 財団法人日本体操協会男子体操競技委員会男子審判部：採点規則男子2006年版，第2版．あかつき印刷; 2006; 170.
4. 太田昌秀：平行棒の「Felge」と「Felaufschwung」における握りの表記に関する一考察．順天堂大学保健体育紀要．1981; 24: 1-11.
5. 林　典雄，鵜飼建志，大嶽昇弘，立木敏和，山田みゆき，長谷部武久，青木隆明．上腕三頭筋内側頭と肘関節後方関節包との結合様式よりみた肘関節拘縮治療について．理学療法学．1999; 26: 12.
6. 小山泰宏，葛山元基，岡崎久美，髙村　隆，岡田　亨．肩関節肢位の違いにおける上腕三頭筋内側頭の筋活動について．理学療法学，大会特別号．2010; 37.
7. 嶋田智明，平田総一郎　監訳（Neumann DA）：筋骨格系のキネシオロジー．医歯薬出版，東京，2007; 145-85.

（岡田　亨）

索 引

【あ行】

アウトストレッチド・ハンド 95
アスレティックリハビリテーション 147
アドラー 145
アメリカンフットボールにおける肘関節脱臼 95
アライメント 10
　　──肩甲骨 145
　　──変化 14

運動学的データ 37
運動連鎖 124
　　──破綻 115

疫学
　　──テニス肘 74
　　──肘関節脱臼 91
　　──野球肘 47
エルボーバンド 84
円回内筋 5, 23
炎症 135
遠心性収縮 86

横走線維 18
オープンスタンスでの関節トルク 69

【か行】

回外 109
回外筋 31
　　──タイトネス 131
外傷性肘関節脱臼 91
外側顆剥離骨折 100
外側上顆炎 83
外側側副靱帯 28, 30

　　──断裂 108
　　──複合体 29
回内 109
回内・回外可動域 7
外反ストレス 51
　　──テスト 50
　　──に影響を与える投球動作 51
外反制動 21, 23
角速度の変化 41
下肢
　　──機能改善 139
　　──抵抗運動 148
　　──ストレッチ 125
画像診断，野球肘 49
肩関節外転角度 51
肩後方に対するストレッチ 122
肩後方のタイトネス 121
　　──セルフチェック法 121
可動訓練 108
カルシウム沈着 76
関節可動域 117
関節トルク 39, 69

キネマティクス 14
　　──サーブ動作 65
機能改善アプローチ 148
キャリングアングル 10
　　──に影響を及ぼす因子 12
球種による投球動作の違い 44
競技レベルによる投球動作の違い 41
筋機能 138
筋層下前方移動術 56
筋断面積 24

索　引

屈曲トルク　40
屈伸軸　6, 19
グリップ　78

血管性線維増殖　76
肩関節外転角度　51
肩甲胸郭関節　123
肩甲胸郭機構の機能不全　132
肩甲骨　123
　──アライメント　145
　──機能改善　139
肩甲上腕関節の運動　121
肩甲帯　143
懸垂　143
腱板筋機能　121
腱板筋トレーニング　122

後外側回旋落ち込みテスト　102
後外側回旋不安定性　28, 29, 105
　──テスト　101
後骨間神経の絞扼部位　80
後斜走線維　18
後方線維　29
後方脱臼　92
股関節内旋タイトネスのセルフチェック法　125
コックアップスプリント　84
骨形態　10
骨折　93
骨端線障害　116
骨軟骨損傷　100
骨盤回旋　51
骨片固定術　59
固定期間　106

【さ行】

サービス（テニス）　133
サーブ動作
　──キネマティクス　65
　──筋活動　67
　──相　65

　──バイオメカニクス　65
三次元動作解析　37

自動運動　108
指腹握り　116
尺側手根屈筋　5, 23, 50, 137
　──トレーニング　139
尺側手根伸筋　6
尺側側副靱帯
　──再建術　55
　──修復術　55
　──損傷　54
尺骨
　──運動　8
　──骨形態　10
尺骨滑車切痕　18
尺骨鉤状突起骨折　100
尺骨神経障害　48
　──重症度　56
　──治療成績　56
尺骨神経断面積　49
尺骨内旋アライメントの改善　138
柔軟性　117, 138
手術療法
　──テニス肘　83
　──肘関節脱臼　104, 107
　──野球肘　54
受傷機転，肘関節脱臼　95, 99
除圧術　56
衝撃波療法　85
上肢抵抗運動　149
上腕筋　4
上腕骨外側上顆炎　28, 31
上腕骨外側上顆の解剖　75
上腕骨骨形態　10
上腕骨上顆炎の分類　74
上腕骨小頭　28
　──離断性骨軟骨炎　116
上腕骨内側上顆　18
上腕三頭筋　5

索　引

──内側頭　146
上腕二頭筋　3
　　──タイトネス　131
　　──モーメントアーム　4
除痛　137
診断，肘関節脱臼　101

スクウェアスタンスでの関節トルク　69
ストレッチ
　　──下肢　125
　　──肩後方　122
　　──前腕筋群　124
スノーボードにおける肘関節脱臼　97
スポーツ復帰，肘関節脱臼　107

正中神経損傷　100
成長期の投球障害　115
整復　104
浅指屈筋　23, 50, 137
　　──トレーニング　139
セルフチェック法
　　──肩後方のタイトネス　121
　　──股関節内旋タイトネス　125
　　──前腕屈筋・回内屈筋群　123
　　──体幹回旋タイトネス　125
前斜走線維　18
全身運動としての投球動作　41
前方線維　29
前方脱臼　92
前腕回内外運動軸　130
前腕回内-回外角度　38
前腕回内外トレーニング　139
前腕回内筋群　119
前腕筋群のストレッチ　124
前腕屈筋・回内屈筋群のセルフチェック法　123

早期可動訓練　108
装具療法　84
総指伸筋　31
側方脱臼　92

【た行】

体幹回旋タイトネスのセルフチェック法　125
体幹機能改善　139
体操　142
　　──競技特性　144
　　──上肢機能　142
　　──肘関節脱臼　96
タイトネス
　　──回外筋　131
　　──肩後方　121
　　──股関節内旋　125
　　──上腕二頭筋　131
　　──体幹回旋　125
短橈側手根伸筋　6, 31, 76
　　──機能解剖　128

チェアサイン　102
肘関節　→ひじかんせつをみよ
肘頭インピンジメント　48, 59
肘頭切除　15
チューブエクササイズ　149
超音波診断　49, 80
長橈側手根伸筋　6, 31
治療
　　──テニス肘　128
　　──野球肘　115, 119
治療成績，肘関節脱臼　106

手関節回旋軸　130
テニス動作
　　──バイオメカニクス　65
　　──不良　132
テニス肘　63
　　──疫学　74
　　──患者の関節運動　76
　　──患者の筋活動　71
　　──手術療法　83
　　──治療　128, 137
　　──疼痛の原因　76
　　──徒手的検査法　79

153

索　引

──発生要因　128
──評価　135
──病態　75, 83, 128
──補助的診断　79
──保存療法　83
──リスクファクター　74
──リハビリテーション　137

投球時の前腕回内-回外角度　39
投球時の肘関節屈曲角度　39
投球障害　115
投球障害肩・肘チェックシート　120
投球動作　23
──解析の限界　40
──外反ストレスに影響を与える投球動作　51
──球種による違い　44
──競技レベルによる違い　41
──全身運動としての　41
──全身関節の角速度の変化　41
──相分類　38
──調整　126
──トレーニング　127
──年齢による違い　41
──バイオメカニクス　37
──疲労による違い　43
投球肘・肩障害　117
投球フォーム　116
橈骨　10
橈骨頚部骨折　100
橈骨神経
──絞扼部位　80
──走行　75
橈骨神経障害　79
橈骨頭　28
──骨折　100
──切除　14
──前方偏位　131
──前方偏位アライメントの改善　138
橈骨輪状靱帯　29
動作が起こるタイミング　41

動作時間の正規化　41
橈側手根屈筋　5, 23
橈側手根伸筋　6
疼痛の原因, テニス肘　76
動的安定化機構　121
動力学的データ　37, 39
倒立　144
徒手的検査法, テニス肘　79

【な行】

内側上顆
──切除術　56
──剥離骨折　56, 58, 100
──剥離骨折の治療成績　59
内側上顆炎　48, 57
内側側副靱帯　18
──外反制動機能　21
──起始停止間距離　20
──走行　23
──損傷　47
──断裂　108
内反トルク　40

年齢による投球動作の違い　41

【は行】

バイオメカニクス　24
──テニス動作　65
──投球動作　37
──肘関節　1
破断強度　20
バックハンドストローク　68, 132
──筋活動　70
反復性脱臼　105

ヒアリン変性　76
皮下前方移動術　56

肘外反アライメントの改善　138
肘関節

――運動　3, 32
――角度　13, 38
――関節トルク　40
――機能評価　136
――屈曲-伸展角度　38
――後外側回旋不安定症　14
――内側筋群の外反制動機能　26
――内反変形　14
――バイオメカニクス　1
――マルアライメント　130
肘関節脱臼　89, 91
――アメリカンフットボール　95
――外傷性　91
――手術療法　104, 107
――診断　101
――ステージ分類　99
――スノーボード　97
――スポーツ復帰　107
――体操　96
――治療成績　106
――病態　99
――保存療法　104, 106
肘外側筋群の機能と病態　31
肘下がり　51
病態
　　――テニス肘　75, 83, 128
　　――肘関節脱臼　99
　　――野球肘　47
疲労による投球動作の違い　43

フォアハンドストローク　66, 132
　　――筋活動　68
複雑脱臼　93
副靱帯　29
プッシュサイン　102
フットワーク　140
分散脱臼　92

片側支持の安定性　140

ボールの握り方　116
保存療法
　　――テニス肘　83
　　――肘関節脱臼　104, 106
　　――野球肘　54

【ま行】
マルアライメント
　　――矯正　137
　　――肘関節　130

モーメントアーム　24
　　――上腕二頭筋　4
　　――腕橈骨筋　4
モザイクプラスティ　59

【や行】
野球肘　35, 37
　　――疫学　47
　　――画像診断　49
　　――手術療法　54
　　――治療　115
　　――治療方針　119
　　――発生メカニズム　47
　　――評価　41
　　――病態　47
　　――保存療法　54
薬物療法　84

歪み　19

【ら行】
ラテラルピボットシフトテスト　101
ラテラルピボットテスト　102
ランドマーク　10

理学療法　119
力学的ストレス　39
離断性骨軟骨炎　28, 48, 57, 116
　　――治療成績　58

索　引

リトルリーグ肘　116
リハビリテーション　109, 119, 142
　　——アスレティック　147
　　——テニス肘　137

【わ行】
腕橈関節のストレス　28
腕橈骨筋　4
　　——モーメントアーム　4

【欧文】
accessory lateral collateral ligament（ALCL）　29
annular ligament（AL）　29
chair sign　102
Conway - Jobe 評価法　54
Cozen test　79
deep transverse friction massage（DTFM）　86
enthesis organ　129
lateral collateral ligament（LCL）　30
lateral collateral ligament complex（LCLC）　29
lateral pivot shift apprehension test　101
lateral pivot test　101, 102

lateral ulnar collateral ligament（LUCL）　29
Mayo Elbow Performance score　106
middle finger extension test　79
Mill test　79
moving valgus test　50
MRI　79
muscle splitting　55
Nirschl and Pettnone 評価法　57
phonophoresis　86
pivot shift test　105
posterolateral rotatory apprehension test　101, 102
posterolateral rotatory drawer test　101
posterolateral rotatory instability　105
push sign　102
Quick Disabilities of the Arm, Shoulder and Hand（DASH）　106
radial collateral ligament（RCL）　29
Ring of instability　100
Roles and Maudsley 評価法　57
valgus extension overload syndrome　15

Sports Physical Therapy Seminar Series ⑤
スポーツにおける肘関節疾患のメカニズムとリハビリテーション　　（検印省略）

2011年1月27日　第1版　第1刷

監修　　福林　徹
　　　　蒲田　和芳
編集　　鈴川　仁人
　　　　吉田　　真
　　　　横山　茂樹
　　　　加賀谷　善教
発行者　長島　宏之
発行所　有限会社　ナップ
〒111-0056　東京都台東区小島1-7-13　NKビル
TEL 03-5820-7522／FAX 03-5820-7523
ホームページ http://www.nap-ltd.co.jp/
印刷　　シナノ印刷株式会社

© 2011　Printed in Japan　　　　　　　　　　　ISBN978-4-905168-02-7

JCOPY 〈(社) 出版者著作権管理機構 委託出版物〉
本書の無断複写は著作権法上での例外を除き禁じられています。複写される場合は，そのつど事前に，(社)出版者著作権管理機構（電話 03-3513-6969, FAX 03-3513-6979, e-mail: info@jcopy.or.jp）の許諾を得てください。

Sports Physical Therapy Seminar Series

ACL損傷予防プログラムの科学的基礎

監修：福林 徹・蒲田和芳
B5判・160頁・図表164点・定価3,150円（税込）
ISBN978-4-931411-74-6

- 第1巻ではスポーツ医学の分野で大きな問題となっている前十字靱帯損傷を取り上げた。
- 本書では，疫学的側面，危険因子，発症メカニズム，予防法などの各側面から多数の文献を引用し，いわゆるメタアナリシスの形で詳細な検討を科学的に加えた。
- 本書は1つひとつの文献を詳細に紹介し，そのポイントが記載されており，現時点でのACL損傷予防のバイブルになりうる。

【主要目次】第1章 ACL損傷の疫学および重要度：疫学および経済的損失／スポーツ種目／性差／発生機転

第2章 ACL損傷の危険因子：解剖学的因子／ホルモン因子／神経・筋因子／バイオメカニクス的因子／外的因子

第3章 ACL損傷のメカニズム：質問紙調査／ビデオ調査／合併症からみたACL損傷の発生メカニズムの推定／スキー外傷調査

第4章 ACL損傷の予防プログラム：補装具（ブレース）／予防メカニズム／神経筋協調訓練／各種予防プログラム

肩のリハビリテーションの科学的基礎

監修：福林 徹・蒲田和芳
B5判・200頁・図表316点・定価3,150円（税込）
ISBN978-4-931411-79-1

- 本書では，肩のリハビリテーションを行う際に不可欠の知識であるバイオメカニクスについて整理し，その後，よくみられる脱臼・腱板損傷について，疫学，各種治療法，後療法を最新の文献を中心にまとめた。
- 最後に肩障害後のスポーツ復帰を判断する指標として，筋力と柔軟性を取り上げ，スポーツパフォーマンスを対象とした動作分析の役割を，主に投球動作の分析研究から検討した。

【主要目次】第1章 肩のバイオメカニクス：骨形態／肩甲上腕関節／肩甲胸郭機構／筋機能／肩鎖関節・胸鎖関節

第2章 外傷性脱臼：疫学／病態と診断／保存療法／手術療法／後療法

第3章 腱板損傷：疫学／評価・診断／保存療法／手術療法／後療法

第4章 投球障害肩：投球のバイオメカニクス／疫学／疾患分類と病態／保存療法

第5章 スポーツ復帰：競技特性と筋力／競技復帰と柔軟性／動作分析の役割

足関節捻挫予防プログラムの科学的基礎

監修：福林 徹・蒲田和芳
B5判・138頁・図表161点・定価2,625円（税込）
ISBN978-4-931411-91-3

- 足関節捻挫は最も頻度の高いスポーツ外傷であるが，膝や肩に比べて注目度が低く，治療法や予防法も足踏み状態であった。
- 本書では第1章で足関節捻挫の予防を考えるうえで必要となるバイオメカニクスに関して，第2章で足関節捻挫の疫学，受傷機転，足関節内反捻挫と外反捻挫の病態と予後について，第3章で足関節捻挫後遺症について，第4章で足関節捻挫の予防プログラムを取り上げた。

【主要目次】第1章 足関節のバイオメカニクス：足関節の機能解剖－距腿・距骨下・脛腓関節－／足関節のキネマティクス／足関節のコンタクトキネマティクス／足関節の運動に関与する下肢の運動連鎖

第2章 足関節捻挫：疫学／受傷機転とメカニズム／内反捻挫の病態と予後／外反捻挫の病態と予後

第3章 足関節捻挫後遺症：足関節捻挫後遺症／構造的不安定性／機能的不安定性／変形性関節症・インピンジメント

第4章 足関節捻挫の予防プログラム：可動域・筋力訓練の捻挫予防効果／固有感覚訓練の効果／シューズ・装具・テーピングの効果／予防プログラムとその効果

筋・筋膜性腰痛のメカニズムとリハビリテーション

監修：福林 徹・蒲田和芳
B5判・160頁・図表170点・定価3,150円（税込）
ISBN978-4-931411-92-0

- 本書では，多くの人が経験するにもかかわらず，今まで科学的根拠が少なかった「腰痛」を多方面からみた。
- 本シリーズでのはじめての試みとして，第5章で臨床的な視点を加えていくつかの治療概念を紹介した。治療概念を発展させるヒントが多数含まれており，第4章までの文献の情報とこの臨床的概念を有機的に組み合わせることで臨床や研究に役立つ。

【主要目次】第1章 腰痛と運動療法：疫学・リスクファクター・病因／腰痛の保存療法と除痛メカニズム／運動療法の効果と限界

第2章 バイオメカニクス：脊柱のバイオメカニクス／胸椎・胸郭のバイオメカニクス／骨盤のバイオメカニクス

第3章 運動機能：脊柱・骨盤帯の姿勢と運動／インナーユニット／腹腔内圧のバイオメカニクス

第4章 スポーツ動作と腰痛の機械的機序：屈曲パターン／伸展パターン／回旋パターン／予防プログラムとその効果

第5章 私の腰痛治療プログラム：私の腰痛治療プログラム／骨盤・胸郭のリアライメントによる腰痛・骨盤痛の治療／荷重機能からみた腰痛治療／全身運動のバイオメカニクスからみた腰痛治療

NAP Limited 〒111-0056 東京都台東区小島1-7-13 NKビル TEL 03-5820-7522／FAX 03-5820-7523

http://www.nap-ltd.co.jp/ ナップ